編集復刻版

戦前期ブラジル移民日本語読本

根川幸男　解題

不二出版

〈復刻にあたって〉

一、本書には次の資料を収録しました。

『日本語讀本』巻一〜巻八

（ブラジル日本人教育普及会　昭和一一年一一月〜昭和一二年七月発行）

一、次の機関の所蔵原本を底本として使用させていただきました。記して感謝いたします。

学校法人日本力行会（巻一〜巻三、巻五〜巻八）

東京書籍株式会社附設教科書図書館　東書文庫（巻四）

一、原本を六三％に縮小し四面付け方式で収録しました。

一、原本におけるカラーページを再現するよう努めましたが、原本の状態や用紙の問題により色味が若干異なる場合があります。なお、巻五〜巻八の表紙は墨一色で収録しました。

（不二出版）

〈目次〉

日本語讀本　巻一……一九三六（昭和一一）年一一月一二日発行……1
日本語讀本　巻二……一九三七（昭和一二）年二月一六日発行……25
日本語讀本　巻三……一九三七（昭和一二）年二月一五日発行……59
日本語讀本　巻四……一九三七（昭和一二）年三月一一日発行……96
日本語讀本　巻五……一九三七（昭和一二）年四月二〇日発行……133
日本語讀本　巻六……一九三七（昭和一二）年三月一一日発行……163
日本語讀本　巻七……一九三七（昭和一二）年五月三一日発行……196
日本語讀本　巻八……一九三七（昭和一二）年七月二〇日発行……232

解題―ブラジル日本人教育普及会編『日本語讀本』

根川　幸男

はじめに

日本人移民の歴史の長いハワイでは、一九一六年に最初の日本語教科書が編纂された。その後、一九二四年にハワイ準州教育局によるもの、一九二八年からは布哇教育会による『日本語讀本』全六巻、三〇年代前半には修身教科書など、しばしば日本語教科書が刊行されている（高木、二〇一二、四―八）。

アメリカ本土では、一九二四年、カリフォルニア州日本語学園編集委員会によって、米国加州教育局検定『日本語讀本』全一六巻が刊行された（森本、二〇一四、一三）。アメリカ西海岸最北部のワシントン州でも、一九一九年に日本語教育の方針を検討する教育調査会を設置、日本の国定教科書使用を不可とし、独自の教科書編纂に着手した。結果として、米国西北部連絡日本人会教育調査会により、現地生まれの二世児童に適した日本語教科書が二回にわたって編纂・刊行された。一回目は一九二〇～二七年にかけて発刊された、いわゆる「高畠版」、そして二回目が一九二九～三八年にかけて刊行された、いわゆる「保科版」である（坂口、二〇一四、三四―三七）。これらは、その編纂・発刊年数の長さとたびたびの改訂から、アメリカ本土各地の日系教育機関に普及し使用されたものと考えられる。

しかし、アメリカ本土では、満洲事変勃発以降、日本のナショナリズムの影響も大きく、「結局日本の国定教科書が最良である」という意見が高まった。三〇年代には、ハワイをのぞく各地において、せっかく独自編纂された日本語教科書を排除するかたちで、日本の国定教科書を採用する学校が急増していったという（坂口、二〇一四、三七―三八）。

一方、ブラジルへの日本人移民は、ハワイ・アメリカ本土移民から数十年遅れ、一九〇八年の笠戸丸移民から開始された。後述するように、ブラジルでは一九一〇年代後半、すでに現地に適応した教科書の編纂への希求はあったが、なかなか実現には至らなかった。ブラジル独自の日本語教科書の編纂がはじまったのは、ようやく一九三〇年代半ばにさしかかってからである。こうして編纂・発刊されたのが、今回復刊を見たブラジル日本人教育普及会編『日本語讀本』（以下、ブラジル版『日本語讀本』）全八巻である。

本解題では、まずブラジル日本語教育の歴史を概説した上で、次にブラジル版『日本語讀本』の編纂過程をたどり、第三にその体裁・構成・内容と性格などについて述べたい。さらに巻末に、「ブラジル日系子女教育史略年表」を掲載する。

一　ブラジル日本語教育の歴史

ブラジルは世界最大の日系社会を有し、年少者の日本語学習者がもっとも多い国の一つとして、日本語教育は継承語教育を中心に発展してきた。

太平洋戦争中の断絶にもかかわらず、戦後も日本語教育が継続され一定の学習者数を保持してきた背景にも、この日系社会の存在があった。

戦前期ブラジルの日本人移民は、基本的に契約農業労働者であり、三人以上の働き手のいる家族移民が条件であった。また、彼らは、日本への帰国を前提とした出稼ぎ移民の性格を長く保持し続けた。したがって、学齢児童が現れ、その日本語教育の需要が高まるのも必然であった。一九一五年、サンパウロ市中心部に大正小学校が創立された。同校は当初、一般家屋の一室を借りた小規模なものであったが、ブラジル最初の日系教育機関として、その後、大きく発展していく。ただ、一九一四～一五年頃、同じくサンパウロ市中心部で田頭甚四郎という青年が三、四人の子どもにイロハを教えていたとされ、またサントスやグァタパラにおいては、それ以前に小学校が開かれていたという可能性もあり①、一九一〇年代半ば以降、各地で日本語教育が叢生した。

すなわち、一九一六年には桂小学校（サンパウロ州イグアペ郡）、コチア小学校（サンパウロ市郊外コチア）、一九一七年には旭小学校（同州平野植民地）、アグア・リンパ小学校（同州アラサツーバ）など一部の農村地帯の日系小学校も開校している（サンパウロ人文科学研究所編、一九九六、三八－四〇）。ただ、一九一八年のサンパウロ州北西地方（ノロエステ）（後に日本人移民の集住地帯となる）における調査によると、日本語教育は皆無に近く、ポルトガル語教育でさえ大耕地をのぞく他はほとんど行われていなかったという②。内陸農村地帯の日系子女教育は、二〇年代に入ってからサンパウロ州の開拓前線が進むにつれて徐々に発展し、三〇年代後半にはピークを迎える。**グラフ1**は、ブラジルの日系教育機関数の推移であるが、二〇年代後半から急増しているのがわかる。ブラジル移民は「家族移民」が条件であったので、当然学齢児童も増え、またこの時期には子どもの教育に投資する経済力を持つ者が現れたことも、学校増加の条件となった。

一九一六年、創立間もないコチア小学校の教科目には、「算術」とともに「読方」が記されており（石原、一九七八、五）、すでに日本語教育が行われていたことが知られる。ブラジルでは日本語新聞の発刊もこの頃から始まるが③、一九一八年には児童教育問題が取り上げられ、ブラジル教育令の下に公教育を受けさせるとともに補習教育として日本語を教えること、そのため「第一に日本語の教科書の編纂を為さざるべからざる」という教科書編纂の必要性が述べられている（『伯剌西爾時報』一九一八年一〇月一八日）。また、一九二一年にも「伯国に於ける日系児童の補習教育に関連し、特殊教科書編纂の急務なること」が冒頭に掲げられている（『伯剌西爾時報』一九二一年七月二九日）。『伯剌西爾時報』社長であった黒石清作④によって記

グラフ1：ブラジル日系教育機関数の推移

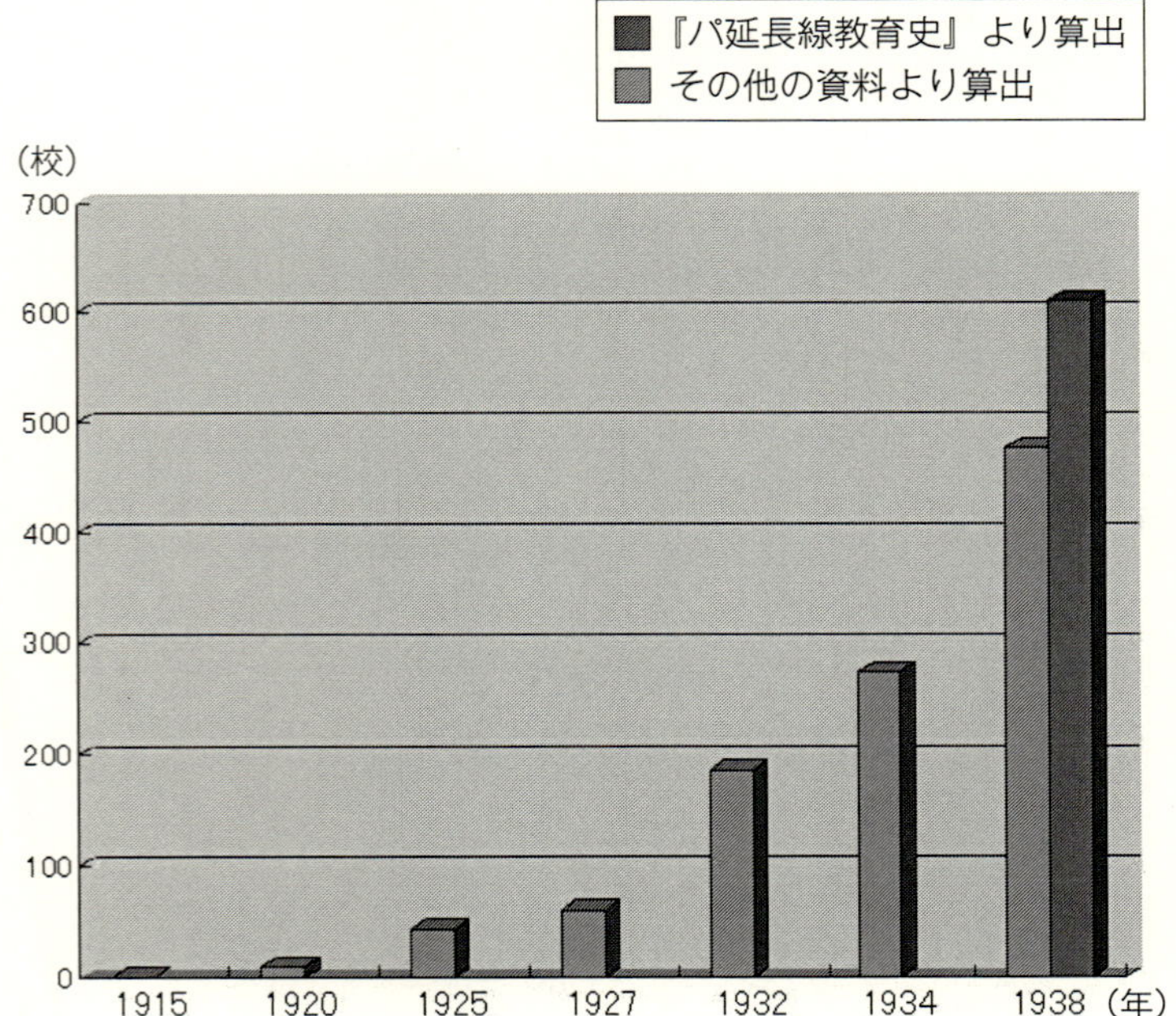

出典：伯剌西爾時報社編（一九三三）、サンパウロ日本人学校父兄会（一九三四）、伯剌西爾時報（一九三八）、寺門他（一九四一）、青柳編（一九五三）などから作成

されたと思われるこの社説では、カリフォルニア州で編纂されつつあった日本語教科書を例示し、それが「読本に重きを置いてゐる」のに対し、ブラジルでは「読本よりも寧ろ修身書の編纂にヨリ多く重きを置く」（同上）ことを望むとしている点が興味深い。こうした現地の事情に適応した教科書編纂への希求は教育現場からも次第に起こってきた。一九二五年一月、コチア小学校の馬渕至宏は、児童の教育程度について、「孰れより観察して見ても各学年に相当する実力は望まれ得ない」と観察している。その原因として、「異郷の地に於て、然かも確然たる教育方針もなく、只漫然として内地教育の形式を踏みたる」こと、「教材が児童に対して適合しあらざる等」をあげている（石原、一九七八、八）。つまり、当時は日本の国定教科書を使用し、同じく日本の教授法を用いて授業が行われていたことを示すものであろう。さらに、同年中の記述として「分校アルデイアと教育上に関して種々打合わせする所あり。学級編成並に教科書の編纂（現教科書を中心に伯国小学校使用教科書を参考に）に就き研究す」とあり（同上、九）、この頃すでに独自の教科書編纂に向けての動きがあったことを示している。

　こうしたなか、一九二七年には、サンパウロ帝国総領事館の赤松祐之総領事の呼びかけで、「在伯日本人教育会」という組織が発足する。この組織は目立った動きをしなかったようであるが、赤松の後、総領事を引き継いだ中島清一郎は、日系子女の教育事業も継承することとなった。中島は在サンパウロ市有志および在伯日本人教育会メンバーによる教育相談会を催し、一九二九年八月、「サンパウロ日本人学校父兄会」を設立させた。この組織は、同年九月三日、「Liga dos Amigos da Escola Japonesa em São Paulo」という社団法人として登録され、一〇月二二日に従来の教育会の財産・負債および業務一切を引き継ぎ、日系子女教育の改善と普及に努めることとなった。同会は、先の黒石清作が副会長となり（会長は当面欠）、木村末喜を事務局長として雇用するとともに、大正小学校新校舎のあったサン・ジョアキン通り六七番に事務所を設置した。黒石も木村もアメリカからの転移民であった[5]。先の赤松もアメリカ勤務の経験があり[6]、二〇年代前半には外務省移民課長としてアメリカの移民問題と向き合った。いずれも排日色の濃い時代のアメリカ生活を経験していたことに共通点があった。

　サンパウロ日本人学校父兄会の会務の中には、各種学校補助金の下付申請及び受領手続きや学用品の供給及び購入事務に加え、教科書編纂が含まれ（伯剌西爾時報社編、一九三三、一〇九）、それはブラジル日系社会の大方の指針となっていた。日系小学校数も一九三二年四月の統計では、未公認のものも含めて一八五校にのぼり、教師数は日本語二一一人、ポルトガル語一四一人を数えるほどになった（同上、一〇八）。

　一方、一九三〇年代にはブラジル・ナショナリズムの台頭を背景に、外国語教育への制限がはじまった。初等教育でブラジルの地理・歴史を教授することが必修となったため、『ブラジル地理』（一九三二）、『ブラジル歴史』（同）、『Nossa Patria わたしの国』[7]（一九三二）といった日本語の教科書が編纂されることになった。これらは、ブラジル最初の日本語の活字版教科書であると考えられる。またこの頃には、日系小学校においても、日本語とポルトガル語両語の教育が並行して行われるのが一般的になってきた。

　さらに、日本人移民数がピークを迎えた一九三四年には、ジェトゥリオ・ヴァルガス政権下で「外国移民二分制限法」が成立し、日本からの移民受入れが制限されるようになる。ただ、移民入国数の減少と学齢期の子ども人口は必ずしも比例せず、この時期、学齢児童はむしろ増加する傾向にあった。次の**表1**を見ると、日系小学校数の増加がいかに急激であったかがわかる。一九三八年頃には、ブラジルの日系教育機関数は五〇〇校に迫るまでになっている。ブラジル・ナショナリズムの高揚するなか、この時期が「ブラジル日本語教育の最盛期」となる[8]。

　こうした新しい状況をふまえて、一九三六年三月、先のサンパウロ日本人学校父兄会を解体・改組し、「ブラジル日本人教育普及会」（以下、「教育普及会」と略す）が設立される。会長に元外交官で駐アルゼンチン特命全

表1　サンパウロ州小学校および日系小学校の増加と増加率

年	小学校数	増加率（%）	日系小学校数	日系小学校増加率（%）
一九三二	二七、六六二	—	一八五	—
一九三三	二九、五三三	七	—	—
一九三四	三〇、七三三	一一	二八七	五五
一九三五	三三、二五一	二〇	—	—
一九三六	三三、五六一	二九	—	—
一九三七	三八、八二九	四〇	—	—
一九三八	三八、六四九	四三	四六七	六三

出典：Ministério da Educação e Saúde/ IBGE （1943）、伯剌西爾時報社編（一九三三）などから作成

権公使であった古谷重綱、理事筆頭に元バウルー領事館領事であった多羅間鉄輔を据えたのは、日本の総領事館や外務省、次第に同化圧力を強めてきたブラジル当局との関係を円滑ならしめることにあったと想像される。そして、この教育普及会の活動中もっとも注目すべき事業が、ブラジル日本語教科書の編纂であった。

二　ブラジル版『日本語讀本』の編纂過程

ブラジル独自の日本語教科書編纂は、前掲のサンパウロ日本人学校父兄会時代にすでに計画されていたもので、ブラジル日系教育界の悲願ともいえた。そして、一九三六年から三七年にかけて、『日本語讀本』全八巻と『日本語讀本教授参考書』全八巻である。これらはポルトガル語の翻訳を添え、サンパウロ州当局の認可を経たもので（青柳編、一九五三、二〇一）、ブラジル日系子女の間で広く利用されることが期待された。

この『日本語讀本』編纂の過程は、つまびらかではない。一九三五年、教育普及会は二世用の日本語読本の編纂を古野菊生⑨に依嘱したとされる（安藤、一九四九、三〇七）。古野は約一年の訪日の後、「軍国的色彩をとりのけ」た「ブラジル育ちの子弟用としては、文部省の国語讀本よりはるかにすぐれた内容」のものを編纂したという（同上）。しかし、古野を主体として『日本語讀本』が編纂されたという点については疑問が投げかけられている。このことについて古杉征己は、日本政府が満洲事変後に海外膨張政策をとり、「国粋主義者」である石井繁美が「ブラジル日本人文教普（ママ）及会」事務局長に就任し、ブラジル邦人社会に祖国へのシンパをつくろうとしていた点を勘案し、石井ら日本からの「派遣職員の元で読本がつくられたとみるのが正当である」としている（古杉、二〇〇五、五一）。また、伊志嶺安博は、ブラジルから識者を招聘するものの、補助金を下付していた日本側（文部省）が作成の主体となってこの教科書が編纂されたと推測している（伊志嶺、二〇一〇、二九八）。

確かに、この教科書は全巻が日本で印刷された点⑩や、文部省の教科書編纂の専門家である佐野保太郎⑪のブラジル派遣に関する次の記事を見ると、編纂の主体としての比重は日本側（文部省）の方が高かった印象を受ける。

> 既報伯国の初等教育状態、並に在伯同胞第二世用教科書編纂等の用務を帯びて先月三十日来伯した文部省図書監修官佐野氏は、リオの仕事も片付き、去る六日出聖、七日の月曜は朝から当地総領事館に詰め来聖の挨拶を述べ直に教科書編纂の話を進めた。
>
> （『伯剌西爾時報』一九三五年一〇月九日）

また、この記事の一年あまり後には、佐野らの帰国と『日本語讀本』巻一～四の刊行が伝えられている。

在伯邦人小学児童用読本編纂資料研究蒐集のため派遣された佐野、関、野村の三氏は永らく滞伯、先般任務を了へて帰朝し直ちに新教科書の編纂に着手して漸く巻一より巻四までの一、二年生用の分が出来上り近々中に総領事館へ到着する筈であるが（以下略）

（『伯剌西爾時報』一九三六年一〇月二六日）

そして、同年翌一一月には『日本語讀本』巻一と『日本語讀本教授参考書』巻一が発刊されているのである。したがって、上記の石井が「ブラジル日本人文教（ママ）普及会」事務局長に就任したとされる一九三七年（安藤、一九四九、三〇七、古杉、二〇〇五、五二）以前、すでに『日本語讀本』の刊行が始まっていたはずである。また、佐野は帰国後、この教科書の紹介記事のなかで、「かの地に居る教育関係の日本人たちと会合して、教材に対する意見を聞いた」（佐野、一九三七a、八五）などと、ブラジル日系教育者との意見交換について何度かふれている。これを裏付けるように、筆者の調査では、ブラジルの師範学校出身で当時コチア小学校校長であった清水明雄が「あの教科書には私もいくつか書いたし、二木はもっと書いた」と証言している。「二木」というのは、やはりブラジルの師範学校出身の二木秀人のことであり、当時大正小学校の教員であった。後述するように、この教科書中いくつかの教材はブラジルの初等読本教科書 *Leitura do Principiante*[12]（初版一九二六年）を出典とするもので、その翻訳や翻案作業を考えると、現地教師の手が加わっていないとは考えにくい。さらに、この教科書の奥付の「著作兼発行者」は全巻とも「ブラジル日本人教育普及会」となっている。

以上のことから、ブラジル版『日本語讀本』は、あくまでもブラジル法人である教育普及会主体の体裁をとりつつ、佐野ら日本側識者の指導のもと、古野や現役教師の清水、二木らを執筆陣に加え、彼らの意見を反映させた上で編纂が進められ、印刷・発行は日本においてなされたと想像しうる。すなわち、ブラジルの日系教師たちの主体性もある程度反映されている点を見逃してはならないであろう。このように、この教科書編纂は、父兄会の時代から複雑な過程を経て進められたと考えられ、今後の史料発掘とさらなる考究がまたれる。

また、この教科書編纂の動機には、国定教科書の内容とブラジル日系学童のおかれた状況とのズレという問題とともに、次の佐野の指摘のように、国定教科書購入のコスト高という問題があったことも知られる。

目に映じた二世教育の現状、鋭いところを一ツ
—教科書の値が高い—佐野図書監修官語る

文部省図書監修官佐野保太郎氏は別項記載の通りリオの視察を終つて六日午後出聖し、目下常盤旅館に投宿中であるが、同氏は大要次の如く語つた。（中略）

又当地で発売されてゐる日本の教科書は大変高い様に思ふが、之なども調べて行きたいと思つてゐる。

（『伯剌西爾時報』一九三五年一〇月九日）

このようにコスト高にもかかわらず、実際、ブラジルにおける日系学童の日本語教育に使用された教科書は、国定教科書が中心であった。主に、『尋常小学国語讀本』全一二巻（一九一八年編纂のいわゆる「ハナハト読本」）や『小学国語讀本』全一二巻（一九三三年編纂のいわゆる「サクラ読本」）が各地で利用されており、ブラジル版『日本語讀本』はあまり使用されなかったとされる[13]。実際、一九三八年には、外国人入国法第一六条によって、ブラジル国内すべての農村学校における各科目の教授はポルトガル語によることとされ、この章の属項八五－一として、一四歳未満の者への外国語教育が禁止された（Câmara dos Deputados）。当時、ブラジル日系人口の八割以

上が農村地域に偏在していたことを考えると、ほとんどの日系子女に対する日本語教育が禁止されたことになる。ブラジル版『日本語讀本』は、刊行直後から大きな障壁にぶつかってしまう。やがて一九四一年一二月の太平洋戦争の勃発、翌年一月の日本・ブラジル間の国交断絶により、日本語は「敵性外国語」となり、公共空間での使用そのものが禁止されることになった。

三　ブラジル版『日本語讀本』の特徴

ブラジル版『日本語讀本』の体裁、構成、内容と性格など、その特徴について述べたい。

■体裁

サイズはA５判で、国定国語教科書と同じ寸法である。表紙は厚紙であり、花や魚とともに、ブラジルで「ベイジャ・フロール」という名で親しまれているハチドリが描かれている。表紙デザインは各巻とも共通している。

■構成

教科書の構成としては、各巻とも、巻頭に「目録」があり（巻一はこれを欠く）、巻末に「漢字表」を付している。また、巻一をのぞいて、各巻とも単元ごとに、課数、表題、本文と続き、本文中に挿絵が描かれている。挿絵は、巻一～四は色刷であり、巻五以降は黒単色である。また、ページ上部の欄外に新出漢字が掲載されている。

■内容と性格

ブラジル版『日本語讀本』は、内容的には日本の国定国語教科書との類似性が早くに指摘されている（岡崎、一九五〇、五三－五四）。全一九三課中、伊志嶺（二〇一〇）が指摘するように、八七課（四五％）が日本の国定教科書の内容と一致する。各巻でいうと、巻一の三五課中一三課（三七％）、巻二の二三課中一二課（五二％）、巻三の二五課中一〇課（四〇％）、巻四の二〇課中一三課（六五％）、巻五の二三課中一一課（四八％）、巻六の二二課中一〇課（四五％）、巻七の二三課中一三課（五七％）、巻八の二二課中五課（二三％）が、国定教科書の内容と一致している。そして、内容面から見ると、同読本は、第四期国定国語教科書『小学国語讀本』から六五課と、もっとも多くの課数を受け継いでいる（伊志嶺、二〇一〇、三〇〇）。

逆に見ると、一〇六課はブラジルの教材など日本の国定国語教科書以外を出典とし、独自教科書としての特徴も有していた。たとえば、巻三の「蝶々」はブラジルの日系女生徒の作文を採用したものであり、「ジョアンじいさん」、巻四「七面鳥」「よし子さん」などは前掲 *Leitura do Principiante* の教材を翻訳・翻案したものである（佐野、一九三七b、九四－九七）。すなわち、ブラジル版『日本語讀本』は、日本の国定教科書を参考にしながら、ブラジル現地教材や独自教材も加えた教科書であったといえる。

先の伊志嶺は、ブラジル版『日本語讀本』と各国定国語教科書（第二・三・四・五期）の教授内容（各八巻まで）を、課数と頁数と新出漢字数の形式面、各課の内容面において次のように比較している。

・課数――国定第二期一七四課、第三期一八一課、第四期一六六課、第五期一七三課に対し、『日本語讀本』は一五八課と少ない。（第一課は課名がないため、課数に含まない）

・頁数――国定第二期六三三頁、第三期七五八頁、第四期一〇四三頁、第五期九八八頁に対し、『日本語讀本』は一〇二九頁と多めに作られている。

・新出漢字数――国定第二期七七二字、第三期八七二字、第四期九五〇字、第五期八七四字に対し、『日本語讀本』は計八二三字とやや少なめである。

（伊志嶺、二〇一〇、二九九－三〇〇）

実生活での日本語の比重が小さいブラジルの状況を考えれば、漢字数が少なくなるのは当然といえるが、八二三字というのは、国定第二期より多く、第三期と比べても、五〇字の差があるだけである。また、課数が少なく、ページ数が多いというのは、一単元の読み物が平均して長いことを示しており、学習者にとってけっして少ない分量ではなかったであろう。この分量については、教授参考書に「多読によつて日本語を体得させる趣旨」が説明されている。[14] 実際、ブラジルで行った日系小学校出身者へのインタビュー調査では、日本語の授業はついていくのがたいへんだったという声をよく聞いた。

それでは、各課の本文内容を検討してみよう。

『日本語讀本教授参考書』各巻の冒頭には、次のような「編纂の方針」が示されている。

> 本書は、立派な日系伯国市民の養成を目的とする日本語学校教育の趣旨に基づき、日本語学校国語科教科書に充てる目的を以て編纂したものである。
>
> 本書を編纂するに当り企図する所は、児童をして日本語を学習体得し日本文化を吸収させることによつて、日本精神と伯国精神との融合を図り、より高き伯国文化を創造させる点である。
>
> （『日本語讀本教授参考書』巻一、一九三六、一）

『日本語讀本』巻一の最初の単元は「ハナ」で、『尋常小学国語讀本』と共通している。また、『小学国語讀本』巻一の最初の単元は有名な「サイタ、サイタ、サクラガサイタ」であり、やはり花がテーマとなっている。戦前の日系小学校出身者に教科書について尋ねると、「サイタ、サイタ、サクラガサイタ」という言葉を覚えている例が多い。『日本語讀本』の「ハナ」の挿絵は色刷で、桜とともにブラジルの花イッペイが描かれている。『日本語讀本教授参考書』巻一には、「日本に於ては、昔から、花といへば桜を思ふが常である」としながらも、「伯国に於ては、日本の桜に相当すべきもの、即ち国花と称すべきものはないが、まあ、それに近いものとして、ここにはイッペイを選んだのである。〔改行〕本課はイッペイと日本の桜の美とを配合したもので、伯国民としての感情と日本国民としての感情が融一的に表はされてゐる」（『日本語讀本教授参考書』巻一、一九三六、二）と解説されている。最初の単元において「花」という象徴を介して「日本精神と伯国精神との融合」が試みられていると理解できる。こうした「融合」の試みは、以下各巻に見ることができる。

使用語句の面では、本文中にポルトガル語の挿入が見られる点が、国定教科書とは異なる大きな特徴である。例えば、巻二を見ると、次のようなポルトガル語の語句が挿入されている。

> 四　リンゴ
>
> （中略）
>
> リンゴ　コロコロ、ドコ　へ　行ク。
> ファーカ　サガシ　ニ　マキリマス。
> コロン、　コロン。
>
> リンゴ　コロコロ、ドコ　へ　行ク。
> ガルフォ　ヒロヒ　ニ　マキリマス。
>
> （後略）
>
> （『日本語讀本』巻二、一八〜二〇、傍線筆者）

「ファーカ」と「ガルフォ」は、それぞれナイフとフォークの意味であり、ブラジル日系学童には箸よりもなじみの深いものであろう。また、同じく巻二の「アキナヒアソビ」に見られるように、「キヌ子『コノエンピツハ、一本イクラデスカ』、ハナ子『三百レイスデス』」というように、当時のブラジルの通貨単位レイスやミルレイスを記した例がいくつか見られる。この通貨単位は、巻四「よし子さん」、巻五「分業」などにも見られ、ブラジルでの日常生活に適合する工夫の一つといえよう。

挿絵の豊富さは、国定教科書第三期以降の特徴とされているが（海後、一九六三、七一九）、ブラジル版『日本語讀本』にも多くの挿絵が見られる。その特徴は、ブラジル特有の生活習慣・自然・風物を配し、ブラジルの現実や理想を可視化しようとした点であろう。例えば、『尋常小学国語讀本』巻一の第二、第三単元は「ハト、マメ、マス」「ミノ、カサ、カラカサ」で、着物を着た男児や袴や蓑を着けた人物が描かれているのに対し、『日本語讀本』は「ハチ、ハチスズメ」「アメ、カミナリ」で、ハチドリや椰子の木、サッペー葺きといわれるブラジル農村特有の家屋などが描かれている。なお、挿絵の色刷や写真掲載は第四期国定教科書以降の特徴であり、ブラジル版『日本語讀本』もこれにならったものと考えられる。椰子の木は、巻一「アメ、カミナリ」「ヒロイノハラ、ナガイミチ」「デタデタツキガ、マルイマルイ、マンマルイツキガ」、巻二「月夜」など各課に見られる。登場人物の洋装も、巻一「オトウサン、イッテ　マキリマス」では父親がネクタイを締め、母親もスカートにエプロン姿であり、「ミナサン、ホンヲオアケナサイ」では教師・児童とも全員が洋装で登場している。「月夜」では、太郎と母が洋服・スカート姿で、ブラジル風の白壁の家に椰子のはえた大地が描かれている。その他、巻五「水力電気」では、リオデジャネイロのグアナバラ湾の夜景の写真が掲載されている。これらも、ブラジルの生活に適合するような工夫の一つであろう。

これに加えて、ブラジルの歴史・地理教材もいくつか掲載されている。例えば、「リオ、デ、ジャネイロ」（巻三）、「ブラジルの発見」（巻五）、「ジョゼ、ボニファシオ」（巻六）、「アンシェータ」（巻八）などである。ブラジルがアルゼンチン、ウルグアイとともに戦ったパラグアイ戦争（一八六四～一八七〇）の英雄「ラッパ兵ジェズース」（巻五）などは、日本の修身教科書との関係を考える上で興味深い内容となっている。

> 将軍の命令を受けたジェズースは、さつそくラッパを口にあてて、
> 「進め――。」
> 吹きかけた時、たちまちとび来つた敵のたまは、ジェズースのうでをつらぬきました。
> ラッパは口をはなれました。けれども、それはたゞちよつとの間で、
> 「進め、進め。」
> 勇ましいひゞきは、血のしたゝるうででささへたラッパから、全軍につたはりました。
> やがて、また、今一つのたまが、ジェズースのうでをつらぬきました。けれども、ジェズースは、まだしつかりとラッパをにぎつて、はなしませんでした。
>
> （『日本語讀本』巻五、一～四）

これは一見、ブラジルの英雄を顕彰する意図のように見えるが、戦前の教育を受けた日本人にとってはなじみ深い内容となっている。すなわち、下記のように修身教科書に掲載された日清戦争の英雄「ラッパ卒キグチコヘイ」の物語と酷似しているのである。

> キグチコヘイ　ハ、イサマシク　イクサ　ニ　デマシタ。
> テキ　ノ　タマ　ニ　アタリマシタ　ガ、シンデ　モ、ラッパ　ヲ
> クチ　カラ　ハナシマセンデシタ
>
> （『尋常小学修身書』巻一、一七、チュウギ）[15]。

この「ラッパ兵ジェズース」掲載には、「恐らく編集趣味に相当くはしい説明があらうと思ふ」といわくありげな説明があり（佐野b、一九三七、九七）、その背景に曲折があったことをうかがわせる。ブラジルの対外戦争の英雄を取り上げることによって、ブラジル当局による同化圧力への対応とともに、日本のナショナリズムの影響を受けた一世世代への配慮という、両者を調停する編纂者たちの努力が読み取れるのではないだろうか。

ただ、純日本的な教材が排除されたわけではなく、「モモタロウ」（巻一）、「サルトカニ」（巻二）、「牛若丸」「一寸ぼうし」「浦島太郎」（以上、巻三）、「をろち たいぢ」（巻四）、「少彦名のみこと」「天孫」（以上、巻五）、「神武天皇」「日本武の尊」（以上、巻六）などの童話・神話が取り上げられ、巻八の第一単元には、「明治天皇御製」の短歌一〇首が掲載されている。この教科書には、ブラジル・ナショナリズムが高揚する三〇年代において、ブラジル当局に対する配慮が見られるが、満洲事変で活躍した軍用犬「金剛」と「那智」を描く「犬のてがら」[16]（巻五）が取り上げられるなど、日本の軍国主義的な内容が完全に排除されたわけではない点が確認できる。

また、「町ねずみ と ゐなかねずみ」（巻三）は、当時のブラジル日系社会を風刺したものとして興味深い。田舎住いのねずみが、町ねずみを食事に招待した。田舎ねずみは、麦や玉蜀黍、草の根をふるまうが、町ねずみは気の毒そうに言う。「こんなゐなかにひっこんでゐて、まるで、ありかみゝずのようなくらしをしてゐるのだね。まあ一度、ぼくのうちへ、あそびに来てみたまへ。肉でも、ビスケットでも、りんごでも、いちじくでも、何でも君の好きなものを、たべさせてやるよ」。これを聞くと、田舎ねずみは町へ出て、これまで知らなかったごちそうも食べてみたくなった。田舎ねずみが来ると、町ねずみは、肉や果物、缶詰といった御馳走で歓待した。ところが、田舎ねずみが食べようとすると、突然人間が現れ、二匹は暗い穴のなかに一目散に逃げ込んだ。そして、彼らが食事を再開しようとすると、また別の人間が入って来て、そのたびに二匹は暗い穴に隠れなければならなかった。この単元は、次のような田舎ねずみの言葉で終わっている。「ぼくはもうかへるよ。いくらおいしいごちそうが山ほどあっても、こんなこはい思ひをするくらゐなら、ゐなかのあのしづかなうちへかへって、それこそ、草の根や、くるみのかたいみでも、ゆっくりと、気らくにたべてくらす方が、どれほどましだか知れないからね」。

有名なイソップ寓話が出典であるが、「いふ迄もなく此の寓話は『人の境遇を羨む勿れ。』『幸福は自己の周囲にあり。』といふことを教へてゐる」（『日本語読本教授参考書』巻三、一九三七、七八）というように、自分の手の届く境遇の中に幸福を見出すことを勧めている。当時のブラジル日系人の状況に当てはめて想像をめぐらすと、大半が農村地帯に居住していた日系子女に対して、農業を棄てて軽はずみに都会へ出ることを戒める教訓を読み取ることができる。当時、大都会サンパウロに出て上級学校に進学したり、ホワイトカラー職に就いたりするのは、農村青少年の憧れであった[17]。

この『日本語読本』は、「大天地に照りわたる 朝日仰ぎて、今日もまた誓ふ楽しさ、ほこらしさ。」ではじまる「ブラジル開拓の歌」（巻八）で終わっている。この単元の「教材解説」は、「雄々しくも颯爽たるブラジル開拓の歌である」とし、「朝は、朝日が輝きわたる無限の大天地。その大天地に立つて朝日を仰ぎ、大ブラジル開拓を誓ふ楽しさ、そしてその誇らしさを思へ」と、農民としての生活を讃え、それを楽しく誇らしいものとして賛美している（『日本語読本教授参考書』巻八、一九三七、二一六）。何度も繰り返される「家の為、はた国の為、此の世の為に、人の為に」については、「我が家のためだ、我が帝国のためだ、又ひろくこの世の中のためだ、全人類のためだ」と解説されている（同上）。「国の為」が「我が帝国のためだ」とされている点については日本のナショナリズムがかいま見られるが、「ひろくこの世の中のためだ、全人類のためだ」と結ぶところに、ブラジル日系学童たちの今ある生活、すなわちブラジルの大地を耕すという行為が全人類のためになるという、一種のコスモポリタニズムを見ることができる。この教科書編纂の時点で、教育普及会が考える日系学童が取り得るべき態度を表したものというべきであろう。

おわりに

ブラジル版『日本語讀本』は、教師が個別に作成した教材を除くと、戦後の初等中等用日本語教科書『日本語』全一二巻が一九六一～六四年にかけて発刊されるまで、当地で編纂・発刊された唯一の日本語教科書であった。その形式や内容は、日本の国定国語教科書をモデルとし、「日本精神と伯国精神との融合」を試みる志向性が見られる。ただ、内容的に、日本の童話や神話があるかと思えば、ブラジル歴史上の人物の逸話があり、ブラジルの英雄に仮託した軍国美談がある一方、日本の軍国美談そのものも掲載されており、いささかちぐはぐで一貫性に欠け、内容的に欲張りすぎな印象も受ける。これは逆に、日本的教育とブラジル公教育の理想と現実、日本とブラジルの教科書編纂者、日本人としての一世の親世代とブラジル人としての二世学童など、多くの対立項や矛盾をくみ取り、それらを止揚しようとした結果とも見られる。なお、何度か言及したが、この教科書に付随して、『日本語讀本教授参考書』全八巻という、たいへん詳しい教師用参考書が編纂・発刊されており、国立国会図書館ウェブサイトで公開されている。

ブラジル日系子女教育の研究は、ハワイや北米を対象とする研究と比較して大きく立ち遅れており、今回復刊される教科書と教授参考書を合わせて、今後の発展が期待されるのである。

注

（1）『伯剌西爾時報』に連載された「秋圃」というペンネームの人物の自伝的小説「明るい人暗い人」（一九三〇年二月連載）には、大正小学校創立六ヶ月前、日本人移民の上陸地であるサントスに小学校が開校された様子が描かれている。また、『ニッケイ新聞』WEB版には、「従来、コロニア最古の日本人学校は一九一五年に聖市コンデ街に開設された大正小学校と言われてきたが、先週、広島県から送られてきた一枚の写真により、実はグァタパラ耕地にあった日本人学校である可能性が出てきた。（中略）入り口には『――巴羅小学校』との表札も掲げられており、少なくとも一九一三年以前から活動していたようだ」（二〇〇九年四月四日）と報じられている。

（2）サンパウロ州北西部リベロン・プレト周辺四八ヶ所の日本人入植耕地の調査報告。対象となったのは、同地域の日本人八八〇家族で、七歳から一五歳までの学齢児童総数は四五〇に達したという。記者はこのなかで、「前記四百を越ゆる学齢児童中通学者僅かに四十（二十余人は伯人学校へ、十三人はサンタ、ガブリエラ耕地内に設けられし河瀬権之丞氏経営の小学校へ）に充たざる」という就学状況であったことを報告、「子孫を度外視して植民の発展を期すべからず」と慨嘆している（みすゞ、一九一八）。

（3）一九一六年一月には週刊『南米』、同年八月には『日伯新聞』、一九一七年八月には『伯剌西爾時報』が発刊されている。

（4）黒石清作（一八七〇～一九六二）は、新潟県出身。早稲田大学に学んだ後渡米。安孫子久太郎のもとで日本語新聞発行にたずさわった後、一九一七年にブラジルへ転移民し、『伯剌西爾時報』を創刊した。妻豊子はアメリカ生まれの二世。

（5）米国中央日本人会の一九二四年二月二〇日理事会の青年部員の一人として、木村の名が見える（藤岡、一九四一、一三九）。一九二〇年代後半にブラジルに転移民したものと考えられる。

（6）赤松は、一九一六年七月に領事としてニューヨーク、同年九月にポートランド在勤を命ぜられている（外務省大臣官房人事課編、一九三一、一一二）。

（7）**José Pinto e Silva**（1925）*Minha Pátria* の翻訳版。

（8）第二次世界大戦前後のブラジルをはじめとする南米日系人の動向については、拙稿（二〇一三）を参照されたい。

（9）古野菊生（一九〇七～不明）は、早稲田大学仏文科卒。『伯剌西爾時報』記者、日本語学校教師などを経て、一九三〇年代半ばから戦後にかけ、日系社会を代表する詩人としてブラジル日本語文学の指導的立場にあった（安良田、二〇〇五）。

（10）巻一、三、五、七は凸版印刷株式会社、巻二、四、六、八は単式印刷株式会社で印刷。

（11）佐野保太郎（一八八七〜一九五〇）は、東京帝国大学文学部卒業後、文部省入省。旧制山形高等学校校長を務めた後、一九四一年には高知高等学校に校長として赴任している（兵庫県篠山市ウェブサイト）。

（12）*Leitura do Principiante* は、アントニオ・フィルミーノ・デ・プロエンサ（一八八〇〜一九四六）編著。一九二六年に初版が発刊され、一九五六年まで八七刷四三万五千部が刊行されたブラジルの代表的ポルトガル語初等読本教科書（Gazoli, 2008）。

（13）一九三〇年頃から約二〇年間、ブラジル日系小学校において使用された教科書は、戦前の国定国語教科書が七〇パーセント、戦後の検定教科書が三〇パーセントであり、ブラジル版『日本語読本』はほとんど使用されていなかったという（岡崎、一九五〇、五三－五四）。実際、二〇〇七年一二月に筆者が調査したサンパウロ州ボツカツ日本語学校所蔵の教科書でも、『日本語読本』は不完全なものが二冊あったのみで、国語教科書はすべて『尋常小学国語読本』と『小学国語読本』であった。

（14）「日本語読本編纂趣意」（『日本語読本教授参考書』巻一、二）。

（15）海後編、一九六二、二二五。

（16）出典は、『小学国語読本』巻五の二十二。

（17）三〇年代のブラジル日系社会における、こうした「上聖遊学」の傾向については、拙稿（二〇一五）四三、同（二〇一六刊行予定）を参照されたい。

参考文献

青柳郁太郎編（一九五三）『ブラジルに於ける日本人発展史・下巻』ブラジルに於ける日本人発展史刊行委員会（石川友紀監修（一九九九）『日系移民資料集南米編三〇巻』日本図書センターに再録）

安良田済（二〇〇五）「愛の狩人—古野菊生」新井勝男編『コロニア随筆選集』二巻、二〇七－二一三

安藤潔（一九四九）「第三章 邦人社会の言論・思潮史論」香山六郎編『移民四十年史』（私家版）、三〇一－三二一

石原辰雄（一九七八）『コチア小学校の五十年—ブラジル日系児童教育の実際—』（私家版）

伊志嶺安博（二〇一〇）「近代における初等教育段階の日本語教科書—ブラジルの日本語教科書の位置づけをめぐって—」中国赴任日本国留学生予備学校日本語教育研究会編『日本語教育論集・国際シンポジウム編』第七号、東北師範大学出版社、二九四－三〇三

岡崎親（一九五〇）「在外國語讀本考」（伯国日語学校連合会編（一九六六）『幾山河—全伯日語教育史』に再録）

海後宗臣編（一九六二）『日本教科書大系近代編 第三巻 修身（三）』講談社

海後宗臣（一九六三）「所収教科書解題」『日本教科書大系近代編 第七巻 国語（四）』講談社、七一六－七二四

外務省大臣官房人事課編『外務省年鑑・昭和六年六月編』

カトリック教養研究会編（一九四九）『ギード神父とサン・フランシスコ学園』カトリック教養研究会

小林美登利（一九三六）「聖州義塾略史」『聖州義塾々報』七

坂口満宏（二〇一四）「ハワイとアメリカ本土西北部の日本語学校と『日本語読本』」マック、エドワード監修『『米國加州教育局検定 日本語讀本』（復刻版）別冊解題』、文生書院、二九－三九

佐藤皓一編（一九八五）『財団法人赤間学院創立五十年史』財団法人赤間学院

佐野保太郎（一九三七ａ）「雑録ブラジルの日本語読本（承前）」『国語教育』第二二巻第七号、八一－八六

佐野保太郎（一九三七ｂ）「雑録ブラジルの日本語読本（承前）」『国語教育』第二二巻第八号、九四－九七

サンパウロ人文科学研究所編（一九九六）『ブラジル日本移民・日系社会史年表—半田知雄編著改訂増補版—』サンパウロ人文科学研究所

サンパウロ日本人学校父兄会（一九三四）『サンパウロ日本人学校父兄会々報』第二号

秋圃（一九三〇）「明るい人暗い人（十一）—彼の舞台に踊る人々」『伯剌西爾時報』

（一九三〇年二月一三日）

高木（北山）眞理子（二〇一二）「『ハワイ日本語学校教科書集成』解説」編集復刻版『ハワイ日本語学校教科書集成』第一〇巻、不二出版、一－一一

寺門芳雄他編（一九四一）『パ延長線教育史』パ延長線教育史刊行委員会

ニッケイ新聞「ヴァタパラに最古の日本人学校？＝「コロニア史が変わる」＝1枚の写真から判明か＝亡妻が結んだ不思議な縁」（『ニッケイ新聞』WEB版二〇〇九年四月四日）http://www.nikkeyshimbun.jp/2009/090404-71colonia.html（アクセス二〇一五年一〇月一二日）

根川幸男（二〇一三）「第二次世界大戦前後の南米各国日系人の動向―ブラジルの事例を中心に―」『立命館言語文化研究』第二五巻一号、一三七－一五四

根川幸男（二〇一五）「海を渡った修学旅行―戦前期ブラジルにおける日系子弟の離郷体験」『移民研究年報』、日本移民学会、第二一号、三七－五五

根川幸男（二〇一六刊行予定）「ブラジルにおける日系二世教育と人材育成―「バガブンド」から「ドットール」へ、理想的日系市民モデルの創出―」吉田亮編著『越境する二世』現代史料出版

兵庫県篠山市編「丹波篠山の有名人―佐野保太郎」http://www.city.sasayama.hyogo.jp/hiro/06sano.html（アクセス二〇一五年一〇月一二日）

藤岡紫朗（一九四一）『米国中央日本人会史』米国中央日本人会（国立国会図書館近代デジタルライブラリー）

伯剌西爾時報社編（一九三三）『伯剌西爾年鑑・後編』

伯剌西爾時報「運命の一二月二九日」（一九三八年一〇月二一日）

ブラジル日本人教育普及会（一九三六）『日本語讀本教授参考書』巻一、東京市高瀬印刷所（国立国会図書館近代デジタルライブラリー）

ブラジル日本人教育普及会（一九三七）『日本語讀本教授参考書』巻二、東京市高瀬印刷所（国立国会図書館近代デジタルライブラリー）

ブラジル日本人教育普及会（一九三七）『日本語讀本教授参考書』巻三、東京市高瀬印刷所（国立国会図書館近代デジタルライブラリー）

ブラジル日本人教育普及会（一九三七）『日本語讀本教授参考書』巻四、東京市高瀬印刷所（国立国会図書館近代デジタルライブラリー）

ブラジル日本人教育普及会（一九三七）『日本語讀本教授参考書』巻五、東京市高瀬印刷所（国立国会図書館近代デジタルライブラリー）

ブラジル日本人教育普及会（一九三七）『日本語讀本教授参考書』巻六、東京市高瀬印刷所（国立国会図書館近代デジタルライブラリー）

ブラジル日本人教育普及会（一九三七）『日本語讀本教授参考書』巻七、東京市高瀬印刷所（国立国会図書館近代デジタルライブラリー）

ブラジル日本人教育普及会（一九三七）『日本語讀本教授参考書』巻八、東京市高瀬印刷所（国立国会図書館近代デジタルライブラリー）

古杉征己（二〇〇五）「幼少年向け教科書の変遷とブラジル日系社会の日本語教育」『人文研』No.6サンパウロ人文科学研究所、四四－八五

マック、エドワード監修（二〇一四）『米國加州教育局検定 日本語讀本』、文生書院

みすゞ「耕地巡遊を終へて（三）」『伯剌西爾時報』（一九一八年四月二六日）

森本豊富（二〇一四）「米國加州の日本語学校と『日本語讀本』」マック、エドワード監修『『米國加州教育局検定 日本語讀本』（復刻版）別冊解題』、文生書院、一八－二八

Associação Cultural e Assistência da Liberdade (1996) Liberdade, São Paulo, ACAL.

Câmara dos Deputados, "Decreto-Lei nº 406, de 4 de Maio de 1938", Legislação Informatizada-Câmara dos Deputados. http://www2.camara.leg.br/legin/fed/declei/1930-1939/decreto-lei-406-4-maio-1938-348724-publicacaooriginal-1-pe.html（アクセス二〇一五年一一月二七日）

Gazoli, Monalisa Renata (2008) "Leitura do Principiante (1926), de Antonio Proença, e a Institucionalização do Método Analítico no Estado de São Paulo", Seminário de Pesquisa 10, Marília/ SP, UNESP. http://alb.com.br/arquivo-morto/edicoes_anteriores/anais17/txtcompletos/sem12/COLE_2257.pdf（アクセス二〇一五年一〇月三〇日）

Ministério da Educação e Saúde/ IBGE (1943) O Ensino no Brasil em 1938, Serviço de Estatística da Educação e Saúde XVIII, Rio de Janeiro.

ブラジル日系子女教育史略年表

西暦	和暦	月	日	ブラジル日系子女教育関係事項	関連事項
一九〇八	明治四一	六	一八	第一回ブラジル日本人移民、サントス到着	
一九一四～一五？	大正三～四			大正三～四年頃、コンデで田頭甚四郎（一九一二年渡伯）なる青年が三～四人の子どもにイロハを教えていた。 グァタパラ、サントスに小学校開校？	
一九一五	大正四	一〇	七	大正小学校、聖市コンデ・デ・サルゼーダス通り三八番に、宮崎信造らにより創設。教師一人生徒三人。	東京植民地・平野植民地創設。
一九一六	大正五	一		大正小学校、コンデ・デ・サルゼーダス通り五一番に移り、同年四八番に戻り児童十数人となる。	
		五		桂小学校、コチア小学校開校。	
一九一七	大正六			旭小学校、アグア・リンパ小学校開校。	各地に日系小学校が叢生。
一九一八	大正七	一〇		『伯剌西爾時報』に「日本語の教科書の編纂を為さざるべからざる」ことを述べる記事掲載。	
一九一九	大正八	一	二九	大正小学校、私立公認校に認定。	
一九二〇	大正九	一	二三	大正小学校、後援会創立。	
一九二一	大正一〇	七	二九	『伯剌西爾時報』に「日系児童の補習教育に関連し、特殊教科書編纂の急務なること」を述べる記事掲載。	
一九二二	大正一一	五	一九	小林美登利、「聖市コンデ街ノ大正小学校ヲ借リ英、葡両語ノ夜学ヲ開ク」。	信濃海外協会発足。
一九二四	大正一三	六	四	大正小学校初代校長であった宮崎信造没。	
一九二五	大正一四	三	一九	コチア小学校、「分校アルデイアと教育上に関して種々打合わせする所あり。学級編成並に教科書の編纂（現教科書を中心に伯国小学校使用教科書を参考に）に就き研究す」。	
		九	七	小林美登利、ガルヴォン・ブエノ通り八五番に聖州義塾開塾。	

西暦	和暦	月	日	事項	関連事項
一九二七	昭和二	一二	一四	在伯日本人教育会発足。	
一九二八	昭和三	三		第一回外務省教員留学生（清水明雄・両角貫一ら三人）サントス到着、すぐにアリアンサに向かう。	第一回ブラジル教員留学生派遣。
			一八	イエズス修道会、聖フランシスコ学園をリベルダーデ通り一四九番に開校。	
一九二九	昭和四	八	九	サンパウロ日本人学校父兄会設立。	海外移住組合連合会、ブラジル現地法人ブラ拓を設立。
		一〇		大正小学校、サン・ジョアキン通りへ移転。	
一九三一	昭和六			サンパウロ日本人学校父兄会より『ブラジル地理』『ブラジル歴史』発刊。	
一九三二	昭和七	三	三	アンナ・ワルドマン女史の経営する裁縫学校に郷原満寿恵が日本人部を設ける（日系女子教育の開始）。	第二回ブラジル教員留学生派遣。この年、在ブラジル日本人総数一三万二六八九人。
		四		日本人小学校、ブラジル国内には一八七校。未届け校も二〇校を数える。	
		五	五	日伯裁縫女学校、タマンダレー通りに校舎を定める。	
			二六	聖フランシスコ学園の三階建て新校舎落成。	
				サンパウロ日本人学校父兄会より『Nossa Patria わたしの国』発刊。	
一九三三	昭和八	四		赤間重次・みちへ夫妻がサンパウロに裁縫教授所を設立。同年八月にはコンセリェイロ・フルタード通り一八番に移転し、サンパウロ裁縫女学院と改称。	この年入国の日本人移民二万四八〇〇人。
		六		サンパウロ裁縫女学院創立。	
一九三四	昭和九	一	一〇	サンパウロ裁縫女学院、コンセリェイロ・フルタード通り一一六番に移転。	外国移民二分制限法（事実上の日本移民制限法）成立。
				暁星学園、新校舎および寄宿舎をピニェイロス地区のミゲル・デ・イササ通りに新築し移転。	
		一〇	二一	大正小学校で、聖市学生連盟発足。	

一九三五	昭和一〇	四		サンパウロ裁縫女学院、校誌『學友』創刊。	日本より経済使節団ブラジル来訪。
		七		聖フランシスコ学園女子部、リベルダーデ広場一四三に開設される。	
		八	一	サンパウロ裁縫女学院、サン・ジョアキン通り二一六番に移転し「サンパウロ女学院」と改称。日本語小学部開設。	
一九三六	昭和一一	三		ブラジル日本人教育普及会設立。	
		一一		ブラジル日本人教育普及会により『日本語讀本』巻一、『日本語讀本教授参考書』巻一発刊。	
		一二〜		『日本語讀本』巻二〜八、『日本語讀本教授参考書』巻二〜八発刊。	
一九三七	昭和一二	一一	一二	大正小学校講堂にて、藤原義江の独唱会。	
			一〇	ヴァルガス政権新国家体制確立→一四歳未満の者に外国語の教授を禁止（サンパウロ市およびサントス市は一一歳未満）。	
一九三八	昭和一三	一〇		ブラジル日本人教育普及会、ブラジル日本人文教普及会に改組。	この年、邦字新聞日刊となる。
			二一	ブラジル全土の日本人小学校四七六校。	
		一二	二五	ブラジル全土の日独伊を主とした外国語学校に閉鎖命令。	
一九四〇	昭和一五	一	二九	この年刊行の『パ延長線教育史』に「全伯六百に余る日本語学校の存在」と記される。	各地で紀元二千六百年記念式典。
一九四一	昭和一六	一二	七	太平洋戦争勃発。	
一九四二	昭和一七	一		サンパウロ州で枢軸国住民に対し、公衆の場における母国語の使用等の禁止令。	
		二	二	サンパウロ市中心部からの日本人立退き命令発令。聖州義塾立ち退き。大正小学校やサンパウロ女学院に転入する日系子弟が増加。	ブラジル、日本との国交断絶。それに伴い在外公館閉鎖。
		一二	六	サンパウロ女学院創立一〇周年。突然、裁判所から即刻強制退去命令が発せられ、急遽ベルゲイロ通りへ移転。	

*小林（一九三六）、カトリック教義研究会編（一九四九）、石原（一九七八）、佐藤編（一九八五）、サンパウロ人文科学研究所編（一九九六）、Associação Cultural e Assistência da Liberdade（一九九六）などと関係者へのインタビューに拠り作成。

解題執筆者紹介

根川　幸男　ねがわ・さちお

一九六三年生まれ
サンパウロ大学哲学・文学・人間科学部大学院修士課程修了　博士（学術）（総合研究大学院大学）
現在、同志社大学日本語・日本文化教育センター嘱託講師、国際日本文化研究センター共同研究員
主要著作
『トランスナショナルな「日系人」の教育・言語・文化―過去から未来に向って―』明石書店、二〇一二年（森本豊富との共編著）
「海を渡った修学旅行―戦前期ブラジルにおける日系子弟の離郷体験」（『移民研究年報』第二一号、二〇一五年）
『越境と連動の日系移民教育史―複数文化体験の視座』ミネルヴァ書房、二〇一六年刊行予定（井上章一との共編著）

日本語讀本

巻一

巻一 一

チ　スズメ

ハチ

ハチスズメ

巻一　二

ア　カミナリ

アメ

カミナリ

巻一　三

ウシ　ト　マ

ウシ

ト

ウマ

巻一　四

ホン　バ

ホン

ト

カバン

巻一　五

ヒロイ　ノ　ラ　ガ

ヒロイ
ノハラ
ナガイ
ミチ

巻一　六

レ　テ

ハシレ
ハシレ
シロ　カテ
アカ　カテ

巻一　七

タコ　デ

タコタコ
アガレ
テンマデ
アガレ

巻一　八

オサ

オヒサマ
アカイ
アサヒ　ガ
アカイ

巻一　九

ヌ　ヰ　ネ　モ

イヌ ガ
ヰマス
ネコ モ
ヰマス

巻一　十

ヘ　キ

ヘチマ ノ
ハナ ガ
サキマシタ。
キイロイ
ハナ デス。

巻一　十一

ツ　ル

デタ デタ
ツキ ガ、
マルイ
マルイ、
マンマルイ
ツキ ガ。

巻一　十二

トウ　ツ（ッ）　ロウ　ケ

「オトウサン、イッテ マヰリマス」。
「オカアサン、
イッテ
マヰリマス」。
タロウサン ガ
デカケマシタ。

巻一　十三

コウ　エ　ゲヨク

ガッコウ ガ
ミエマス。
ミンナ ガ、
ゲンキ ヨク
アルイテ
イキマス。

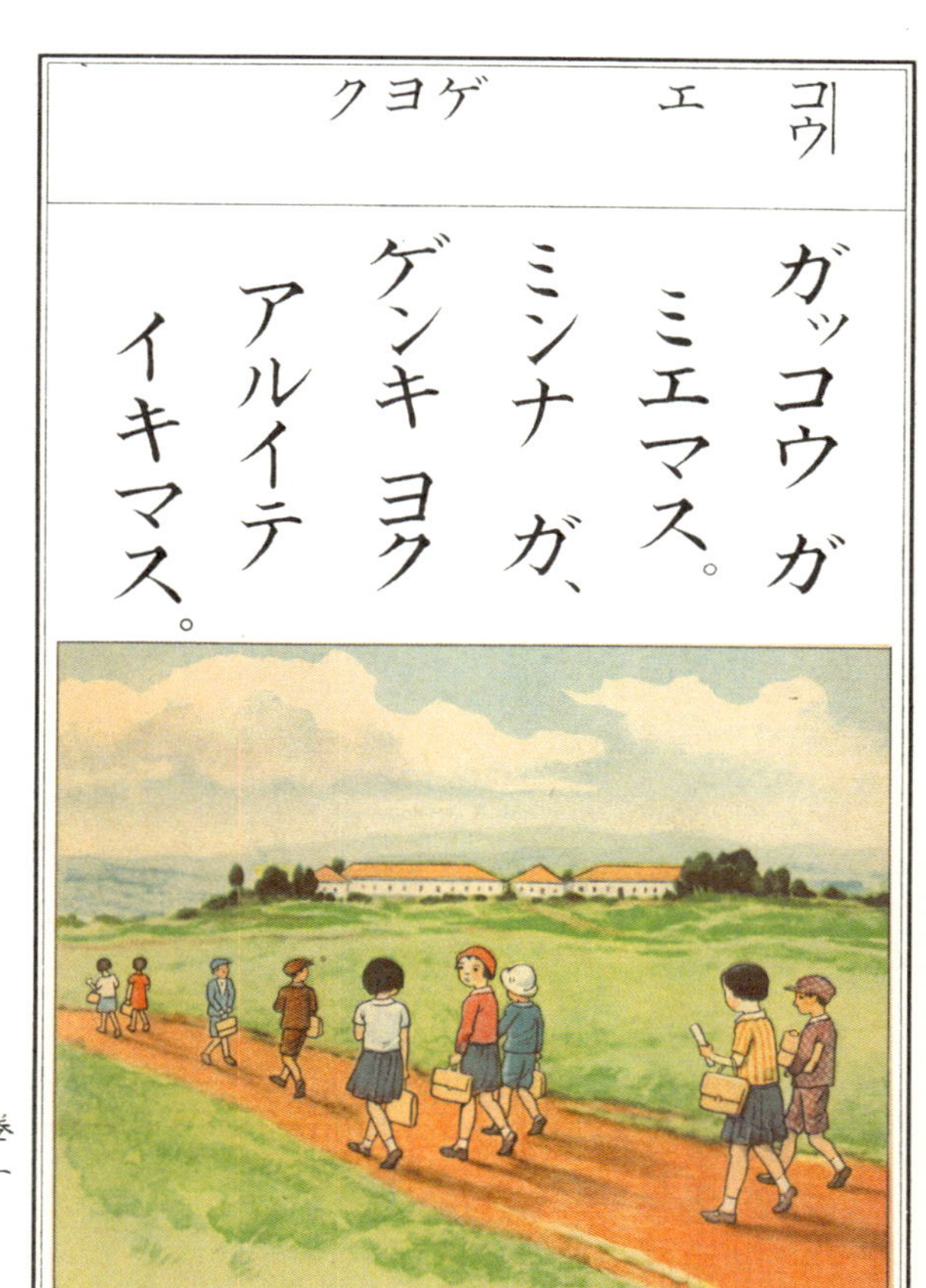

巻一　十四

ヲ

「ミナサン、
ホン ヲ
オアケ
ナサイ。
タロウサン、
オヨミ ナサイ」。

十五　巻一

ム　ダセ　ヤ

デンデン
ムシムシ
カタツムリ、
ツノ ダセ、
ヤリ ダセ、
メダマ ダセ。

巻一　十六

フジヱ　ユ

タロウサン ガ、
フジサン ノ ヱ
ヲ カキマシタ。

ユリコサン ガ、
ヒヨコ ノ ヱ
ヲ カキマシタ。

十七　巻一

ハ　ビ

ユリコサン　ガ、
オトモダチ　ト、
ナハトビ
ヲ　シテ
ヰマス。

十八　巻一

ヨウ　ワ　ヘ

「センセイ、
サヨウナラ」。
「センセイ、
サヨウナラ」。
ミシナ　ガ
ワカレテ　カヘリマス。

巻一　十九

タロウサン　ガ、
ガッコウ　カラ
カヘリマシタ。
「オトウサン、
タダイマ」。
「オカアサン、　タダイマ」。

二十　巻一

ギ　ベ　ブ

ヤギ　ガ、クサ
ヲ　タベテ
ヰマス。
コブタ　ガ、
ヨチヨチ
アルイテ　ヰマス。

巻一　二十一

ニ　一　ペ　二　三　四

ヤナギ ノ エダ ニ、
トビツク カヘル。
一ペン、二ヘン、
三ベン、四ヘン、
トウトウ エダ
ニ トビツイタ。

卷一　二十二

ゼ　ザ　グ　ソ

スズシイ カゼ ニ カザグルマ。
クルクル マハル カザグルマ。
アヲイ ソラ ニハ
シロイ クモ、
フハリフハリ ト
トンデ イク。

卷一　二十三

ヂ　ヒ　ボ

マサヲサン ガ、
ヲヂサン ノ
トコロ ヘ、
オツカヒ
ニ イキマス。
ポチ ガ、ヲ ヲ

卷一　二十四

フリナガラ、
アト ニ ナリ、
サキ ニ
ナリ シテ、
ツイテ
イキマス。

卷一　二十五

ピ　五六　七八九　十

エンピツ　ガ　アリマス。
一　二　三
四　五　六
七　八　九
十　十一　十二
十二ホン　アリマス。

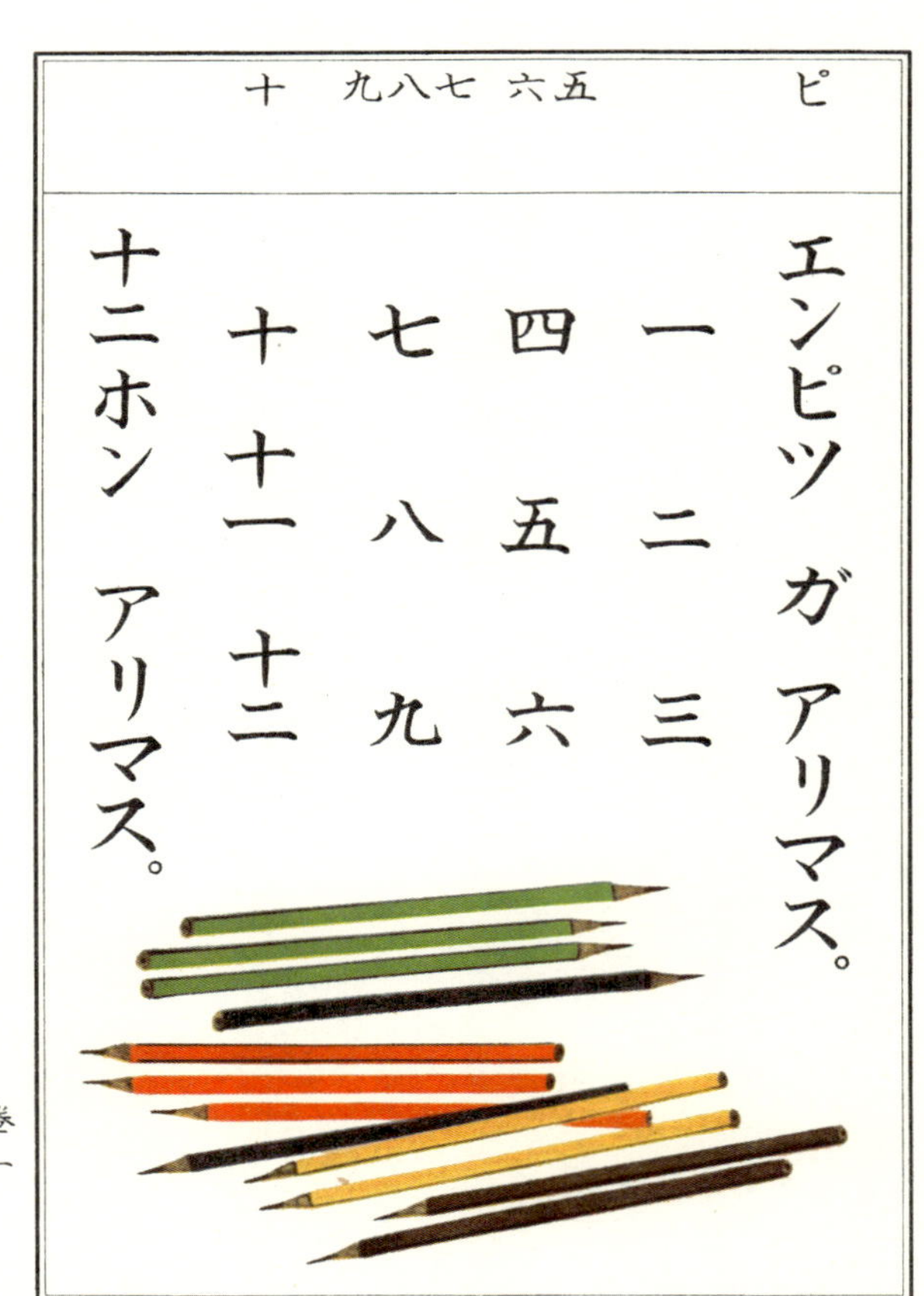

ゴ　ゾ｜一｜二｜三｜四｜五｜六｜七｜八｜九｜十

ニハトリ　ガ、タマゴ　ヲ　ウミマシタ。イクツ　アル　カ、カゾヘテ　ゴラン　ナサイ。
一ツ　二ツ　三ツ
四ツ　五ツ　六ツ
七ツ　八ツ　九ツ　十　十一　十二

ユフ　シャ｜ー

ヒ　ガ　ハイリマシタ。ニシ　ノ　ソラ　ハ、ユフヤケ　デ、マッカ　ニ　ナッテ　井マス。エンシャーダ　ヲ　カツイダ　ヒトタチ

ボ　モウ　セウ

ガ、ボツボツ、ハタケ　カラ　カヘッテ　キマス。オトウサン　モ、モウ、オカヘリ　ニ　ナル　デセウ。

サウ ヅ

「モシ モシ、ユキコサン デス カ。」

「ハイ、サウ デス。」

「ワタクシ ハ シヅコ デス。

イマ、キヌコサン ガ

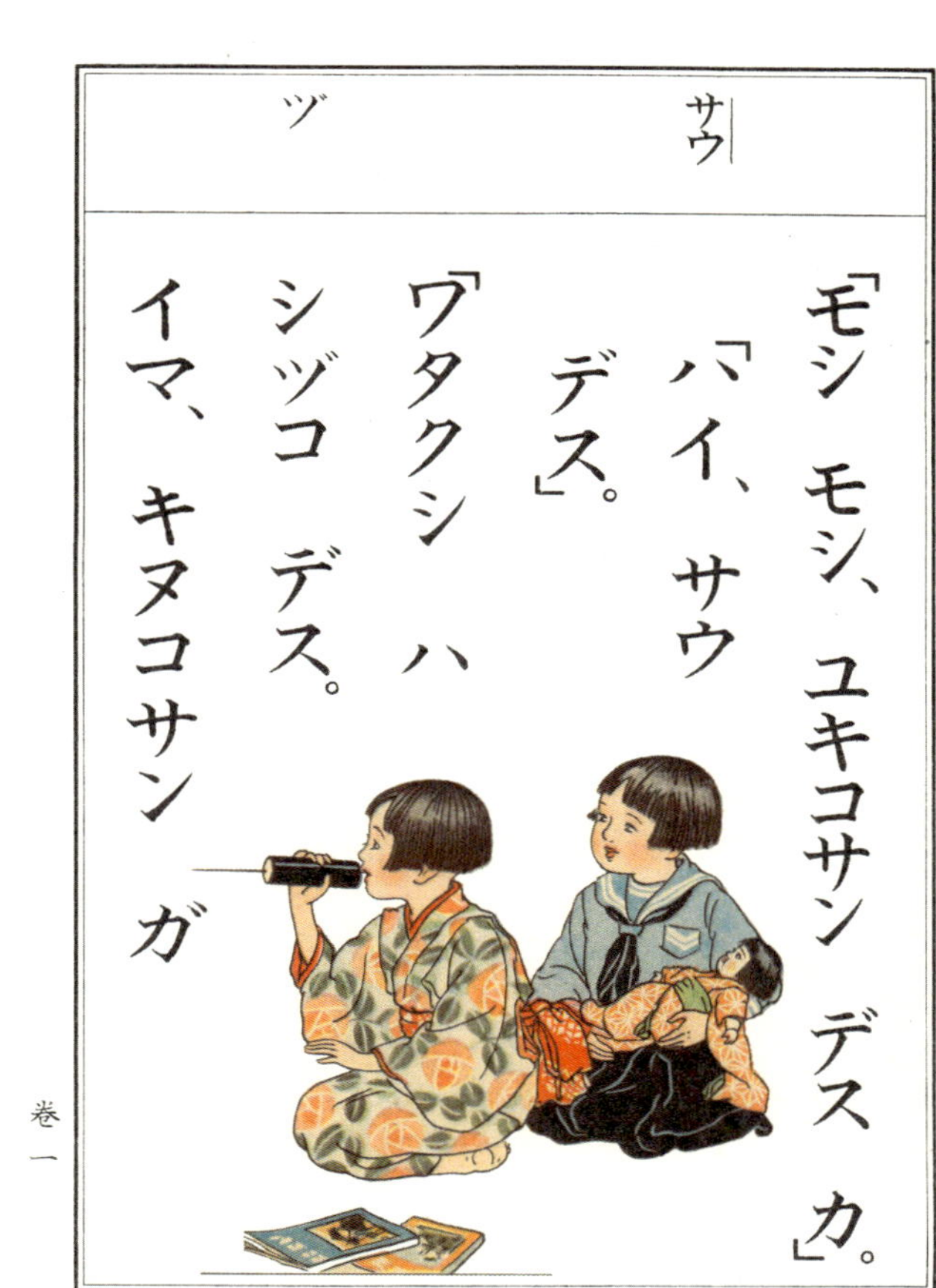

タウ

キテ イラッシャイマス。
アナタ モ、アソビ
ニ イラッシャイ
マセン カ。」
「ハイ、アリガタウ。
スグ マヰリマス。」

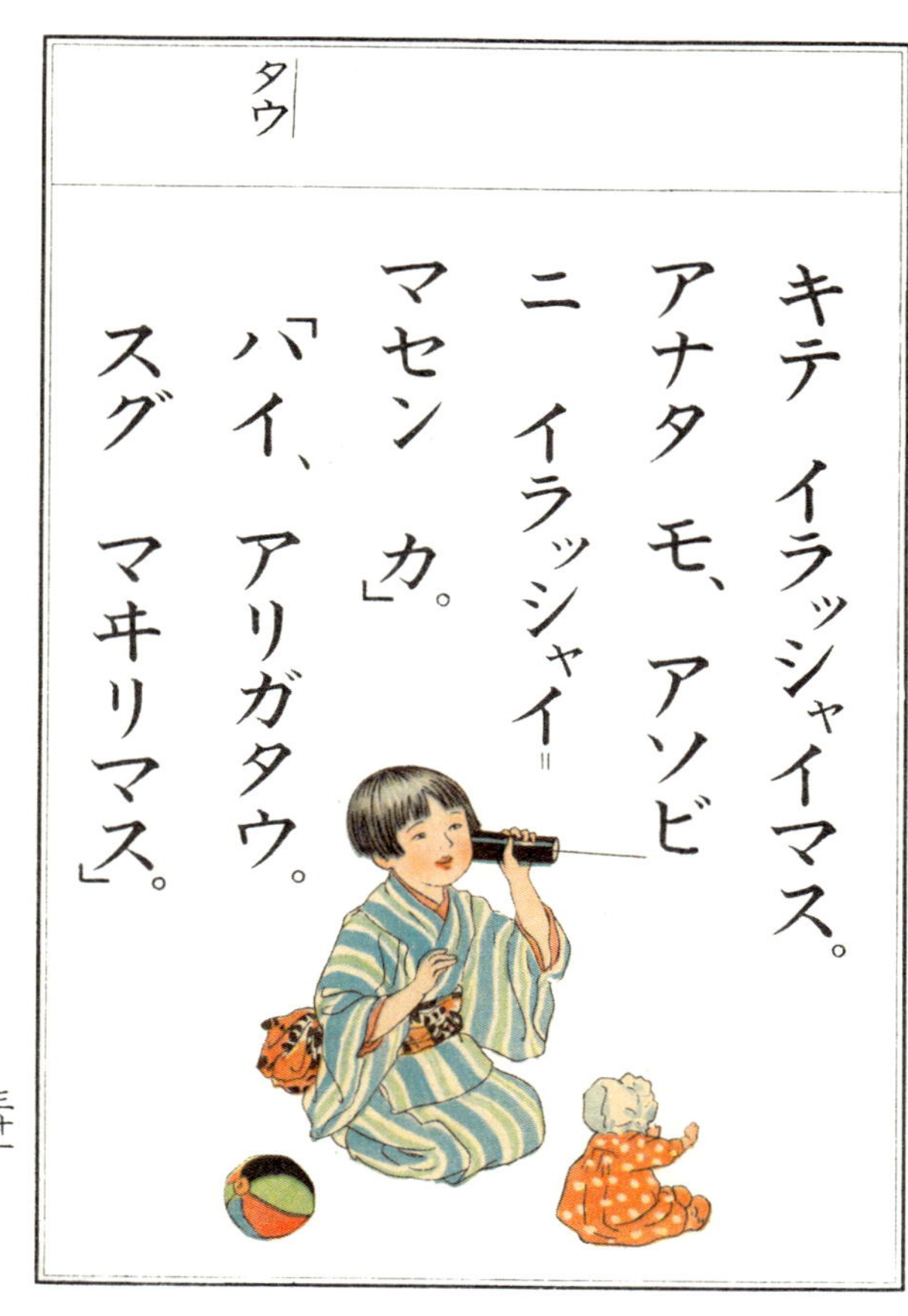

アイウエオ
カキクケコ
サシスセソ
タチツテト
ナニヌネノ
ハヒフヘホ

マミムメモ
ヤイユエヨ
ラリルレロ
ワヰウヱヲ
ン

チュ| 日

ウサギ ト カメ

アル日、ウサギ ト カメ ガ、
カケッコ ヲ シマシタ。
ウサギ ハ、アノ ノロイ カメ
ニ マケル コト ハ ナイ ト
オモヒマシタ。
ウサギ ハ、トチュウ デ、ユッ

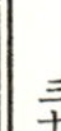

クリ ヒルネ ヲ シマシタ。
カメ ハ、スコシモ
ヤスマナイデ、
ハシリマシタ。
トウトウ、カメ
ガ、ウサギ ニ
カチマシタ。

大 目 ホ|

シシ ト ネズミ

シシ ガ ネテ ヰマシタ。
ネズミ ガ、シシ ノ ソバ ヲ
トホリマシタ。
シシ ガ、目 ヲ サマシテ、大
キナ アシ デ、ネズミ ヲ オ
サヘマシタ。

ド ドウ|

ネズミ ハ、ビック
リ シテ、
「ドウゾ、ハナシテ
クダサイ」。
ト、タノミ
マシタ。
シシ ハ、

日

ネズミ ヲ ハナシマシタ。
二三日 タッテ、シシ ガ、ワナ
ニ カカリマシタ。ドウシテ モ
ニゲラレマセン。シシ ハ、大ゴヱ
デ ウナリマシタ。
ネズミ ハ、ソノ コヱ ヲ キキ
ツケテ、スグ ヤッテキマシタ。

ショ

「シシサン、タスケテ アゲマセウ。」
ネズミ ハ、一ショウケンメイ ニ
ナッテ、ワナ ノ フトイ ナハ ヲ、
カミキリマシタ。
シシ ハ ヨロコンデ、
「ネズミサン、アリガタウ。」
ト、オレイ ヲ イヒマシタ。

チャ 中

ボク ノ オトウト

ボク ノ オトウト、五ロウチャン、
キシャ ノ オモチャ ガ、
ダイスキ デ、
オウチ ノ 中 デ、ピイポッポ、
アサ カラ バン マデ、
ピイポッポ。

本 ジョ

ボク ノ オトウト、五ロウチャン。
ゴ本 ヲ ヨム ノ ガ、
オジョウズ デ、
ドノ 本 ミテ モ、ハトポッポ、
カイテ モ ナイ ノニ、
ハトポッポ。

シタキリスズメ
シタキリスズメ、
オヤド ハ ドコ ダ。
シタキリ゠
スズメ、
オヤド ハ
ドコ ダ。

「オヂイサン、ヨク キテ クダサ゠
イマシタ」。
「サア、オアガリ クダサイ」。
スズメ ハ、大ヨロコ゠
ビ デ、オヂイサン
ヲ オザシキ ヘ
トホシマシタ。

ソウ

スズメ ガ、オヂイサン ニ、イロ゠
イロ ゴチソウ ヲ シマシタ。
大ゼイ デ、ニギヤカ ニ
ヲドリマシタ。
オミヤゲ ニ
ツヅラ ヲ
アゲマシタ。

オヂイサン ハ、
タイソウ ヨロ゠
コビマシタ。
「サヨウナラ」。
「サヨウナラ、
ゴキゲン ヨウ。
マタ オイデ クダサイ」。

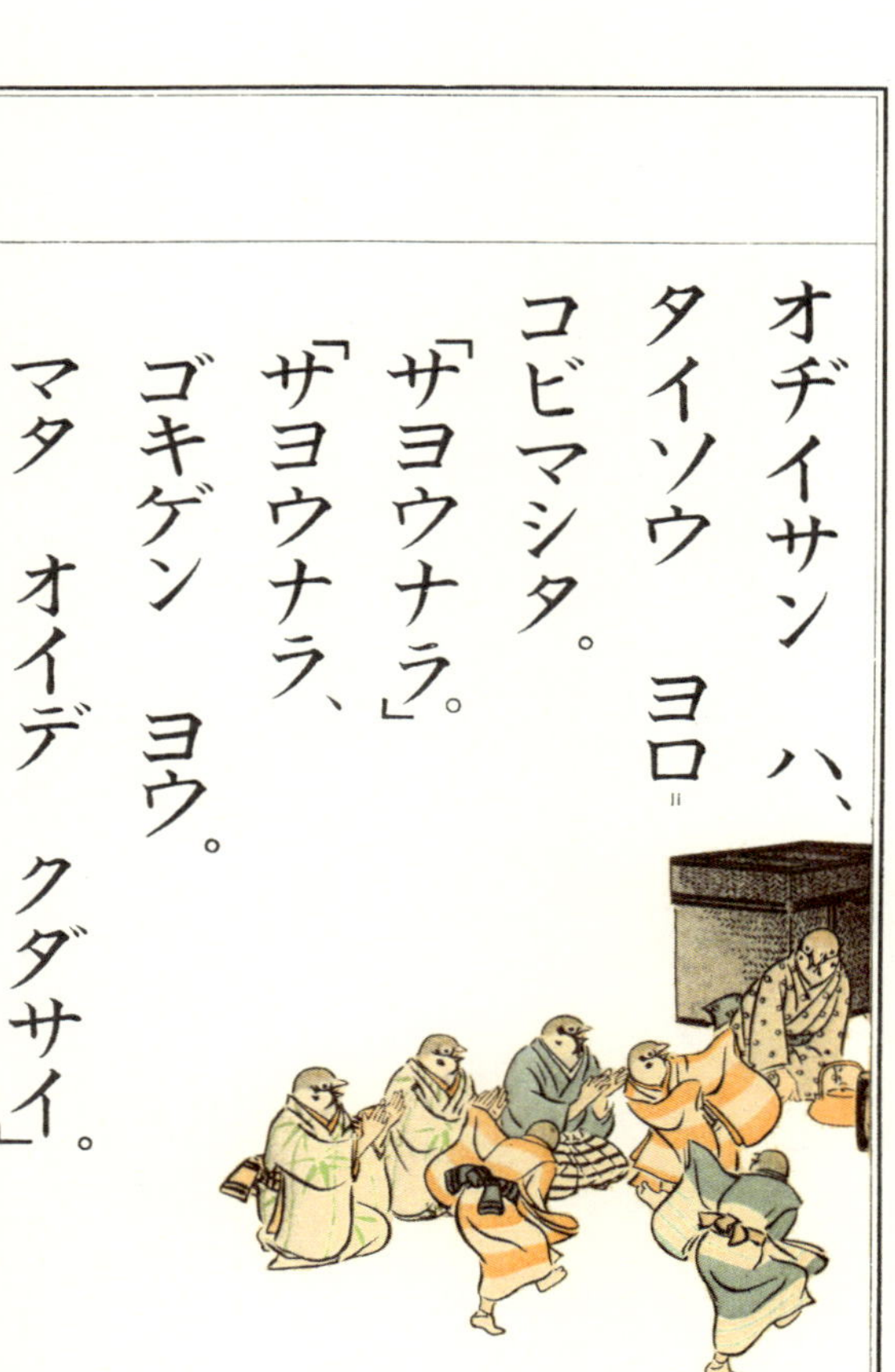

ガギグゲゴ
ザジズゼゾ
ダヂヅデド
バビブベボ
パピプペポ

ネズミ ノ ヨメイリ

ネズミ ノ アカチャン ガ、ウマレマシタ。

ダンダン 大キク ナッテ、ヨイ ムスメ ニ ナリマシタ。

オトウサン モ、オカアサン モ 大ヨロコビ デ、「ホントウ ニ ヨイ

子　ヂュ　人

子 ダ。コンナ ヨイ 子 ヲ、ネズミ ノ オヨメサン ニ スル ノ ハ ヲシイ。セカイヂュウ デ、一バン エライ 人 ノ オヨメサン ニ シタイ」。ト カンガヘマシタ。

オトウサン ト オカアサン ハ、ソウダン シテ、オ日サマ ノ トコロ

ヘ オヨメ ニ アゲル コト ニ シマシタ。

オトウサン ハ、オ日サマ ノ トコロ ヘ イッテ、

「ワタクシ ノ ウチ ニ、タイ

巻一　五十

ヘン ヨイ ムスメ ガ アリマス。
セカイヂュウ デ、一バン エラ
イ 人 ノ トコロ ヘ アゲタイ
ト オモヒマス。一バン エライ
人 ハ、アナタ デス。ドウカ、
ワタクシ ノ ムスメ ヲ モラッ
テ クダサイ」。

巻一　五十一

ト タノミマシタ。
オ日サマ ハ、
「アリガタイ ガ、オコトワリ シ
マセウ。セカイヂュウ ニハ、ワタ
クシ ヨリ モット エライ 人
ガ ヰマス カラ」。
ト オッシャイマシタ。

巻一　五十二

ネズミ ノ オトウサン ハ、ビック
リ シテ、
「ソレ ハ ダレ デス カ」。
ト タヅネマシタ。
オ日サマ ハ、
「ソレ ハ クモサン デス。イクラ
ワタクシ ガ テッテ ヰテ モ、

巻一　五十三

クモサン ガ クル ト、カクサ
レテ シマヒマス。
クモサン ニハ、カナヒマセン」。
ト オッシャイマシタ。
ネズミ ノ オトウサン ハ、クモ
ノ トコロ ヘ イッテ、
「セカイヂュウ デ、一バン エライ

アナタ ニ、ムスメ ヲ アゲタイ
ト オモヒマス」。
ト イヒマシタ。
クモ モ コトワリマシタ。サウシテ、
「セカイヂュウ ニハ、ワタクシ
ヨリ モット エライ 人 ガ
ヰマス カラ」。

ト イヒマシタ。
ネズミ ノ オトウサン ハ、ビック
リ シテ、
「ソレ ハ ダレ デス カ」。
ト タヅネマシタ。
クモ ハ、
「ソレ ハ カゼサン デス。イクラ

ワタクシ ガ 空(ソラ) ニ イバッテ
ヰテ モ、カゼサン ガ クルト、
フキトバサレテ シマヒマス。
カゼサン ニハ、カナヒマセン」。
ト イヒマシタ。
ネズミ ノ オトウサン ハ、カゼ
ノ トコロ ヘ イッテ、

「セカイヂュウ デ、一バン エライ
アナタ ニ、ムスメ ヲ アゲタイ
ト オモヒマス」。
ト イヒマシタ。
カゼ モ コトワリマシタ。サウシテ、
「セカイヂュウ ニハ、ワタクシ ヨ
リ モット エライ 人 ガ ヰマ

ス　カラ」。
ト　イヒマシタ。
ネズミ　ノ　オトウサン　ハ、
「ソレ　ハ　ダレ
デス　カ。」
ト　タヅネマシタ。
カゼ　ハ、

「ソレ　ハ　カベ
サン　デス。イ
クラ　ワタクシ
ガ　一ショウケン
メイ　ニ　ナッテ
フイテ　モ、カ
ベサン　ハ　ヘイキ　デ　ヰマス。

カベサン　ニハ　カナヒマセン」。
ト　イヒマシタ。
ネズミ　ノ　オトウサン　ハ、カベ
ノ　トコロ　ヘ　イッテ、
「セカイヂュウ　デ、一バン　エライ
アナタ　ニ、ムスメ　ヲ　アゲタイ
ト　オモヒマス」。

ト　イヒマシタ。
カベ　モ　コトワリマシタ。サウシテ、
「セカイヂュウ　ニハ、ワタクシ　ヨ
リ　モット　エライ　人　ガ　ヰマ
ス　カラ」。
ト　イヒマシタ。
ネズミ　ノ　オトウサン　ハ、

「ソレ ハ ダレ デス カ。」
ト タヅネマシタ。
カベ ハ、
「ソレ ハ ネズミサン デス。ネ
ズミサン ニ ガリガリ ト カ
ジラレテ ハ、タマリマセン。」
ト イヒマシタ。

ネズミ ノ オトウサン ハ、「ナルホ
ド、セカイヂュウ デ、一バン エライ
ノ ハ、ネズミ ダ。」ト オモヒマシ
タ。サウシテ、
ムスメ ヲ、
キンジョ ノ ネ
ズミ ノ オヨメサン ニ シマシタ。

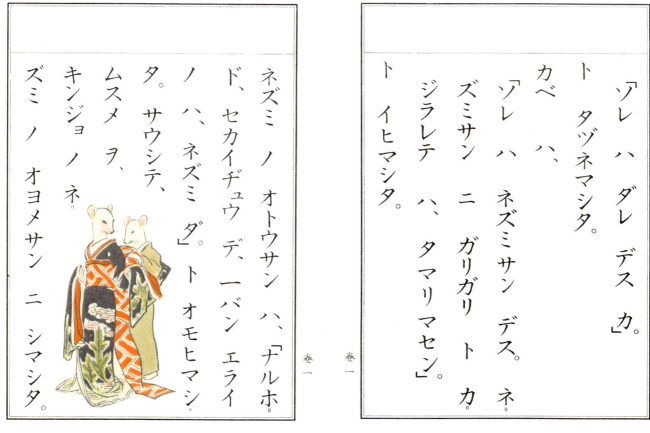

白

ホカケブネ
イケ ニ ウカベタ
ホカケブネ、
ホ ハ マッ白 デ、
ホバシラ ニ、
日本(ニッポン) ノ ハタ ガ
ヒイラヒラ。

丸 水

風(カゼ) ニ 吹(フ)カレテ、
ホカケブネ、
ズンズン ハシレバ、
日ノ丸 ガ、
水 ニ ウツッテ
キイラキラ。

山　川

モモタロウ

ムカシ　ムカシ、オヂイサン　ト　オ〃
バアサン　ガ　アリマシタ。
オヂイサン　ハ、山　ヘ　シバカリ　ニ
イキマシタ。オバアサン　ハ、川　ヘ
センタク　ニ　イキマシタ。
オバアサン　ガ、川　デ　センタク

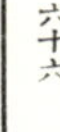

ヲ　シテ　ヰルト、
川カミ　カラ、大キ〃
ナ　モモ　ガ、ナガ〃
レテ　キマシタ。
オバアサン　ハ、
ソノ　モモ　ヲ
ヒロッテ、ウチ

ヘ　カヘリマシタ。
オヂイサン　ガ、山　カラ　カヘッテ
キタ　トキ、オバアサン　ガ、ソノ
モモ　ヲ　ミセマシタ。オヂイサン
ハ、
「コレ　ハ　コレ　ハ、メヅラシイ
大キナ　モモ　ダ。」

ラウ

ト　イッテ、ヨロコビマシタ。
オバアサン　ガ、モ〃
モ　ヲ　キラウ　ト
シマシタ。スルト、
モモ　ガ　ニツ　ニ
ワレテ、中　カラ　大キ〃
ナ　ヲトコノ子　ガ　ウマレマシタ。

イフ

オヂイサン ハ、モモ ノ 中 カラ
ウマレタ ト イフ ノデ、モモタロ〃
ウ ト 名（ナ） ヲ ツケマシタ。
モモタロウ ハ、ダンダン 大キク
ナッテ、タイソウ ツヨク ナリマ〃
シタ。
アル日、モモタロウ ハ、オヂイサ〃

ン ト オバアサン ニ、
「ワタクシ ハ、
オニガシマ ヘ、
オニタイヂ ニ
イキマス カラ、
キビダンゴ ヲ
コシラヘテ クダサイ。」

マウ カフ 犬

ト マウシマシタ。
フタリ ハ、オダンゴ ヲ コシラ〃
ヘテ ヤリマシタ。
モモタロウ ハ、イサマシク デカ〃
ケマシタ。
スコシ イク ト、ムカフ カラ 犬
ガ キマシタ。

「モモタロウサン、
モモタロウ〃
サン、ドコ
ヘ オイデ ニ
ナリマス カ。」
「オニガシマ ヘ
オニタイヂ ニ。」

「オコシ ニ ツケタ モノ ハ、ナ゠
ン デス カ。」
「日本一 ノ キビダンゴ。」
「一ツ クダサイ、オトモ シマセウ。」
モモタロウ ハ、犬 ニ オダンゴ
ヲ ヤリマシタ。犬 ハ、ケライ ニ
ナッテ ツイテ イキマシタ。

ソレカラ スコシ イク ト、ムカ゠
フ カラ サル ガ キマシタ。
「モモタロウサン、モモタロウサン、
ドコ ヘ オイデ ニ ナリマス
カ。」
「オニガシマ ヘ オニタイヂ ニ。」
「オコシ ニ ツケタ モノ ハ、ナ゠

ン デス カ。」
「日本一 ノ
キビダンゴ。」
「一ツ クダサイ、
オトモ シマセウ。」
サル モ、オダンゴ ヲ
モラッテ、ケライ ニ ナリマシタ。

犬 ト サル ヲ ツレテ、マタ ス゠
コシ イク ト、コンド ハ キジ
ガ キマシタ。
「モモタロウサン、モモタロウサン、
ドコ ヘ オイデ ニ
ナリマス カ。」
「オニガシマ ヘ オニ゠

タイヂ　ニ。

「オコシ　ニ　ツケタ　モノ　ハ、ナン　デス　カ。」

「日本一　ノ　キビダンゴ。」

「一ツ　クダサイ、オトモ　シマセウ。」

キジ　モ、オダンゴ　ヲ　モラッテ、ケライ　ニ　ナリマシタ。

上

モモタロウ　ハ、犬　サル　キジ　ヲ　ツレテ、オニガシマ　ニ　ツキマシタ。

オニ　ハ、テツ　ノ　門(モン)　ヲ　シメテ、シロ　ヲ　マモッテ　ヰマシタ。

キジ　ガ、トンデ　イッテ、上　カラ　テキ　ノ　ヨウス　ヲ　ミマシタ。

サル　ハ、スルスル　ト　門　ヲ　ノボッテ、中　ヘ　ハイリマシタ。サウシテ、門　ノ　ト　ヲ　アケマシタ。

モモタロウ　ハ、犬　ト　一ショ　ニ　セメイリマシタ。

キジ　ハ、スバヤク　トビマハッテ、オニ　ノ　目　ヲ　ツツキマシタ。サル　ト　犬　ハ、ヒッカイタリ、カミツイタリ　シテ、オニ　ヲ　クルシメマシタ。

刀

モモタロウ ハ、
刀 ヲ ヌイテ、
オニ ノ タイ゠
ショウ ニ ム゠
カヒマシタ。
オニ ノ タ゠
イショウ ハ、

一ショウケ゠
ンメイ ニ
タタカヒ゠
マシタ ガ、
トウトウ
マケマシタ。 オニ
ハ、 ミンナ、 モモ゠

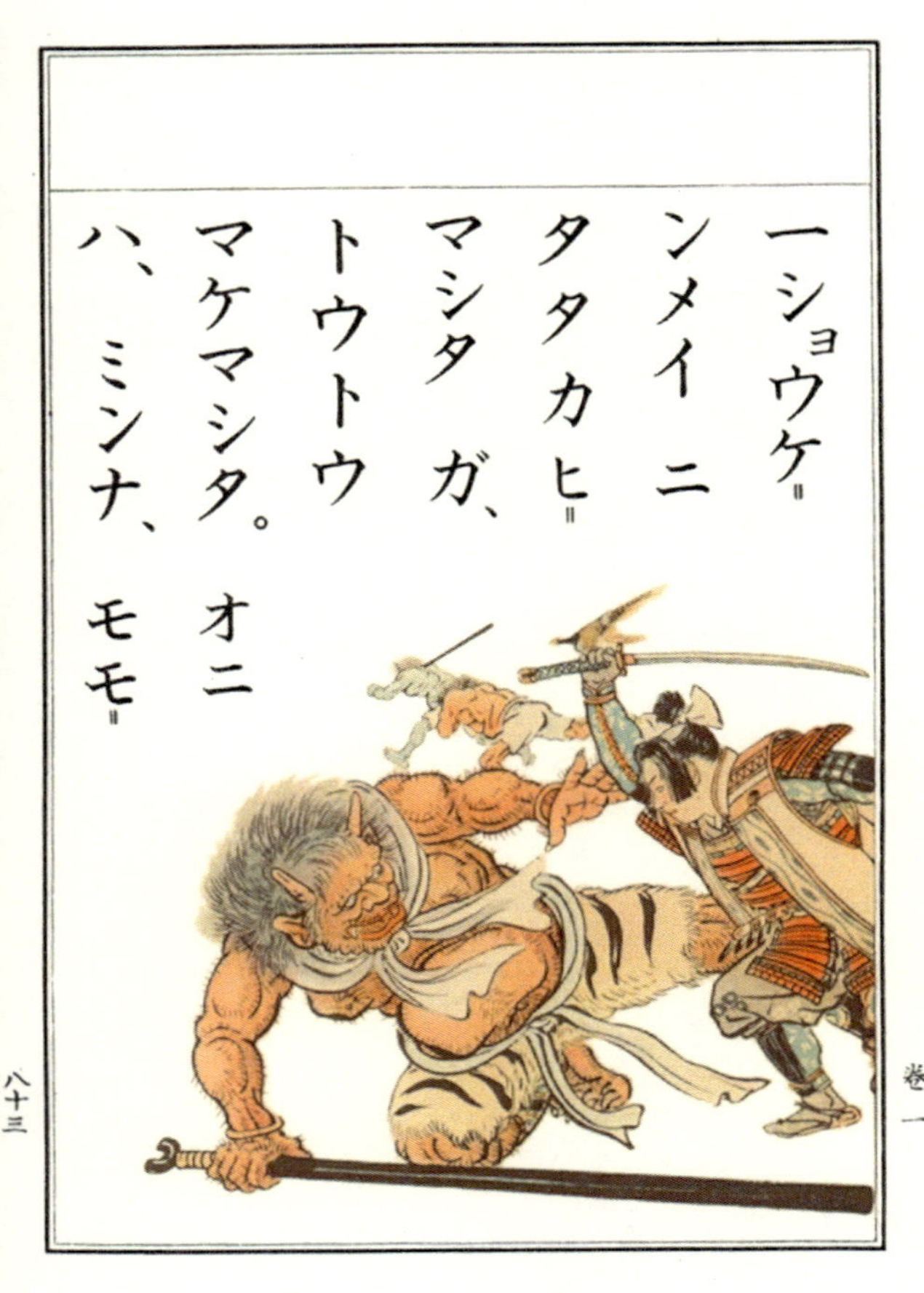

タロウ ニ コウサン シマシタ。
「モウ、 ケッシテ 人 ヲ クルシメ゠
タリ、 モノ ヲ トッタリ イタシ゠
マセン。 イノチ ダケ ハ、 オタ゠
スケ クダサイ」。
ト マウシマシタ。
モモタロウ ハ、 オニ ヲ ユルシ゠

テ ヤリマシタ。
オニ ハ、 オ゠
レイ ニ、 イ゠
ロイロ ノ タカ゠
ラモノ ヲ、 サシダ゠
シマシタ。 モモタロウ
ハ、 タカラモノ ヲ モッテ、 オニ゠

ガシマ ヲ ヒキアゲマシタ。
タカラモノ ヲ ツンダ クルマ ヲ、
犬 ガ ヒキマス。サル ガ アト゠
オシ ヲ シマス。キジ ガ ツナ
ヲ ヒキマス。
「エンヤラ」ヤ。
「エンヤラ」ヤ。

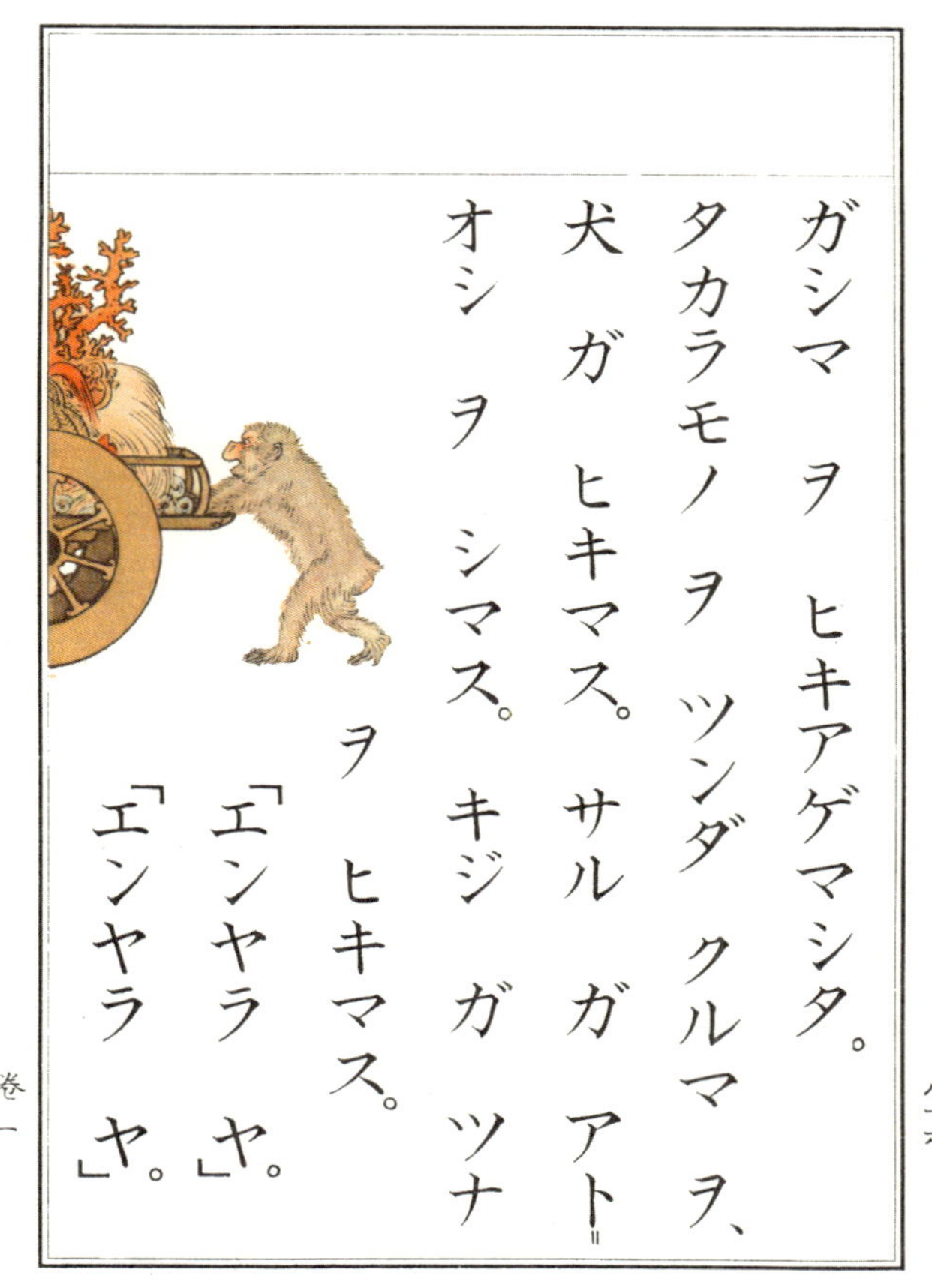

ト、カケゴヱ イ゠
サマシク カヘッテ
キマシタ。
オヂイサン ト オ゠
バアサン ハ、タイ゠
ソウ ヨロコンデ、
モモタロウ ヲ ムカヘマシタ。

キャ	シャ	チャ	ニャ	ヒャ	ミャ
キュ	シュ	チュ	ニュ	ヒュ	ミュ
キョ	ショ	チョ	ニョ	ヒョ	ミョ

リャ	ギャ	ジャ	ヂャ	ビャ	ピャ
リュ	ギュ	ジュ	ヂュ	ビュ	ピュ
リョ	ギョ	ジョ	ヂョ	ビョ	ピョ

漢字表

新出	讀替	假名附
一二三四五六七八九十日 目大中本子人白丸水山川 犬上刀	一二三四五六七八九十日	空（ソラ）風（カゼ）吹（フク）名（ナ）門（モン）

ヲハリ

昭和十一年十一月八日印刷
昭和十一年十一月十二日發行

著作兼發行者　ブラジル日本人敎育普及會

印刷者　東京市下谷區二長町一番地 凸版印刷株式會社　井上源之丞

印刷所　東京市下谷區二長町一番地　凸版印刷株式會社

Made in Japan

日本語讀本

巻二

一 ヒコウキ

一 ヒコウキ

アレ アレ、アガル、アガル、
ヒコウキ ガ。
大キナ トリ ガ、
トブ ヨウダ。
ズンズン アガル、
クモ ノ 上。

巻二 一

モクロク

一 ヒコウキ……一
二 犬 ノ ヨクバリ……三
三 サル ト カニ……五
四 リンゴ……十八
五 ネズミ ノ チエ……二十一
六 アキナヒアソビ……二十四
七 キンギョ……二十九
八 ヒヨコ……三十三
九 ケンチャン……三十五
十 コブトリ……四十
十一 ワタシ ノ ニンギョウ……五十三
十二 ニンギョウ ノ ビョウキ……五十五
十三 タガタ……六十
十四 ユビ ノ 名……六十四
十五 月夜……六十八
十六 月 ト ネコ……七十五
十七 キシャ……七十八
十八 山ビコ……八十四
十九 セミ……九十七
二十 市場(イチバ)……九十九
二十一 花サカヂヂイ……百三
二十二 小馬(コウマ)……百十七
二十三 ハチ公……百十九

巻二

小

ノッテ　ミタイ　ナ、
ヒコウキ　ニ。
アレ　アレ、アンナ　ニ、
ヒコウキ　ガ、
小サナ　トンボ　ガ、
トブ　ヨウ　ダ。

ダンダン　チカヨル、
オ日サマ　ニ。
アンナ　ニ　トンダラ
ユカイ　ダラウ。

二　犬　ノ　ヨクバリ

犬　ガ　ニク　ヲ　クハヘテ、ハシ
ノ　上　ヲ　トホリマシタ。

見下　口

下　ヲ　見ル　ト、川　ノ　中　ニモ、
ニク　ヲ　クハヘタ　犬　ガ　ヰマス。
ソノ　ニク　モ　ホシク　ナッテ、「ワ
ン。」ト　一コヱ　ホエマシタ。
ホエル
ト、ロ
ガ、ア

行

イテ、クハヘテ　ヰタ　ニク　ハ、川
ノ　中　ヘ　オチテ　シマヒマシタ。

三　サル　ト　カニ

アル日、サル　ト　カニ　ガ、山　ヘ
アソビ　ニ　行キマシタ。
サル　ハ、カキ　ノ　タネ　ヲ　ヒロ
ヒマシタ。カニ　ハ、ニギリメシ　ヲ

ヒロヒマシタ。
サル ハ、ニギリメシ
ガ ホシク ナリマシ
タ。カニ ニ タノン
デ、カキ ノ タネ ト
トリカヘテ モラヒマシ
タ。サウシテ、オイシサウ ニ タベ

出早

テ シマヒマシタ。
カニ ハ、ウチ ヘ カヘッテ、カキ
ノ タネ ヲ ニハ ニ マキマシタ。
サウシテ、
「早ク メ ヲ 出セ、早ク メ ヲ
出セ。」
ト イヒマシタ。

出 木

メ ガ 出マシタ。
「早ク 木 ニ ナレ、
早ク 木 ニ ナレ。」
ト イヒマシタ。
木 ニ ナリマシタ。
「早ク ミ ガ ナレ、
早ク ミ ガ ナレ。」

ト イヒマシタ。
大キナ カキ ガ、タクサン ナリマ
シタ。
カニ ガ、下 カラ ナガメテ ヰマス
ト、サル ガ、アソビ ニ キマシタ。
「ボク ガ トッテ ヤラウ。」
ト イッテ、スルスル ト 木 ニ ノ

手

ボリマシタ。
ナガイ 手 ヲ
ノバシテ、
オイシ
イ カキ ヲ、
イクツ モ、イクツ
モ モギトリマシタ。

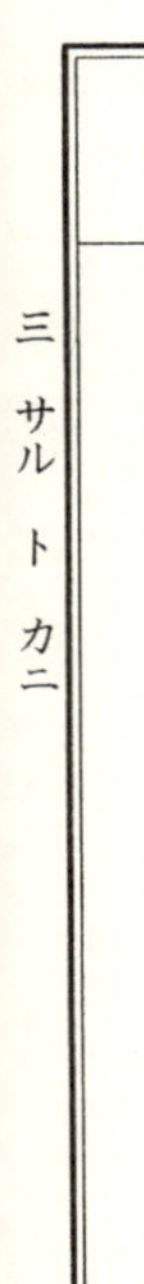

サウシテ、ジブン バカリ タベテ、
カニ ニハ 一ツ モ ヤリマセン
デシタ。シマヒ ニ、青(アヲ)イ カキ ヲ、
カニ ニ ナゲツケテ、行ッテ シマ
ヒマシタ。
カニ ハ 大ケガ ヲ シテ、ナキマ
シタ。

ソコ ヘ、ハチ ガ、
アソビ ニ キマ
シタ。
ナク ワケ ヲ
キイテ、タイソウ
オコリマシタ。
ウス ガ キマシタ。

ウス モ、タイソウ オコリマシタ。
クリ ガ キマシタ。クリ モ、タイ
ソウ オコリマシタ。
ミンナ デ ソウダン シテ、サル ヲ
コラス コト ニ シマシタ。
サル ヲ ヨビ ニ ヤリマシタ。
サル ハ、マタ カキ ガ タベラレ

ルト オモッテ、ヨロコンデ カニ ノ ウチ ヘ キマシタ。

サル ガ、ヒバチ ノ マヘ ニ スワリマシタ。ハヒ ノ 中 ニ カクレテ

ヰタ クリ ハ、サル ニ ポント トビツキマシタ。

サル ハ、「アツッ」。ト イヒナガラ、ダイドコロ ヘ、水 ヲ カケ ニ 行キマシタ。マチカマヘテ ヰタ ハチ ハ、チクリト サル ノ カホ ヲ サシマシタ。

戸 方

「イタイ、イタイ」。ト ナキナガラ、サル ハ、戸ロ ノ 方 ヘ ニゲマシタ。

ウス ガ、上 カラ ドシント オチテ キテ、サル ヲ オ

サヘツケマシタ。

ソコ ヘ、カニ ガ キマシタ。ハチ モ キマシタ。クリ モ キマシタ。カニ ハ、ハサミ デ、サル ノ クビ ヲ

皿

キラウ　ト　シマシタ。

サル　ハ、トウトウ、ジブン　ガ　ワルカッタ　ト　アヤマリマシタ。

カニ　ハ、ユルシテ　ヤリマシタ。

四　リンゴ

リンゴ　コロコロ、ドコ　ヘ　行ク。
オ皿　見ツケ　ニ　マヰリマス。

ファ

コロン、　コロン。

リンゴ　コロコロ、ドコ　ヘ　行ク。
ファーカ　サガシ　ニ　マヰリマス。
コロン、　コロン。

リンゴ　コロコロ、ドコ　ヘ　行ク。

フォ

ガルフォ　ヒロヒ　ニ　マヰリマス。
コロン、　コロン。

リンゴ　コロコロ、ドコ　ヘ　行ク。
子ドモ　見ツケ　ニ　マヰリマス。
コロン、　コロン。

何

リンゴ　コロコロ、モウ　イイ　ノ。
サアサ、ボッチャン　メシアガレ。
コロン、　コロン。

五　ネズミ　ノ　チエ

「コノゴロ、ナカマ　ノ　モノ　ガ、ネコ　ニ　トラレテ　コマル　ガ、何カ　ヨイ　クフウ　ハ　アルマイ　カ。」

ト、年トッタ　ネズミ
ガ、ナカマ　ノ　モノ
ニ　イヒマシタ。
ソノ　トキ、一ピキ　ノ
子ネズミ　ガ、マヘ　ヘ
出テ　イヒマシタ。
「ヨイ　クフウ　ガ　ア

リマス。大キナ　スズ　ヲ　ネコ　ノ
首　ニ　ツケテ　オイテ、ソノ　音（オト）
ガ　キコエタラ、ニゲル　コト　ニ
シテ　ハ　ドウ　デセウ。」
「ナルホド、ヨイ　カンガヘ　ダ。」
ト　イッテ、ミンナ　カンシン　シマ
シタ。スルト、年トッタ　ネズミ　ガ、

「ソレ　モ　ヨイ　ガ、ダレ　ガ、ソノ
スズ　ヲ　ツケ　ニ　行ク　ノ　カ。」
ト　イヒマシタ　ノデ、ミンナ　ダマッ
テ　シマヒマシタ。

六　アキナヒアソビ

キヌ子「ゴメン　クダサイ。」
ハナ子「イラッシャイマセ。」

キヌ子「コノ　エンピツ　ハ、一本　イクラ
デス　カ。」
ハナ子「三百レイス　デス。」
キヌ子「ソレ　デハ、二本　クダサイ。」
ハナ子「ハイ。」
キヌ子「コノ　オチョウメン　ハ　イクラ
デス　カ。」

ハナ子「二百レイス　デス。」
キヌ子「ソレカラ、コノ
ヱ本　ハ。」
ハナ子「一ミル五百レ
イス　デス。」
キヌ子「ミンナ　デ
イクラ　ニ　ナリ

マス　カ。」
ハナ子「エンピツ　ガ　二本　デ　六百レイ
ス、オチョウメン　ガ　二百レイス、
ソレカラ、ヱ本　ガ　一ミル五百レ
イス　デス　カラ、ミンナ　デ　ニ
ミル三百レイス　ニ　ナリマス。」
キヌ子「アイニク、コマカイ　ノ　ガ　ア

リマセン　カラ、コレ　デ　トッテ
クダサイ。」
ハナ子「五ミルレイス　ノ　オサツ　デス
ネ。デハ、ニミル七百レイス　オカ
ヘシ　イタシマス。」
キヌ子「サヨウナラ。」
ハナ子「マイド　アリガタウ　ゴザイマス。」

七　キンギョ

目　ガ　サメマシタ。
ユフベ　カッテ　イタダイタ　キンギョ
ノ　コト　ヲ　オモフ　ト、　ジット
シテ　ハ　ヰラレマセン。
ワタクシ　ハ　トビオキマシタ。サウ
シテ、スグ　ウラニハ　ヘ　出テ、バ

入　來

ケツ ノ 中 ヲ ノゾキマシタ。カゾヘテ ミル ト、ヤッパリ 五ヒキ ヰマシタ。ミンナ キレイナ、カハイイ キンギョ デス。

オカアサン ガ、ガラス ノ キンギョバチ ヲ モッテ 來テ、

「コレ ニ 入レテ オヤリ ナサイ。」

ト オッシャイマシタ。

キンギョ ヲ キンギョバチ ヘ ウツシテ ヤリマシタ。

キンギョ ハ、マヘ ヨリ モ、ズット キレイ ニ 見エマス。

ヨコ ノ 方 カラ ノゾク ト、キンギョ ガ キュウ ニ 大キク 見エタリ、マタ モト ノ ヨウ ニ 小サク 見エタリ シマス。

ユフベ カラ 何 モ ヤラナイ カラ、オナカ ガ スイテ ヰル ダラウ ト オモッテ、ワタクシ ハ、オカアサン

ニ パンクヅ ヲ モラッテ 來テ、ヤリマシタ。

八　ヒヨコ

ヒヨ、ヒヨ、ヒヨコ、
小サナ ヒヨコ、
キョウダイ ナカ ヨク
一ショ ニ アルケ。

八　ヒヨコ

アシ　ノ　ツヨク
ナラヌ　ウチ　ニ、
トホク　ヘ　行ク　ナ、
ヒトリ　デ　行ク　ナ。
ヒヨ、ヒヨ、ヒヨコ、
カハイイ　ヒヨコ、

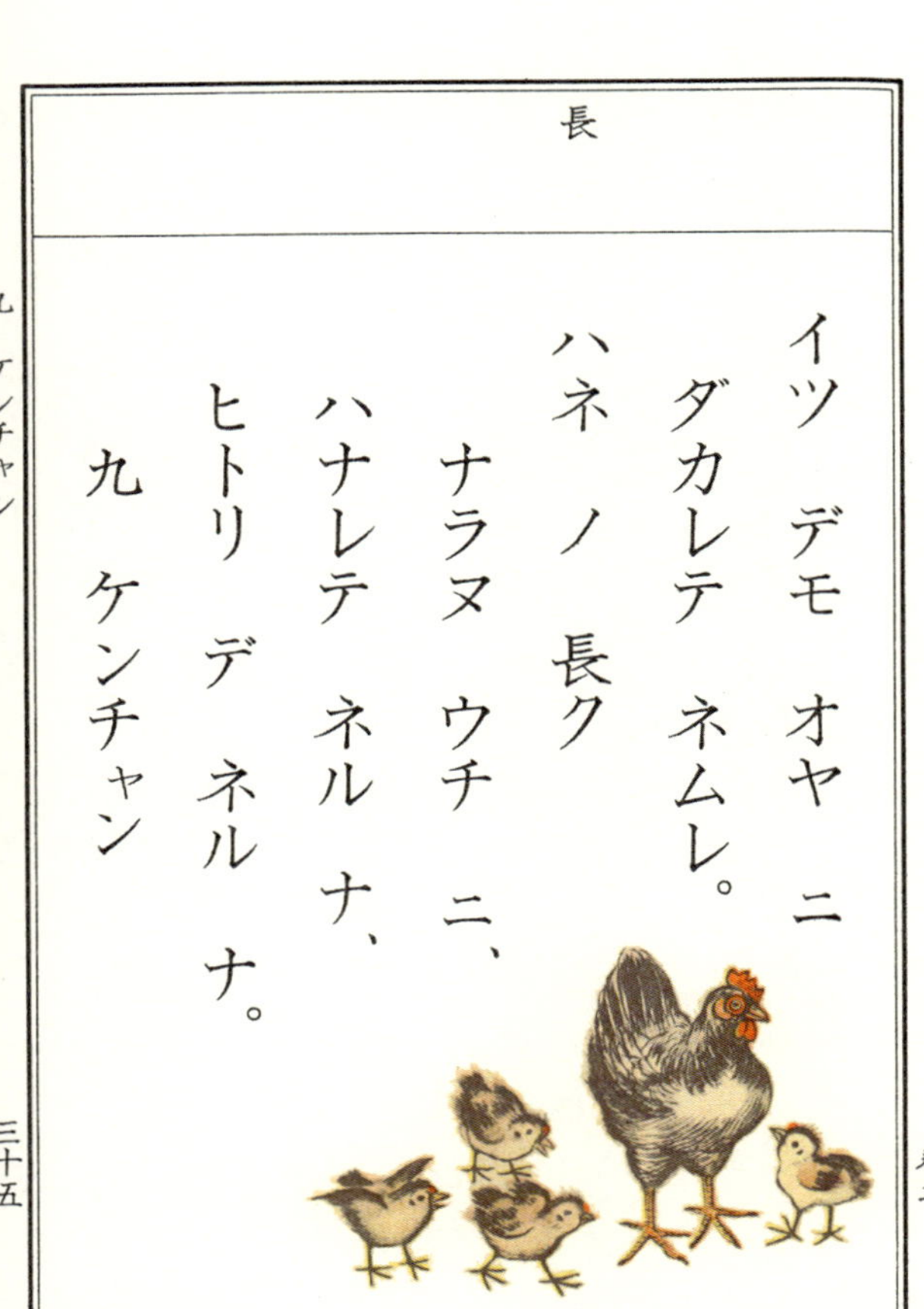

長

イツ　デモ　オヤ　ニ
ダカレテ　ネムレ。
ハネ　ノ　長ク
ナラヌ　ウチ　ニ、
ハナレテ　ネル　ナ、
ヒトリ　デ　ネル　ナ。

九　ケンチャン

九　ケンチャン

オカアサン　ガ、サ
イホウ　ヲ　シテ
イラッシャイマシタ。
ケンチャン　ガ、ソバ
ヘ　行ッテ、イタヅラ
ヲ　シマシタ。
オカアサン　ガ、

外　前

「トシ子チャン、チョット　ケンチャン
ヲ　ツレテ、ワンワン　見ニ　行ッ
テ　チョウダイ。」
ト　オッシャイマシタ。
ワタクシ　ハ、ケンチャン　ヲ　ツレテ、
外　ヘ　出マシタ。
ワタクシ　ハ、オトナリ　ノ　前　ヘ

行ッテ、
「ポチ、ポチ。」
ト ヨビマシタ ガ、ポチ ハ 井マセン デシタ。
ツトムサン ノ オウチ ノ 前 ニ、ウマ ガ 井マシタ。
ケンチャン ガ、

「オウマ、オウマ。」
ト イヒマシタ。
ウマ ハ、フクロ ノ 中 ヘ カホ ヲ 入レテ、カヒバ ヲ タベテ 井マシタ。タベナガラ、トキドキ

右

シッポ ヲ フッテ 井マシタ。
ケンチャン ハ、ニコニコ シテ 見テ 井マシタ。

十 コブトリ

右 ノ ホホ ニ、大キナ コブ ノ アル オヂイサン ガ アリマシタ。
アル日、山 デ 木 ヲ キッテ 井ル

雨 止

ト、雨 ガ、ザアザア フッテ 來マシタ。オヂイサン ハ、木 ノ アナ ニ カクレテ、雨 ノ 止ム ノ ヲ マッテ 井マシタ。
オヂイサン ハ、イツ ノ マ ニカ、

夜　青　赤

ネムッテ　シマヒマシタ。目　ガ　サ
メタ　トキ　ハ、モウ　夜　デ、雨
ハ　スッカリ　止ンデ　ヰマシタ。
見ルト、オヂイサン　ノ　カクレテ
ヰル　木　ノ　前　ニ、タクサン　ノ
オニ　ガ　アツマッテ　ヰマシタ。
青イ　オニ　ヤ、赤イ　オニ　ガ、タ

大　立

キビ　ノ　マハリ　デ、ヲドリ　ヲ
ヲドッテ　ヰマシタ。ドノ　オニ　モ、
大ショウ　ノ　オニ　ニ　オジギ　ヲ
シテ　ハ、カハルガハル　立ッテ、ヲ
ドッテ　ヰマシタ。
オヂイサン　ハ、大ソウ　ヲドリ　ガ
スキ　デシタ。見テ　ヰル　ウチ　ニ、

何

ジブン　モ、ヲドリタクテ　タマラナ
ク　ナリマシタ。オソロシイ　コト
モ　ワスレテ、木　ノ　アナ　カラ
トビ出シマシタ。

オニ　ハ　ビックリ　シマシタ。

「アレ　ハ　何　ダ」。

「アレ　ハ　何　ダ」。

ト　イヒナガラ、ワイワイ　サワギマ
シタ。
オヂイサン　ハ、ソ
レ　ニハ　カマハ
ズ、ウタ　ヲ　ウ
タヒナガラ　一ショ
ウケンメイ　ニ

ヲドリマシタ。

オニ　ハ、

「コレ　ハ　オモシロイ。」

「コレ　ハ　オモシロイ。」
ト　イッテ、手　ヲ　タタイテ　ホメ
マシタ。
オニ　ノ　大ショウ　ハ、オヂイサン

ニ、
「コレ　カラ　モ、トキドキ　來テ、
ヲドッテ　クダサイ。」
ト　イヒマシタ。
オヂイサン　ハ、
「ヨロシイ。コノ　次(ツギ)　ニハ、モット
ジョウズ　ニ　ヲドッテ　見セマセ

ウ。」
ト　イヒマシタ。
オニ　ノ　大ショウ　ハ、大ソウ　ヨロ
コビマシタ。シカシ、オヂイサン　ガ、
ホントウ　ニ　マタ　來テ　クレル　カ
ドウ　カ　ワカラナイ　ト　オモヒマ
シタ。ミンナ　デ　ソウダン　シテ、

大|

「コンド　來テ　クダサル　トキ　マデ、
オヂイサン　ノ　右　ノ　ホホ　ニ
アル　コブ　ヲ、アヅカッテ　オキ
マセウ。」
ト　イヒマシタ。
オヂイサン　ハ、
「コレ　ハ　大ジナ　コブ　デス。ア

ヅケル　コト　ハ　デキマセン」。
ト　イッテ、ヲシサウナ　フウ　ヲ
シマシタ。
オニ　ノ　大ショウ　ハ、「オヂイサン
ガ　ヲシガル　ノ　ダ　カラ、ヨホド
大ジナ　モノ　ニ　チガヒ　ナイ」。ト
オモヒマシタ。サウシテ、コブ　ヲ

夜

トッテ　シマヒマシタ。
夜　ガ　アケマシタ。
オニ　ハ　ドコ　ニモ　ヰマセン　デ
シタ。
オヂイサン　ハ、ユメ　ヲ　見テ　ヰ
タ　ノ　デハ　ナイ　カ　ト　オモヒ
マシタ。

左

右　ノ　ホホ
ヲ　ナデテ
ミマシタ。左
ノ　ホホ　ヲ
ナデテ　ミマシタ。右　ノ　ホホ　ニ
モ、コブ　ハ　アリマセン　デシタ。左
ノ　ホホ　ニモ、コブ　ハ　アリマセ

ン　デシタ。

十一　ワタシ　ノ　ニンギョウ

ワタシ　ノ　ニンギョウ　ハ、
カハイイ　ニンギョウ。
ワタシ　ガ、ウタ　ヲ
ウタッテ　ヤル　ト、
イツモ、ニコニコ　ワラヒマス。

ワタシ　ノ　ニンギョウ　ハ、
カハイイ　ニンギョウ。
ワタシ　ガ、ドンナ　ニ
オコッテ　ヰテ　モ、
ヤッパリ、ニコニコ
ワラッテ　ヰマス。

十二　ニンギョウ　ノ　ビョウキ

ハナ子サン　ハ、ニンギョウ　ガ　ビョ
ウキ　ニ　ナッタ　ノデ、オイシャサマ
ヲ　ヨビマシタ。オイシャサマ　ハ　マ
サヲサン　デス。オトナ　ノ　ボウシ
ヲ　カブッテ、大キナ　カバン　ヲ
モッテ　ハイッテ　來マシタ。

「ゴビョウニン　ハ
ドチラ　デス　カ。」
「アチラ　ニ　ネテ
ヲリマス。」
ハナ子サン　ハ、マ
サヲサン　ヲ　オク
ヘ　トホシマシタ。

マサヲサン　ハ、ニンギョウ　ノ　ソバ
ニ、コシ　ヲ　カケマシタ。
マサヲサン　ハ、ニンギョウ　ノ　手
ヲ　トリマシタ。ソレカラ、ヒタヒ
ニ　サハッテ　ミマシタ。オナカ　ヲ、
上　カラ　オサヘテ　ミマシタ。
マサヲサン　ガ、アンマリ　ジョウズ

ニ、オイシャサマ
ノ　マネ　ヲ　ス
ル　ノデ、ハナ子
サン　ハ、キュウ　ニ
ヲカシク　ナリマ
シタ。デモ、ワラ
ハナイデ　ジット

ガマン　ヲ　シテ　ヰマシタ。
マサヲサン　ハ、テイネイ　ニ　見テ
カラ、
「タイシテ　ワルク　ハ　ナイ　ヨウ
デス。タベスギ　デス　ネ。」
ト、マジメナ　カホ　ヲ　シテ、イ
ヒマシタ。

夕

ハナ子サン　ハ、トウトウ　ワラヒ出
シマシタ。マサヲサン　モ、ワラヒ出
シマシタ。

十三　夕ガタ

「ヨシヲ、ハタケ　ヘ　行ツテ、大根(ダイコン)
ヲ　二三本　ヌイテ　來テ　チョウ
ダイ。」

土

ト、オカアサン　ガ　オッシャイマシタ。
ハタケ　ヘ　行ッテ　見マス　ト、赤
イ　土　ノ　上　ニ、ウツクシイ　ミ
ドリ　ノ　ハ　ガ、ギッシリ　ト　ナ
ランデ　ヰマス。
「ドレ　ヲ　ヌカウ　カ。」ト　カンガヘ
テ　ヰマス　ト、チョウド　ソコ　ヘ、

ニイサン ガ、ゲンキナ コヱ デ
唱歌(ショウカ) ヲ ウタヒナガラ、カヘッテ
來マシタ。サウシテ、
「ゴチソウ ノ
シタク カ。」
ト イッテ、ワ〃
ラヒマシタ。

二人　私

ニイサン ト 二人
デ、大キサウナ ノ
ヲ ヌイテ、ニイサン
ガ 二本、私 ガ 一本
サゲテ カヘリマシタ。
二人 デ、ヰド カラ 水 ヲ クン〃
デ、大根 ヲ アラッテ ヰマス ト、

同　名

オトウサン モ オカヘリ ニ ナリ〃
マシタ。サウシテ、ニイサン ト 同〃
ジ ヨウ ニ、
「ゴチソウ ノ シタク カ ナ。」
ト イッテ、オワラヒ ニ ナリマシタ。

十四　ユビ ノ 名

夕ハン ガ スンダ アト デ、オヂ〃

郎　知　太　小

イサン ガ、一郎 ニ タヅネマシタ。
「オ前 ハ、手 ノ ユビ ノ 名
ヲ 知ッテ ヰマス カ。」
「知ッテ ヰマス。一バン 太イ ノ
ガ オヤユビ デ、一バン ホソイ
ノ ガ 小ユビ デス。」
「ソレカラ。」

間 足

「ソレカラ、一バン 長イ ノ ガ
中ユビ デ、中ユビ ト オヤユビ
ノ 間 ニ アル ノ ガ 人サシ
ユビ、中ユビ ト 小ユビ ノ 間
ニ アル ノ ガ クスリユビ デス」。
「サウ デス。ソレ デハ 足 ノ
ユビ ノ 名 ヲ 知ッテ ヰマス カ」。

外

「同ジ コト デセウ」。

「マア、イッテ ゴラン」。

「オヤユビ、人サシユビ」。

オヂイサン ハ ワラヒナガラ、

「一郎、オ前 ハ、ソノ ユビ デ、
人 ヲ サシマス カ。足 ノ ユビ
ハ、オヤユビ ト 小ユビ ノ 外

月 風 音

ニハ 名 ガ ナイ ノ デス」。
ト ヲシヘテ ヤリマシタ。

十五 月夜

大ソウ シヅカナ バン デス。
風 ニ ユレル バナナ ノ 木 ノ
ハ ガ、トキドキ、マド ノ 外 デ
サラサラ ト 音 ヲ 立テテ ヰル

一人 方 太

外、何 モ キコエマセン。
一人 デ ヨミ方 ノ オサラヒ ヲ
シテ ヰマス ト、ニハ ノ 方 カ
ラ オカアサン ガ、
「太郎、ゴベンキョウ ガ スンダラ、
チョット 出テ ゴラン。ヨイ オ月
サマ デス ヨ」。

所

ト　オッシャイマシタ。
ニハ　ヘ　出マス　ト、外　ハ　マルデ
ヒル　ノ　ヨウ　ニ　アカルク　見エ
マス。ヒロイ、ヒロイ　ミカンバタケ
ガ、ズウット　トホク　マデ　ツヅイ
テ、ソノ　ハテ　ノ　所　ニ、ヤシ　ノ
木　ガ　一本、ウスイ　カゲ　ノ　ヨウ

ニ　立ッテ　ヰマス。
サウシテ、ソノ　ヤ
シ　ノ　木　ノ　上
ノ　方　ニ　マン
マルイ　オ月サマ
ガ　ニコニコ　シ
テ　私タチ　ヲ

ナガメテ　ヰル　ヨウ　デス。
「アノ　オ月サマ　ノ　中　ニ、ウスグ
ロク　見エル　モノ　ガ　アリマス
ガ、アレ　ハ　何　デス　カ。」
ト　私　ガ　タヅネマス　ト、オカア
サン　ハ　ワラヒナガラ、
「日本　デハ、アレ　ヲ、ウサギ　ガ

走　光

オモチ　ヲ　ツイテ
ヰル　ノ　ダ　ト
イッテ　ヰマス。」
ト　オッシャイマシタ。
ソノ　トキ、子ヤギ　ガ　二ヒキ、ドコ
カラ　カ　ウレシサウ　ニ　走リヨッテ
來マシタ。アマリ　月　ノ　光　ガ　ア

カルイ ノデ、モウ 朝(アサ) ニ ナッタ
ト オモッタ ノ カモ 知レマセン。
オカアサン ハ 子ヤギ ノ アタマ
ヲ ナデテ、
「マダ 夜 デス ヨ、夜 デス ヨ。」
ト ウタフ ヨウ ニ オッシャイマ
シタ。

花

ケレドモ、子ヤギ ハ キカナイデ、
ダリヤ ノ 花 ノ サイテ ヰル 方
ヘ、マタ ゲンキ ヨク 走ッテ 行
キマシタ。

十六 月 ト ネコ

オシャレ ノ ミイチャン、
マドロ デ、

今|夜　空

今夜 モ カホ ヲ
アラッテル。
ミイチャン ノ 鏡(カガミ) ハ
オ月サマ。
空 ニ カカッタ
オ月サマ。

カホ ガ ウツル カ、
ウツラヌ カ。
オシャレ ノ ミイチャン、
マドロ デ、
スマシテ カホ ヲ
アラッテル。

十七　キシャ

「ゴウッ。」
ト　トホク　ノ　方　デ　音　ガ　シ
マシタ。
「キシャ　ダ。　マサチャン、見　ニ　行
カウ。」
ト　ニイサン　ガ　イヒマシタ。

道　間

ボクタチ　ハ　ハタ
ケ　ノ　中　ノ　道
ヲ　走ッテ　センロ
ノ　方　へ　行キマ
シタ。
キシャ　ハ、見ル　間
ニ　大キク　ナッテ、

コッチ　へ　來マス。
「カモツレッシャ　ダ。長イ、長イ。」
ト、ニイサン　ガ　イヒマシタ。
「シュッ、シュッ、シュッ、シュッ。」
ト、キカンシャ　ガ、大キナ　音　ヲ
立テテ、トホリマシタ。
「イクツ　アル　カ、カゾヘテ　ミヨウ。」

車　時　牛

ト、ニイサン　ガ　イヒマシタ。
クロイ　ハコ　ノ　車　ガ、アト　カ
ラ　イクツ　モ　來マス。
「一、二、三、四。」
ト　カゾヘテ、十二　マデ　來タ　時、
牛　ノ　タクサン　ノッテ　ヰル　車
ガ、イクツ　カ　トホリマシタ。

石

「オヤ」。ト オモッテ ヰル 間 ニ、
ボク ハ、車 ノ カズ ガ、ワカラ
ナク ナリマシタ。
牛 ノ アト カラ、大キナ 木 ヲ
ツンダ 車 ヤ、石 ヲ ツンダ 車
ガ、イクツ モ トホリマシタ。オシ
マヒゴロ ニ ナル ト、 ニイサン

ハ、大キイ コヱ ヲ 出シテ、カゾ
ヘマシタ。
「三十六、三十七、三十八。 ミンナ
デ、三十八 アッタ。」
ト イヒマシタ。
キシャ ハ、ダンダン 小サク ナッテ、
トホク ノ 方 ヘ 行ッテ シマヒ

マシタ。
ボク ハ サッキ 見タ 牛 ノ コ
ト ヲ カンガヘテ、
「ボク モ、キシャ ニ ノリタイ
ナア。」
ト オモヒマシタ。

十八 山ビコ

太郎「アア、ウレシイ、ウレシイ。モウ
オカアサン ニ イヒツカッタ コ
ト ハ、スンデ シマッタ。コレ
カラ アソブ ノ ダ。ウレシイ、
ウレシイ。バンザアイ、バンザア
イ。」
山ビコ「ザアイ、バンザアイ」。

君

太郎「オヤ、ダレ ダラウ。 ソコ ニ
ヰル ノ ハ ダアレ。」
山ビコ「ヰル ノ ハ ダアレ。」
太郎「オヤ、山 ノ 方 デ ヘンジ
シテ ヰル。ダレ ダイ、君 ハ。」
山ビコ「ダレ ダイ、君 ハ。」
太郎「ボク カイ、太郎 ダ ヨ。」

山ビコ「ボク カイ、太郎 ダ ヨ。」
太郎「イイエ、ボク ガ 太郎 ダ ヨ。」
山ビコ「イイエ、ボク ガ 太郎 ダ ヨ。」
太郎「ウウン、君 ハ 太郎 ヂャ ナ
イ ヨ。」
山ビコ「ウウン、君 ハ 太郎 ヂャ ナ
イ ヨ。」

母

太郎「太郎 ダ ヨ。」
山ビコ「太郎 ダ ヨ。」
太郎「ウソ ヲ ツケ。」
山ビコ「ウソ ヲ ツケ。」
太郎「バカ。」
山ビコ「バカ。」
母「太郎 ヤ。ナゼ ソンナ コヱ ヲ

言

シテ、ロギタナイ コト ヲ 言フ
ノ デス ヨ。」
太郎「オカアサン、アノ 山 ニ イケ
ナイ 子 ガ カクレテ ヰル ノ。
サウシテ、ボク ヲ バカ ニ シ
テ、イロンナ コト ヲ 言フ ノ。」
母「ソレデ オ前、何 ト 言ッタ

向　度

ノ。」
太郎「アンマリ　カラカフ　カラ、『バカ』。
ト　言ッテ　ヤッタ　ノ。」
母「デハ、今度　ハ　ヤサシク　シテ
オヤリ　ヨ。サウ　スル　ト、キット
向カフ　デモ、ヤサシイ　ヘンジ
ヲ　スル　カラ。」

太郎「オオイ。」
山ビコ「オオイ。」
太郎「カンニン　シテ　クレ、ボク　ガ
ワルカッタ　カラ。」
山ビコ「カンニン　シテ　クレ、ボク　ガ
ワルカッタ　カラ。」
太郎「コレ　カラ　ハ、ナカヨシ　ニ

ナラウ　ネ。」
山ビコ「コレ　カラ　ハ、ナカヨシ　ニ
ナラウ　ネ。」
太郎「ココ　ヘ　オイデ　ヨ。」
山ビコ「ココ　ヘ　オイデ　ヨ。」
太郎「ココ　ヘ　サ。」
山ビコ「ココ　ヘ　サ。」

話

太郎「ソコ　ヘ　ハ　行カレナイ　ヨ。」
山ビコ「ソコ　ヘ　ハ　行カレナイ　ヨ。」
太郎「サウ。デハ、ココ　カラ　オ話
ヲ　シヨウ。」
山ビコ「デハ、ココ　カラ　オ話　ヲ　シ
ヨウ。」
太郎「イイ　カイ。」

山ビコ「イイ カイ。」
太郎「ヨシ。」
山ビコ「ヨシ。」
母「太郎 ヤ、ゴハン デス。スグ オイデ。」
太郎「アア。

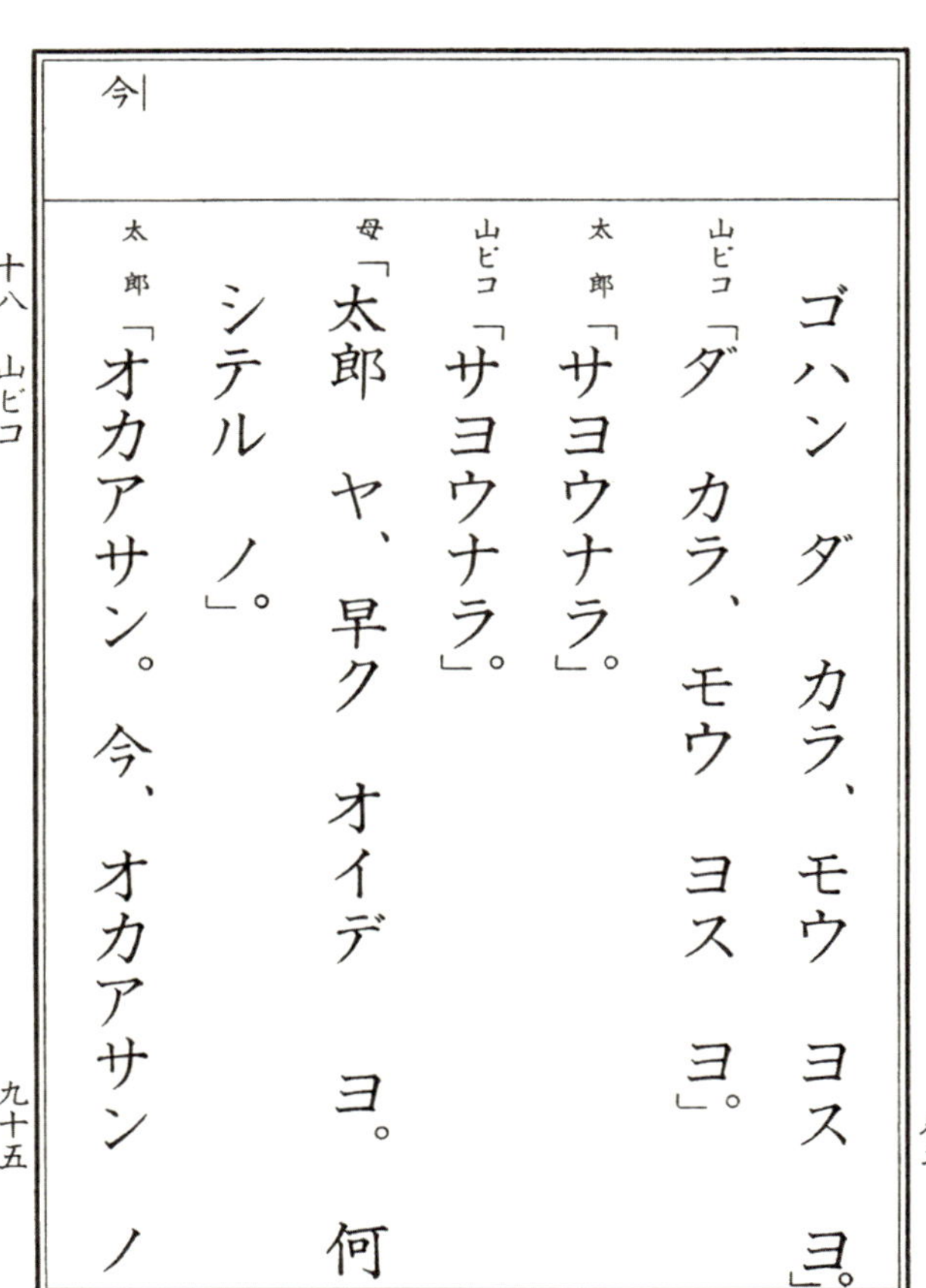

今

ゴハン ダ カラ、モウ ヨス ヨ。」
山ビコ「ダ カラ、モウ ヨス ヨ。」
太郎「サヨウナラ。」
山ビコ「サヨウナラ。」
母「太郎 ヤ、早ク オイデ ヨ。何シテル ノ。」
太郎「オカアサン。今、オカアサン ノ

言ッタ トホリ ニ シタラ、スグ、今 ノ 子 ト、ナカヨシ ニ ナッテ シマッタ ノ。」
母「ソラ ゴラン。コチラ カラ ヤサシク スレバ、ダレ デモ ヤサシク シマス。コレ カラ モ ヨク キ ヲ オツケ ナサイ。」

サ、サ、オイデ、オイデ。」

十九 セミ

カミナリ ガ
トホク 鳴(ナ)ル。

吹ク トモ ナシ ニ、
風 ガ 吹ク。
木 ト イフ 木 ニハ、
セミ ガ ナク。

夕立 ガ
一シキリ、

ミドリ ノ ハ カラ
ツユ ガ チル。
スズシイ コヱ デ
セミ ガ ナク。

二十 市場（イチバ）

ケサ 早ク、オカアサン ト 一ショニ、市場 ヘ 買（カ）ヒモノ ニ 行キマ

シタ。オカアサン ハ、竹 ノ セスタ ヲ オサゲ ニ ナリ、私 ハ 小サナ サッキンニョ ヲ 持チマシタ。

市場 ノ 近ク ニハ、カラ ノ 荷馬車（ニバシャ） ヤ、

カミニョン ガ、タクサン、ズラリト ナランデ ヰマシタ。サウシテ、ソノ 前 ヲ、セスタ ヤ、サッキンニョ ヲ サゲタ 人 ガ、ゾロゾロ ト トホッテ 行キマス。

市場 ニハ、コーヒー屋（ヤ）サン、雑穀屋（ザッコクヤ）サン、クダモノ屋サン、野菜屋（ヤサイ）サン、

店 雨 米

花屋サン ナドノ 店 ガ、道 ノ雨ガハ ニ、ギッシリ ト ナランデヰマス。サウシテ、店 ト 店 ト ノ間 ハ、モノ ヲ 買フ 人 デ 一パイ デス。

オカアサン ハ、オ米 ト、大根(ダイコン) ト、ミカン ト、花 ヲ オ買ヒ ニ ナリマシタ。

カヘリ ハ、ニモツ ガ オモイ ノデ、電車(デンシャ) ニ ノリマシタ。

二十一 花サカヂヂイ

ムカシ ムカシ、アル所 ニ、オヂイサン ガ アリマシタ。犬 ヲ 一ピキ カッテ、大ソウ カハイガッテ ヰマシタ。

アル日、犬 ガ、ハタケ ノ スミ デ、

「ココ ホレ、ワンワン、ココ ホレ、ワンワン。」

ト ナキマシタ。

オヂイサン ガ、ソコ ヲ ホッテ ミマスト、土 ノ 中 カラ、オカネ ヤ タカラモノ ガ、タクサン 出マシタ。

トナリ ノ オヂイサン ハ ヨクノ
フカイ 人 デシタ。コノ 話 ヲ
キイテ、犬 ヲ カリ ニ 來マシタ。
サウシテ、ムリ ニ 犬 ヲ ナカセ
テ、ハタケ ヲ ホッテ ミマシタ ガ、
キタナイ モノ バカリ 出マシタ。
オヂイサン ハ、オコッテ 犬 ヲ コ

松

ロシテ シマヒマシタ。
犬 ヲ カハイガッテ ヰタ オヂイ
サン ハ、大ソウ カナシミマシタ。
サウシテ、犬 ノ オハカ ヲ ツクッ
テ、ソコ ヘ、小サナ 松 ヲ、一本
ウヱマシタ。
松 ハ、ズンズン 大キク ナリマシ

タ。オヂイサン ハ、ソノ
松 ノ 木 デ、ウ
ス ヲ コシラヘ
マシタ。ソレ デ
米 ヲ ツクト、
オカネ ヤ タカラ
モノ ガ、タクサン 出マシタ。

トナリ ノ オヂイサン ハ、マタ
ソノ ウス ヲ カリ ニ 來マシタ。
サウシテ、米 ヲ ツ
イテ ミマシタ ガ、
キタナイ モノ バ
カリ 出マシタ。マ
タ オコッテ、ウス

火

ヲ　コハシテ、火　ニ　クベテ　シマヒマシタ。

犬　ヲ　カハイガッテ　ヰタ　オヂイサン　ハ、ソノ　灰(ハヒ)　ヲ　モラッテ　來マシタ。スルト、風　ガ　吹イテ　來テ、灰　ヲ　トバシマシタ。ソレ　ガ、カレ木　ノ　エダ　ニ　カカッタ　カ

ト　オモフ　ト、一度　ニ　パット　花　ガ　サキマシタ。

オヂイサン　ハ　ヨロコビマシタ。灰　ヲ　ザル　ニ　入レテ、

「花サカヂヂイ、花サカヂヂイ、カレ木　ニ　花　ヲ　サカセマセウ。」ト、言ッテ　アルキマシタ。

トノサマ　ガ、オトホリ　ニ　ナッテ、

「コレ　ハ　オモシロイ。花　ヲ　サカセテ　ゴラン。」ト　オッシャイマシタ。

オヂイサン　ハ、カレ木　ニ　ノボリ

マシタ。サウシテ、灰　ヲ　マキマスト、カレ木　ニ　花　ガ　サイテ、一メン　ニ　花ザカリ　ニ　ナリマシタ。

「コレ　ハ　フシギ　ダ。

待

キレイ　ダ、キレイ　ダ。」
ト　オホメ　ニ　ナッテ、ゴホウビ　ヲ、
タクサン　クダサイマシタ。
トナリ　ノ　オヂイサン　ハ、ノコッテ
ヰタ　灰　ヲ　カキアツメテ、カレ木
ニ　ノボッテ、トノサマ　ノ　オカヘ
リ　ヲ　待ッテ　ヰマシタ。ソコ　ヘ、

トノサマ　ガ、オトホリ　ニ　ナッテ、
「モウ　一度、花　ヲ　サカセテ　ゴ
ラン。」
ト　オッシャイマシタ。
オヂイサン　ハ、灰　ヲ　ツカンデ、
マキマシタ。イクラ　マイテ　モ、花
ハ　サキマセン。シマヒ　ニ、灰　ガ

トノサマ　ノ　目　ヤ　口　ニ、ハイ
リマシタ。
トノサマ　ハ、
「コレ　ハ、ニセモノ　ダ。ニクイ
ヤツ　ダ。」
ト　オッシャイマシタ。
オヂイサン　ハ、トウトウ　シバラレ

坂

テ　シマヒマシタ。

二十二　小馬（ウマ）

ハイシイ、ハイシイ、
アユメ　ヨ、小馬。
山　デモ、坂　デモ、
ズンズン　アユメ。
オ前　ガ　ススメバ、

急

ワタシ モ ススム。
アユメ ヨ、アユメ ヨ、
足音 タカク。
パカ、パカ、パカ、パカ、
走レ ヨ、小馬。
ケレドモ、急イデ

公 毎

ツマヅクマイ ゾ。
オ前 ガ コロベバ、
ワタシ モ コロブ。
走レ ヨ、走レ ヨ、
コロバヌ ヨウ ニ。

二十三 ハチ公

東京(トウキヨウ) ノ 澁谷驛(シブヤエキ) デ、毎日 毎日、朝(アサ)

來テ ハ、夜 オソク マデ、改札口(カイサツグチ)
ノ 所 デ、ダレ カ ヲ サガシテ
ヰル ラシイ 犬 ガ アリマシタ。
ハジメ ノ ウチ ハ、ドコ ノ 何
ト イフ 犬 デアル カ、ダレ モ
知ル 人 ハ アリマセン デシタ ガ、
イツ ノ 間 ニカ、ソレ ハ ハチ

次

公 ト イフ
名 ノ 犬 デ、
コノ 犬 ニ
ツイテ ハ、次
ノ ヨウナ ア
ハレナ 話 ノ
アル コト モ、

冬　生　主

ワカリマシタ。
ハチ公 ハ、アル年 ノ 冬、雪(ユキ) ノ
フカイ 井ナカ ニ 生マレマシタ ガ、
間モナク、人 ニ モラハレテ、東京
ニ 來マシタ。
アタラシイ カヒ主 ノ 所 デ ハ、ハ
チ公 ヲ、マルデ ジブン ノ 子ドモ

主人

ノ ヨウ ニ、カハイガッテ ソダテ
マシタ。ソノ タメ、ハジメ ヨワ
カッタ カラダ モ、大ソウ ヂョウブ
ニ ナリマシタ。
ソノ コロ、主人 ハ、毎朝、澁谷驛
カラ 電車(デンシャ) ニ ノッテ、ツトメ ニ
出テ 井マシタ。ハチ公 ハ、イツ

デモ、主人 ヲ オクッテ 驛 マデ
行キ、夕方、主人 ガ カヘル コロ
ニハ、マタ 驛 マデ ムカヘ ニ
出マシタ。
トコロ ガ、ソノ 主人 ハ、アル日
ヨソ ヘ 行ッテ、ソノ ママ、ソコ デ
ナクナッテ シマヒマシタ。ソレ ヲ

年

知ラナイ ハチ公 ハ、ヤッパリ 前
ト 同ジ ヨウ ニ、毎日、朝 ハ 驛
マデ 出カケテ 行キ、一日 主人
ヲ 待ッテ、夜 オソク、ガッカリ
シタ ヨウ ニ、スゴスゴ ト カヘッ
テ 來ル ノ デシタ。
カウシテ、二年 タチ、三年 タチ、五

年　タチ、十年　モ　タチマシタ　ガ、驛　ノ　前　ニ　主人　ヲ　待ツ　ハチ公　ノ　スガタ　ヲ　見ウケナイ　日ハ、一日　モ　アリマセン　デシタ。ソノウチ、ハチ公　モ　ダンダン　年　ヲ　トッテ、トウトウ、ソノ　驛　ノ　近所　デ、死ンデ　シマヒマシタ。

あア	いイ	うウ	えエ	おオ
かカ	きキ	くク	けケ	こコ
さサ	しシ	すス	せセ	そソ
たタ	ちチ	つツ	てテ	とト
なナ	にニ	ぬヌ	ねネ	のノ
はハ	ひヒ	ふフ	へヘ	ほホ

まマ	みミ	むム	めメ	もモ
やヤ	いイ	ゆユ	えエ	よヨ
らラ	りリ	るル	れレ	ろロ
わワ	ゐヰ	うウ	ゑヱ	をヲ
んン				

[新出]

漢字表

小下見口行早出木手戸方
皿何年首百來入長外前右
雨止夜青赤立左夕土私同
名郎知太間足月風音所走
光花今空道車時牛石君母
言度向話吹竹持近店兩米

【讀替】

松火待坂急公毎次冬生主

出大何大夜二人小外一人

方太夜間今主人年近所

【假名附】

根(コン)唱(ショウ)歌(カ)朝(アサ)鏡(カガミ)鳴(ナル)市(イチ)場(バ)買(カフ)荷(ニ)馬(バ)

車(シャ)屋(ヤ)雜(ザツ)穀(コク)野(ヤ)菜(サイ)電(デン)灰(ハヒ)馬(ウマ)東(トウ)京(キョウ)

澁(シブ)谷(ヤ)驛(エキ)改(カイ)札(サツ)雪(ユキ)死(シヌ)

ヲハリ

昭和十二年二月十二日印刷
昭和十二年二月十六日發行

著作兼發行者　ブラジル日本人教育普及會

印刷者　東京市芝區芝浦一丁目二十三番地 單式印刷株式會社　和田助一

印刷所　東京市芝區芝浦一丁目二十三番地　單式印刷株式會社

Made in Japan

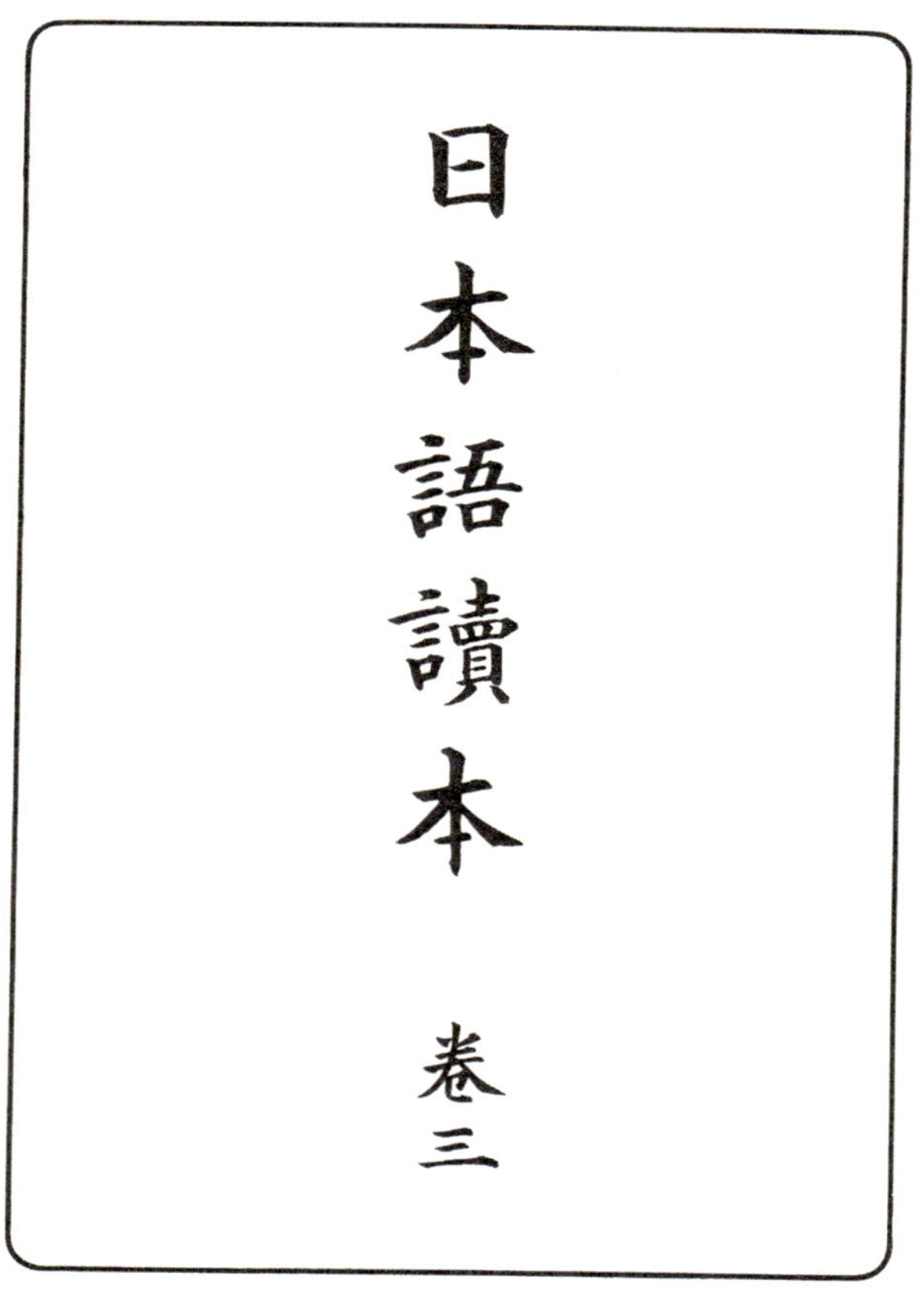

もくろく

一　赤い　とり……一
二　なはとび……四
三　うさぎ……六
四　しりとり……八
五　さる　の　いへ……十一
六　ひよこ……十七
七　時計（とけい）……二十三
八　かくれんぼ……二十八
九　蛙（かへる）……三十
十　考へもの……三十六
十一　かげぼうし……三十九
十二　蝶々（チョウチョウ）……四十二
十三　まさちゃん……四十七
十四　町ねずみ　と　ゐなかねずみ……五十三
十五　雨　の　絲……六十七
十六　牛若丸（うしわかまる）……六十九
十七　自動車……七十四
十八　一寸ぼうし……八十二
十九　土……九十四
二十　ジョアンぢいさん……九十六
二十一　金　の　をの……百二
二十二　ムシバ……百六
二十三　汽車……百二十一
二十四　浦島（うらしま）太郎……百二十三
二十五　リオ、デ、ジャネイロ……百三十六

いとり　なぜ(せ)　みを　たべ(へ)

一　赤い　とり

赤い　とり、　小とり、
なぜ、なぜ　赤い。
赤い　みを　たべた。

白い とり、
小とり、
なぜ、なぜ
白い。
白い み を
たべた。

青い とり、
小とり、
なぜ、なぜ
青い。
青い み を
たべた。

は び(ひ) だ ん も

二 なはとび

一だん、二だん、
なは とんだ、とんだ。
三だん とんだ、
四だん も とんだ。

の つ づ て

五だん の なは も、
つづいて とんだ。
六だん、七だん、
八だん とんだ。
九だん、十だん、
なは とんだ、とんだ。

うさぎ（き）　か　おが

三 うさぎ

白い、
かはいい うさぎさん。
お耳(みみ) が 長い、
目 が

に　すよろこで　び　ねま　ど

赤い。
おには に
出す と、
よろこんで、
ぴょん ぴょん
はねます、
をどります。

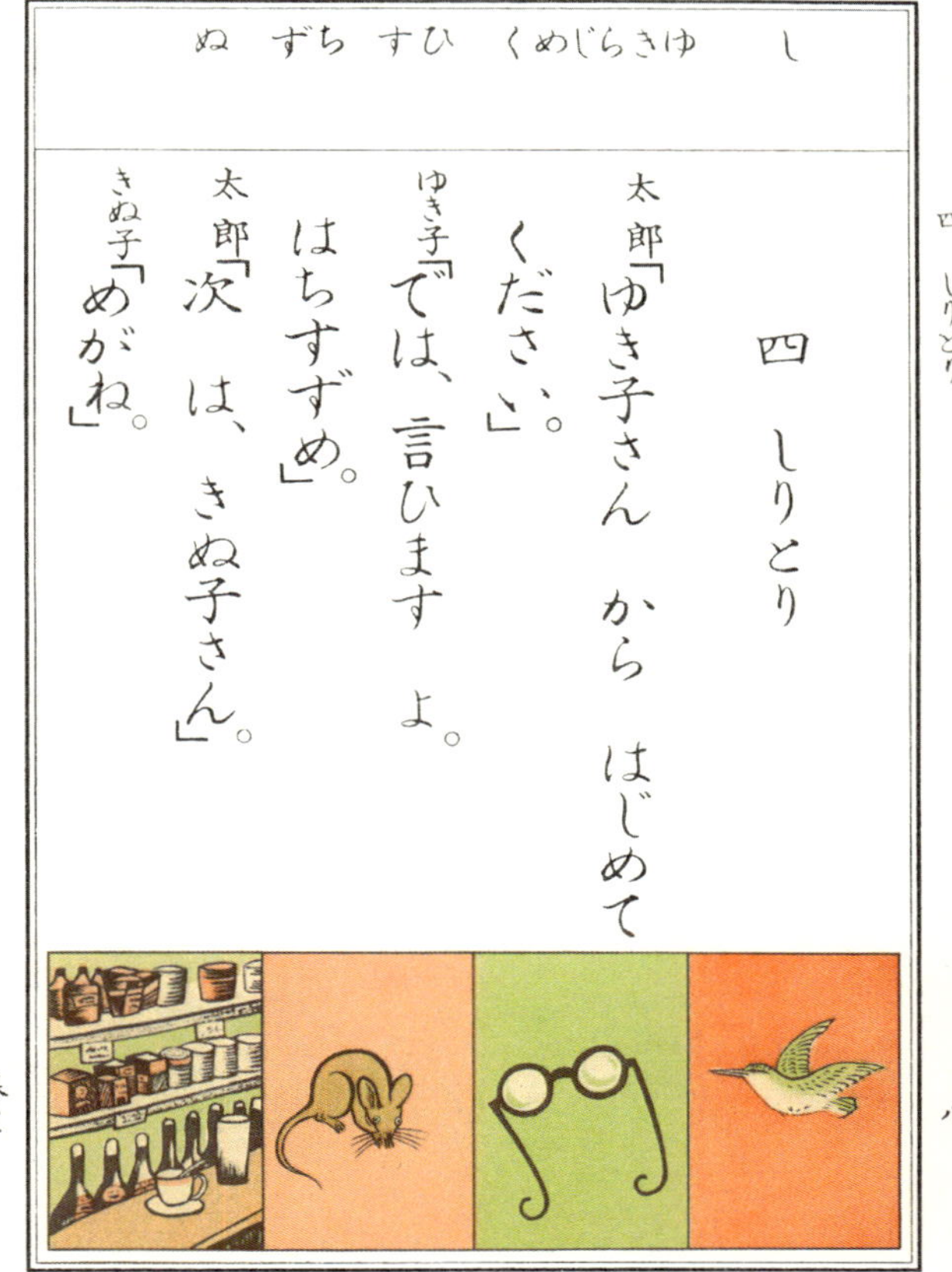

し　ゆきらじめく　ひす　ちず　ぬ

四 しりとり

太郎「ゆき子さん から はじめて
くださ い。」
ゆき子「では、言ひます よ。
はちすずめ。」
太郎「次 は、きぬ子さん。」
きぬ子「めがね。」

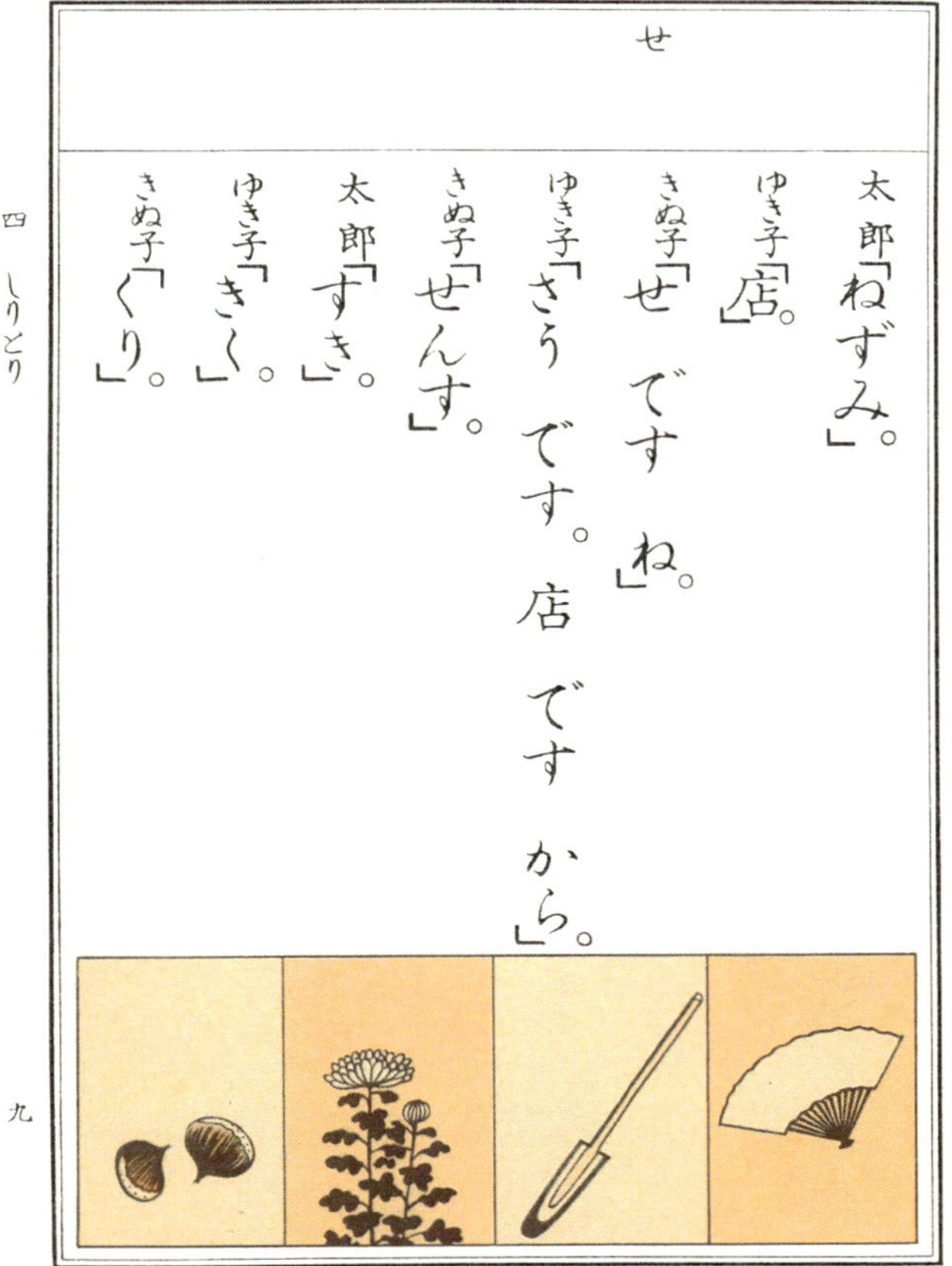

せ

太郎「ねずみ。」
ゆき子「店。」
きぬ子「せ です ね。」
ゆき子「さう です。店 です から。」
きぬ子「せんす。」
太郎「すき。」
ゆき子「きく。」
きぬ子「くり。」

四　しりとり

ご　る

太郎「りんご。」
ゆき子「ごま。」
きぬ子「松。」
太郎「つる。」
ゆき子「る ですか。」
太郎「さう です。」
ゆき子「る、る、る。る は こまりましたね。」

け　へ　ふ　ば　や　ゐ

太郎「早く、早く。」
きぬ子「早く、早く。早く つづけない と、ゆき子さん の まけ です よ。」

五　さる の いへ

つめたい 雨 の ふる ばん でした。
たくさん の さる が、やし の 木 の は を かさねた 上 に、ねて ゐました。

むざ　あ

だんだん 雨 が ひどく なって、かみなりさへ 鳴って 来ます と、子ざるたち は、さむさ と こはさ に ふるへながら、
「おとうさん、早く おうちを たてて ください。」
「おかあさん、早く

げ　そ

おうち を たてて ください。」
と 言ひました。
おとうさん や おかあさん の さる は、
「ああ、いい とも。あした に なったら、たてて あげる よ。」
「あした は、きっと たてて あげる よ。今夜 は、しかた が ない から、そのまま おやすみ。」

ぐ

かう 言って なぐさめました。
朝(あさ) に なる と、雨 も かみなり も 止
んで、うつくしい 朝日 が きらきら と
かがやきました。おやざる は、
「さあ、おうち を たてよう。お前たち も、
みんな、早く おきて 手つだひ なさい。」
と 言って、子ざるたち を おこしました。
子ざるたち は、目 を さましましたが、

わ

「もう すこし 待って ください。おなかが
すいて たまりません から、何 か たべ
て から に して ください。」
と 一ぴき が 言出します と、外 の 子
ざるたち も、
「わたし も おなか が すきました。」
「何 か たべて から に して ください。」
こんな こと を 言ひながら、みんな たべ

天 れ

もの を さがし に 出て 行って しまひ
ました。
天き が よい ので、子ざるたち は、いへ
を たてる こと は すっかり わすれて、
一日 あそびまはって、夕方 かへって 來ま
す と、また 雨 が ふり出しました。
すると、子ざるたち は、
「おとうさん、雨 が ふり出しました。早く

おうち を たてて ください。」
「おかあさん、早く おうち が できない
と、こまります。」
と 言ひました。

六 ひよこ

(一)

二三日 前 から、めんどり が す に つ

ゑ

きました。けさ、おかあさん が、たまご を
入れて おやり に なりました。めんどり
は、へんな こゑ を 立てて ゐましたが、
見て ゐる うち に、たまご を はら の
下 に、だいて しまひました。
ゑ や 水 を やって も、見向き も し
ないで、たまご を あたためて ゐます。
おかあさん に、

二十日

「いつ ひよこ が 出ます か。」
と ききます と、
「二十日 ばかり たつ
と 出ます。」
と おっしゃいました。

(二)

ある朝(あさ)、おかあさん が、
「ひよこ が かへった。」

と おっしゃった ので、見 に 行きます と、
おやどり の むね の 所 から、ひよこ
が、小さな あたま を 出して、ぴよ、ぴよ、
と ないて ゐました。はね の 下 にも、
二三ば ゐる よう でした。
ひよこ が なく と、おやどり は、お話
でも する よう に、こ、こ、こ、こ、と
いって ゐました。

ば ほ ぢ

(三)

二三日 たつ と、おやどり は ひよこ を
には へ つれ出しました。ひよこ は みんな
で 十ぱ です。
ひよこ は、ほそい あし で、ちょこちょこ
あるきます。たべもの でも さがす ので
せう、きいろい くちばし で、ときどき、ぢ
めん を つつきます。なの は や こ米

毛　學校

をやると、ひよこはみんなよって來てたべます。おやどりはなんにもたべないで、こ、こ、こ、といひながら、そのへんを見まはります。

ねこでもそばへ來ると、おやどりは、おこって毛をさかだてます。

私は、學校からかへって、ひよこを見るのが、たのしみです。

ぼ　古　柱　朝

七　時計（とけい）

ぼくのうちに、古い柱時計があります。これは、おとうさんやおかあさんが、日本から持って來られたものださうです。

毎朝、ぼくが目をさますころ、「ちん、ちん、ちん、ちん、ちん、ちん。」と、よい音で六つ鳴（な）ります。

ぶ

學校へ行く時や、かへった時に、ぼくはきっと、この時計を見ます。日ようの朝などは、おかあさんも、この時計をごらんになって、

「ああ、けさはだいぶ朝ねをしました。」

などと、おっしゃってゐることがあります。

きのふ、ぼくが學校からかへって來て、見ると、時計がありません。どうしたのかとおもって、夕方、おかあさんがおかへりになった時、きいてみると、

「ぐあひがわるくなったから、なほしにやったのです。」

と おっしゃいました。これ まで、毎日 き
きなれた、「かっちん、かっちん。」と いふ 音
が きこえない ので、何 と なく さびし
い 氣 が しました。
夕はん の 時、にいさん が、
「もう 何時 だらう。」
と 言って、時計 を 見よう と した の
で、ぼく が 笑ひ出します と、みんな が

大笑 を
しました。ところが、
けさ 學校 に 行く
時、ぼく も、つい、時計
を 見よう と しました
ので、そば に おいで に
なった おかあさん が、
お笑ひ に なりました。

八 かくれんぼ

夕やけ こやけ、
日 の ある うち に、
みんな で、一しょ に
かくれんぼ しませう。
じゃん、けん、ぽん。

石、かみ、はさみ。
じゃん、けん、ぽん。
はさみ は おに よ、
目つぶり おに よ、
さあ さあ、あちら で
かくれませう。
バナヽ の かげ に、

おうちの かげ に。
もう いゝ かい。
もう いゝ よ。
それ それ、さがせ、
バナヽ の かげ を、
おうち の かげ を。

九 蛙(かへる)

蛙 の 子ども が、川ばた で あそんで
ゐました。
そこ へ 牛 が 來て、
水 を のみました。子
蛙 は、びっくり して、
にげ出しました。
子蛙 は、あわてて う
ち へ かへりました。

さうして、おとうさん蛙 と おかあさん蛙
に、
「大きい、大きい ばけもの が、水 を の
み に 來ました よ。」
と 言ひました。
近所 に ゐた 大蛙 が、それ を きいて、
「その 大きな ばけもの は、わたし くら
ゐ も あった かね。」

吸

と きゝました。
子蛙 は、
「どうして どうして。今 まで 見た こと
も ない ほど 大きい の です。」
と こたへました。
大きい の が じまん の 大蛙 は、うん
と いき を 吸ひこんで、おなか を ふく
らませて、

「そんなら、この くらゐ も あった かね。」
と 言ひました。子蛙 は 首 を ふって、
「とても そんな もの では ありません。」
と 言ひました。
「では、この くらゐ か ね。」
と 言って、大蛙 は、一そう おなか を ふくらませました。
子蛙 は、

生

「をぢさん、およし なさい。いくら おなか を ふくらませて も、かなひません よ。」

と 言ひました。

しかし、大蛙 は、今度 こそ と、一生けんめい に なって、いき を 吸ひこみました。おなか

玉　考

は、まるで ふうせん玉 の やう に ふくれました。

すると、「ぽん。」と 大きい 音 が して、大蛙 の おなか が やぶれて しまひました。

十 考へもの

「この はこ の 中 に、おもしろい 人 が ゐます。あてて ごらん なさい。」

色

「その はこ を かして ください。」

「はい。」

「ふって も、よう ございます か。」

「はい。」

「大そう かるう ございます ね。この 人 は、どんな 色 の きもの を きて ゐ

女　男

ます か。」

「赤い きもの を きて ゐます。」

「それ では、女 でせう。」

「いいえ。」

「それ では、男の子 です か。」

「いいえ。年より です。」

「どうも こまりました。どんな かほ を
して ゐます か。」

「かほぢゅう ひげだらけ
です。」
「それ では、手 も
足 も ない でせう。」
「はい。」
「わかりました。だるまさん です。」

十一 かげぼうし

ピヤノ の 音 に、
足なみ そろへ、
みんな で なか よく
ゆうぎ を すれば、
まっくろくろ の
かげぼうし、
やっぱり そろって
をどってる。

なかよし どうし、
手 と 手 を ひいて、
夕日 の 小みち を
かへろ と すれば、
長い、長い
かげぼうし、
やっぱり ならんで

々 く 今日 東

ついて 來る。

十二 蝶々(チョウく)

今日 學校 デ、運動場(ウンドウバ) ヲ アルイテ 井マスト、教室(キョウシツ) ノ 東 ノ マド下 ニ、私 ノ スキナ、キイロイ 蝶々 ガ、シヅカ ニ トマッテ 井マシタ。

ソバ ヘ ヨッテ ヨク 見マス ト、蝶々 ハ

羽 動

スッカリ ヨワッテ、トベナク ナッテ 井ル ラシイ ノ デス。ソレデモ、ソノ ウツクシイ 羽 ダケ ハ、カスカ ニ 動カシテ 井マシタ。

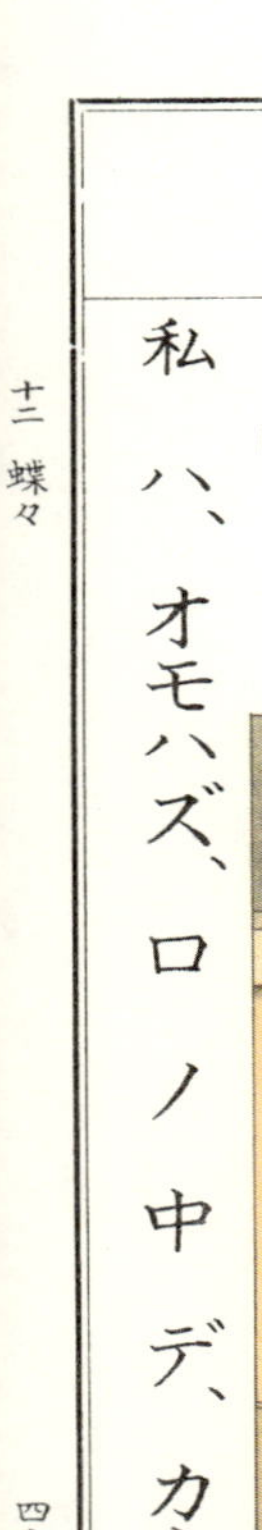

「オ前、ドウ シタ ノ。」

私 ハ、オモハズ、口 ノ 中 デ、カウ 言

病 死 生 急

ヒマシタ。

「病氣 ダラウ カ。ソレトモ、ダレ カ ガ イタヅラ ヲ シテ、コンナ ニ シテ シマッタ ノ ダラウ カ。カハイサウ ニ。死ナナケレバ ヨイ ガ。」

私 ハ 一人 コンナ コト ヲ 考ヘナガラ、ジット 見テ 井マシタ。スルト、蝶々 ハ、死ンダ モノ ガ 生キカヘッタ ヨウ ニ、急

力 始

ニ 力ヅイテ、ソノ ヘン ヲ グルく ト マハリ始メマシタ。ケレドモ、ヤッパリ トブ コト ハ デキマセン。羽 ヲ イタメテ 井ル ノ デセウ。

ヤガテ サット 風 ガ 吹イテ 來マシタ。蝶 ハ コレ ニ 吹キトバサレマイ ト スル ヨウ デシタ ガ、ソレデモ、三十センチメートル バカリ 横(ヨコ) ノ 方 ヘ ヤラレマシタ。

十二 蝶々　四十六　巻三

休　間

カハイサウ デス カラ、私 ハ、ソット、風
ノ 吹カナイ 所 ヘ ツレテ 行ッテ ヤラ
ウト オモヒマシタ。トコロ ガ、ソノ 時
チョウド、教室 ヘ ハイル カネ ガ 鳴(ナ)リ
マシタ ノデ、シカタ ガ ナク、ソノ マヽ
ステテ 行キマシタ。
次 ノ 休時間 ニ、私 ハ、モウ 一度 前
ノ 所 ヘ 行ッテ 見マシタ。サウシテ、

十三 まさちゃん　四十七　巻三

去　鳥

サッキ ノ 蝶々 ヲ サガシマシタ ガ、見
ツカリマセン デシタ。
ドウ ナッタ ノ デセウ。チョウブ ニ ナッ
テ、ドコ カ ヘ トビ去ッタ ノ デセウ
カ。ソレトモ、鳥 ニ デモ タベラレテ シ
マッタ ノ デセウ カ。

十三　まさちゃん

十三 まさちゃん　四十八　巻三

泣

學校 から かへる と、しんだいの 中で、
まさちゃん が、まるく ふとった 小さな
手 を ふりながら、「あん、あん。」と 泣いて
ゐました。
「まさちゃん、どう した の。」
と、私 が あたま を なでて やる と、
前 より も もっと 大きな こゑ で、泣
出しました。

十三 まさちゃん　四十九　巻三

「まさちゃん、これ を あげませう。」
と、おもちゃ を、その 小さな 手 に に
ぎらせました。けれども、まさちゃん は ま
だ 泣止みません。
「おかあさん は、どこ へ おいでに なっ
た の だらう。こまった なあ。」
と おもひました が、しかた が ありません。
「よう、よう。泣くんぢゃ ない よう。」

姿　ご

と あやしながら、まさちゃん を だいて 外へ 出ました。 すると、向かふ の はたけ に おかあさん の 姿 が 見えました。 その 時、みよちゃん の にいさん が、カミニョン で 來ました ので、さっそく のせて いたゞきました。
おかあさん は、私たち を 見る と、
「まさちゃん は、目 を さました の ね。

まあ、どう した の、きぬちゃん まで なみだ を ためて。」

と、にこ〳〵 しながら、おっしゃいました。それから、みよちゃん の にいさん に、

「どうも ありがたう ございます。」

と おっしゃいました。

まさちゃん は、もう おかあさん の おひざ で、おいしさう に おちゝ を のんで ゐ

ます。

「まさちゃん、そんな に おいしい の。」

と きゝます と、まさちゃん は、ちぶさ を くはへた まゝ、目 を ぱっちり あけて、じっと 私 を 見ました。

町　金　友

十四 町ねずみ と ゐなかねずみ

町 の お金持 の やしき に すんで ゐる ねずみ が、ゐなか の 百姓家（ひゃくしょうや） に すんで ゐる ねずみ と、お友だち に なりました。

ある日、ゐなかねずみ から、町ねずみ の 所へ 手紙（てがみ） が 來て、

「今日 は 春（はる） さき で、じこう は よい し、

ぞ　書　〴〵

野原(のはら) には、すみれ や たんぽゝ の 花
が 咲(さ)いて、まこと に きれい です。ど
うぞ、ゐなか の けしき を 見がてら、
ぜひ、おあそび に おいで ください。」
と 書いて ありました。
そこで、町ねずみ が、はる〴〵 たづねて 行
きます と、ゐなか ねずみ は 大そう よろ
こんで、おひる の ごちそう には、かたい

麥　ぷ　根　合

麥 や、とうもろこし や、くるみ や、それ
から 土 の にほひ の ぷん〳〵 する 草(くさ)
の 根 など を、いろ〳〵 ならべました。
しかし、せっかく の ごちそう も、町 の
お客様(きゃくさま) の ぜいたく な 口 には、とても
合ひません。
「どうも せっかく だ が、ぼく には、こ
んな もの は たべられない よ。」

毒　肉

「どうして だらう。ぼく の 所 では、こ
れ が 一ばん の ごちそう だ が。」
「さう か ね。すると、君は 氣の毒 だ
が、こんな ゐなか に ひっこんで ゐて、
まるで、あり か みゝず の ような く
らし を して ゐる の だ ね。まあ 一
度、ぼく の うち へ、あそび に 來て
みたまへ。肉 でも、ビスケット でも、り

好

んご でも、いちじく でも、何 でも 君
の 好きな もの を、たべさせて やる よ。」
かう 言って、町ねずみ は、わかれて かへっ
て 行きました。
町ねずみ の 話 を きいて から、ゐなかね
ずみ は、急 に、町 へ 出て みたく なり
ました。肉 だ の、ビスケット だ の、りんご
だ の と いふ、これ まで 知らなかった

自

ごちそう も、たべて みたく なりました。
そこで、二三日 して、ゐなかねずみ は、町ねずみ を たづねて 行きました。町ねずみ は、ゐなかねずみ が たづねて 來た ので、
「やあ、よく 來て くれた、よく 來て くれた。」
と 言って、よろこびました。さうして、さっそく、大とくい で、だい所 の すみ の、自

分

分 の すみ に あんない して、肉 だ の、くだもの だ の、かんづめ など の はいって ゐる 戸だな を 見せました。ゐなかねずみ は、たゞ もう 目 を まるく して、おいしさうな にほひ に、よだれ を たらして ゐました。
そば で、町ねずみ は、さも をかしさうに、
「さあ、君。よかったら、えんりょ なし に

たべて くれたまへ。」
と、いばって 言ひました。
「さうかね。すまない なあ。」
かう 言ひながら、こはごは、ゐなか の お客様 が、いよ〳〵、ごちそう の お皿 に 手 を つけよう と します と、

穴

その とたん、ばたんと 戸 が あいて、女 の 人 が はいって 來ました。すると、町ねずみ は、びっくり して、あわてて、ごちそう の お皿 も 何 も はふり出した まゝ、
「君、早く、早く、早く」。
と 言ひながら、かべ の 小さな 穴 の 中 へ にげこみました。
ゐなかねずみ も、あわてて、あと から 穴

心安

の 中 へ　もぐりこみました。穴 の 中
は、まっくら で、しめっぽくて、じつ に
いやな 氣持 でした。
そのうち、外 が しづか に なった ので、
町ねずみ は、こそ〳〵、穴 から、はひ出し
ました。ゐなかねずみ も、つゞいて のこの
こ はひ出しました。
「さあ、これ で 安心 だ。また 人 の 來

ない うち に たべよう よ。」
「なぜ 人 が 來る と、いけない の か。」
「だって、見つかる と、ひどい 目 に あ
ふ から ね。」
「では、ずいぶん こはい 所 だね、こゝは。」
そんな こと を 言ひながら、二ひき の ね
ずみ は、あらためて、ごちそう の 前 に
すわりかけます と、今度 は また 男 の

度

人 が はいって 來たので、すぐ また、あ
わてて、穴 の 中 へ にげこみました。
かう いふ こと が 度々 つゞく ので、
ゐなかねずみ は、ゆっくり ごちそう を
たべる ひま は ありません。やっと たべ
かけても、しじゅう びく〳〵 して ゐる
ので、おいしい の か、おいしく ない の
か、よく わかりません でした。

思

三度目 に 穴 から 出て 來た 時 には、
もう ゐなかねずみ は、つく〴〵 うち へ
かへりたく なりました。
で、町ねずみ に、
「さようなら。ぼく は もう かへる よ。
いくら おいしい ごちそう が 山 ほど
あって も、こんなこはい 思ひ を する
くらゐ なら、ゐなか の あの しづかな

うち へ かへって、それこそ、草 の 根
や、くるみ の かたい み でも、ゆっくり
と、氣らく に たべて くらす 方 が、
どれほど まし だ か 知れない から
ね。さようなら。」
ゐなかねずみ は かう 言って、町ねずみ
の とめる の も きかず、さっさと か
へって 行きました。

絲 銀 細

十五 雨 の 絲

銀 の 細絲、
ガラス絲。
光って きれいな
雨 の 絲。

雨 は 銀雨、

少

ガラス雨。
音 も なく ふる
雨 の 絲。
銀 の 細絲、
ガラス絲。
少しも きれぬ
雨 の 絲。

歩 者

十六 牛若丸(うしわかまる)

月 の よい ばん でした。
牛若丸 が、ふえ を 吹きながら、歩いて
ゐました。
五ぢょう の 橋(はし) に 來ます と、
「待て。」
と 言ふ 者 が あります。

用　千　取

見る と、大なぎなた を 持った、大きな 男
が 立って ゐます。
牛若丸 は、
「だれ だ。何 の 用 か。」
と 言ひました。
「べんけい だ。その 刀 が もらひたい。
よい 刀 を 千本 あつめる つもり で、
九百九十九本 は 取った。もう 一本 で、

千本 だ。さあ、刀 を 出せ。」
牛若丸 は、びく とも しません。
「刀 が ほしい か。ほしければ、取って み
よ。」
と 言ひました。
べんけい は、大なぎなた を ふりまはして、
きって かゝりました。
牛若丸 は、ひらりと らんかん の 上 に

上　下

とび上りました。
べんけい が 上
を きる と、牛若
丸 は 下 へ と
び下ります。右 を
きれば、左 へ とび
のき、左 を きれ
ば、右 へ とびの

きます。強(つよ)い べんけい も、だん〱 つか
れて 來ました。
牛若丸 は、その 時、扇(あふぎ) で べんけい の
うで を 強く たゝきました。べんけい の
大なぎなた が、がらりと おちて しまひま
した。
とう〱、べんけい は こうさん しました。
さうして、牛若丸 の けらい に なりました。

十七　自動車

オヒル　カラ、私　ハ、正雄(マサヲ)サン　ノ　ウチ　ヘ　アソビ　ニ　行カウ　ト　思ッテ、外　ヘ　出マシタ。

トチュウ　マデ　來テ、フト　見ル　ト、チョウド　正雄サン　ノ　ウチ　ノ　前　ニ、自動車　ガ　止ッテ　ヰマシタ。ソバ　ニ、人　ガ　四

五人　ヨッテ　ヰマシタ。

「何　ダラウ。」ト　思ッテ、私　ハ　急イデ　行ッテ　見マシタ。正雄サン　ガ　ヰマシタ　ノデ、

「何　デス。」

ト　キヽマス　ト、正雄サン　ハ、

「自動車　ノ　コショウ　デス。」

ト　言ヒマシタ。

「ドンナ　コショウ　デス　カ。」

ト　キヽマシタ　ガ、正雄サン　モ　ヨク　ワカラナイ　ト　見エテ、ダマッテ　ヰマシタ。

ソノ　自動車　ニ　ノッテ　來タラシイ、三人　ノ　知ラナイ　ヲヂサン　ガ、立ッテ　ヰマシタ。

ソノ　中　ノ　一人　ガ、

「アノ、左ガハ　ノ　後(ウシロ)　ノ　車　ヲ、ゴランナサイ。」

ト　言ヒマシタ。見ル　ト、ソノ　車　ヲ、今　運轉手(ウンテンシュ)　ガ　一生ケンメイ　ニ　ナッテ　ハヅサウ　ト　シテ　ヰル　トコロ　デス。車　ハ　タイヤ　ガ　ヒシャゲテ　ヰマシタ。

破 空

「タイヤ ガ ヒシャゲテ ヰマス ネ。」
ト 言ヒマス ト、ヲヂサン ハ、
「アノ タイヤ ノ 中 ニ、モウ 一ツ ゴ
ム ノ クダ ガ アル ノ デス。」
ト 言ヒマシタ。私 ハ、オトウサン ノ 自
轉車 ガ、サウ ナッテ ヰル コト ヲ 思
ヒ出シマシタ。
「ソノ クダ ガ 破レテ、中 ノ 空氣

別

ガ、ヌケテ シマッタ ノ デス。」
ヲヂサン ガ カウ 言ッテ ヰル 間 ニ、
運轉手 ハ 車 ヲ ハヅシマシタ。サウシテ、
自動車 ノ 後 ニ ツケテ アッタ 別 ノ
車 ヲ 持ッテ 來テ、取リツケマシタ。
スッカリ シゴト ガ スム ト、運轉手 ハ
ヲヂサンタチ ニ、
「サア、ドウゾ。オ待チドホ様(サマ) デシタ」。

ト 言ヒマシタ。ヲヂサンタチ 三人 ハ、
「ヤア、ゴクロウ デシタ」。
ト 言ッテ、自動車 ニ ノリマシタ。
運轉手 モ ノリマシタ。
「ブル〳〵、ブル〳〵」。
ト、自動車 ガ ウナリ出シマシタ。
ヲヂサンタチ ハ、私タチ ニ、
「サヨウナラ」。

ト 言ヒマシタ。私 モ、正雄サン モ、
「サヨウナラ」。
ト 言ヒマシタ。
自動車 ハ 動キ出シマシタ。
「ブッ ブウ」。
自動車 ハ 走ッテ 行キマス。
私タチ ハ、自動車 ガ 見エナク ナル マ
デ、立ッテ 見テ ヰマシタ。

寸　指

十八　一寸ぼうし

おぢいさん と おばあさん が ありました。
子ども が ない ので、
「どうぞ、子ども を 一人 おさづけ くだ
さい。」
と、神様(かみさま) に おねがひ しました。
男の子 が 生まれました。小指 ぐらゐ の

高

大きさ でした。あんまり 小さい ので、一
寸ぼうし と いふ 名 を つけました。
一寸ぼうし は、二つ に なって も、三つ
に なって も、少しも 大きく なりません。
おぢいさん と おばあさん は、心配(しんぱい) して、
「一寸ぼうし の せい が、高く なります
よう に。」
と、毎日、神様 に おいのり しました。け

都

れども、やっぱり 生まれた 時 の まゝ、で
した。
一寸ぼうし は、十三 に なりました。ある
日、おぢいさん と おばあさん に、
「都 へ 行って、えらい 人 に なりたい
と 思ひます。少し の 間、おひま を
ください。」
と 言ひました。

針　舟

一寸ぼうし は おばあさん から、針 を
一本 もらひました。それ を 刀 に して、
麦わら の さや に 入れて、こし に さ
しました。それから、おわん を もらって、舟
に しました。おはし を もらって、かい に
しました。
一寸ぼうし は、おわん の 舟 に のって、
おはし の かい で じょうず に こいで、

大きな 川 を のぼって 行きました。都 に つく と、との様 の おやしきへ 行きました。

「ごめん ください。」

と 言ふ と との様 が 出て おいで に なりました。が、だれ も ゐません。

「だれ だらう。」

と 言って、方々 おさがし に なりました。

「どこ に ゐる の だらう。」

と 言って、庭（には） を 見まはしながら、あしだ を おはき に ならう と しました。すると、その あしだ の かげ に ゐた 一寸ぼうし は、

「ふんで は いけません。」

と 言って、あわてて とび出しました。さうして、

「けらい に して ください。」

と たのみました。

との様 は、

「これ は おもしろい 子 だ。」

と 言って、けらい に なさいました。

遠

三年 ばかり すぎました。一寸ぼうし は、ある日、おひめ様 の おとも を して、遠い 所 へ 出かけました。とちゅう まで 來る と、どこ から か、おに が 出て 來て、一寸ぼうし や おひめ様 を たべよう と しました。

一寸ぼうし は、針 の 刀 を ぬいて、おに に 向かひました が、とう〳〵 つかまっ

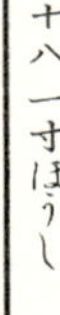

て しまひました。おに は 一寸ぼうし を つまんで、一口 に のんで しまひました。一寸ぼうし は、おに の おなか の 中 を、あちら こちら と かけまはって、針 の 刀 で、ちくり ちくり と つゝきました。おに は、「いたい、いたい。」

通

と 言ひました。そのうち に、一寸ぼうし は、おなか の 中 から はひ上って、はな の おく を 通って、目 の 中 へ 出ました。さうして、針 の

打

刀 で 目玉 を つゝきまはって、ぴょこり と ぢめん へ とび下りました。おに は、目 の 中 が いたくて なりません。目 を おさへて、一生けんめい に にげて 行きました。打出の小づち も、わすれて にげて 行きました。おに の わすれた 打出の小づち を 見る と、おひめ様 は、

「これ は よい もの が ある。」と 言って、大そう よろこびました。これ を ふる と、何 でも 自分 の 思ふ 通り に なる から です。そこで、「一寸ぼうし の せい が、高く なる やうに。」と 言って、おひめ様 は、さっそく 打出の小づち を ふりました。

一寸ぼうし の せい が、少し 高く なり
ました。
「もっと 高く なれ、もっと 高く なれ。」
と 言ひながら、何べん も ふりました。
一寸ぼうし は、だれ にも まけない 大男
に なりました。

十九　土

草

草 と いふ 草、
木 と いふ 木、
一本 一本、
土 から 生まれる。
花 と いふ 花、
み と いふ み、
それ が のこらず

落

土 へ と 落ちる。
土 の 中 に
何 が ある。
ほって も、ほって も
土 ばかり。

二十　ジョアンぢいさん

家

ジョアンぢいさん は、もと 私 の 家 に
ゐた やさしい 黒人（こくじん） の おぢいさん です。
今 では、もう 年 を とって、すっかり こ
し が まがって ゐます。
「今日 は、ぢいや の 所 へ あそび に
行きませう。」
と、ねえさん が 言ひました。
ねえさん と 二人 で 出かけます と、ぺ

リー も、尾 を ふりながら、ついて 來ました。

青々 と 立ちならんで ゐる コーヒー の 間 を 通りぬける と、小高い をかの 向かふ に、小さい 小屋 が 見えました。

「あれ が ぢいや の うち です。さあ、もう すぐ ですよ。」

と、ねえさん が あせ を ふき〱 言ひ

ました。

小屋 へ ついて 見る と、ジョアンぢいさん は、戸口 の 前 で、丸太 に こし を かけながら、たばこ を 吸って ゐました。

「おぢいさん、今日 は。」

と 大ごゑ で 言ひます と、ジョアンぢいさん は、

「これ は、これ は。よく おいで だ ね、ぢょっちゃん、ぼっちゃん。」

と 言ひました。

ジョアンぢいさん は、私たち が 來た の で、ほんとう に うれしかった の でせう。私たち の あたま を なでて くれたり、水

を くんで 來て くれたり、丸太 で すわる 所 を 造(つく)って くれたり しました。

丸太 に こし を かけて、あせ を ふいて ゐます と、ざわ〱 と 風 が、バナヽ の 木 の 葉(は) を 鳴らしながら、吹いて 來ました。

コーヒー園(えん) は、青い 海 の よう に 見えます。

金　池　森　深

二十一　金　の　をの

木こり　が、池　の　そば　の　森　で、木　を　きって　ゐました。をの　に　力　を　入れて、こん、こん、と　きって　ゐました。あんまり　力　を　入れすぎた　ので、をの　が、手　から　はなれて、とんで　行きました。「あっ」と　思ふ　間　に、をの　は、深い　池

の　中　へ　どぶんと　落ちて　しまひました。「あ、しまった。」と、木こり　は、思はず　大きな　こゑ　を　出しました。さうして、まっさをな　水　の　上　を　じっと　見ながら、「どう　したら　よからう。」と

生

考へこんで　ゐました。すると、その　水　の　中　から、まっ白な　長い　ひげ　の　生えた　おぢいさん　が、出て　來ました。さうして、「どう　したの　だ。」と　きゝました。木こり　は、「池　の　中　へ、をの　を　落して　しまひ

消

ました。」と　こたへました。「それ　は　かはいさう　だ。わたし　が　ひろって　やらう。」かう　言ふ　と、おぢいさん　の　姿　は、すぐ、水　の　中　に　消えて、見えなく　なりました。しばらく　する　と、おぢいさん　が　出て

美

來ました。その 手 には、美しい 金 の をの が、きらく と 光って ゐました。

「お前 の 落した の は、これ だらう。」

「いゝえ、ちがひます。それ では ございません。」

「では、もう 一度 さがして みよう。」

おぢいさん の 姿 は、また 水 の 中 に 消えました。さうして、今度 は 美しい 銀

鐵

の をの を 持って、出て 來ました。

「では、この をの か。」

「いゝえ、それ でも ございません。鐵 の をの で ございます。」

「さう か。では、もう 一度 さがして みよう。」

おぢいさん の 姿 は、また 水 の 中 に 消えました。

受

おぢいさん は、今度 こそ 木こり の 落した 鐵 の をの を 持って、出て 來ました。
「これ だらう。」
「はい、それ で ございます。どうも ありがたう ございました。」
木こり は、その をの を 受取って、何べん も おれい を 言ひました。おぢいさん は、

正直

「お前 は、ほんとう に 正直 な 男 だ。この 二つ の をの も、お前 に あげよう。」
と 言ひながら、金 の をの と、銀 の をの を 木こり に やりました。

若

木こり は、ふしぎな おぢいさん から、金
の をの と、銀 の をの を もらった こ
とを、近所 の 人 に 話しました。
となり の 若い 男 も、木こり でした。
それ を きく と、自分 も 金 の をの
や、銀 の をの が ほしく なりました。
若い 男 は、池 の そば の 森 へ 行
きました。をの で こん、こん、と 木 を

きり始めました。
そのうち に、若い 男 は、わざと をの
を 手 から はなしました。をの は どぶ
んと 池 の 中 へ 落ちました。
「あ、しまった。」
と、若い 男 は、できる だけ 大きな こ
ゑ で さけんで、水 の 上 を 見て ゐ
ました。

青い 水 の 中 から、おぢいさん が 出
て 來ました。さうして、
「どう した の だ。」
とき ゝ ました。
「池 の 中 へ、をの を 落して しまひ
ました。」
と、若い 男 は こたへました。
「それ は かはいさう だ。わたし が ひ

ろって やらう。」
かう 言ふ と、おぢいさん の 姿 は、す
ぐ 水 の 中 に 消えて、見えなく なり
ました。
若い 男 は、金 の をの の こと ばか
り 考へて、待って ゐました。
しばらく する と、水 の 中 から、おぢ
いさん が 出て 來ました。その 手 には、

美しい 金 の をの が、きらく と 光って ゐました。

「お前 の 落した の は、これ だらう。」

若い 男 は、すぐ、

「はい、それ で ございます。」

と、言って しまひました。

すると、今 まで やさしさう に 見えて ゐた おぢいさん の かほ が、急 に きつく なりました。さうして、

「お前 の ような うそつき には、金 の をの も、銀 の をの も やる こと は できない。」

と 言って、すぐ、水 の 中 に 消えて しまひました。

様

二十二　ムシバ

花子サン ハ、ハ ガ イタイ ノデ、一バンヂュウ クルシミマシタ。

朝 ニ ナッテ モ、マダ イタイ ノ ガ ナホリマセン。花子サン ハ、オカアサン ト 一ショ ニ、ハ ノ オイシャ様 ヘ 行キマシタ。

洗

オイシャ様 ハ、スグ 見テ クダサイマシタ。

「ヤア、二本 ナランデ ムシバ ガ デキテ ヰル。オ菓子(カシ) ヲ タベスギマシタ ネ。」

ト 言ッテ、クスリ デ 洗ッタリ、クスリ ヲ ツケタリ シテ クダサイマシタ。

花子サン ハ、イタイ ノ ガ 少シ ナホッタ ヨウ ニ 思ヒマシタ。

オイシャ様 ハ、オカアサン ニ、

「コノ、前ノ方ノ ムシバ ハ、生エカハル ハ デス ガ、オクノ方ノ ハ、一生 使フ 大ジナ ハ デス。ソレ ガ、カウ ムシバ ニ ナッテ ハ イケマセン ネ。」

ト オッシャイマシタ。サウシテ、花子サン ニ、

「花子サン、アナタ ハ ハ ヲ ミガキマスカ。」

ト オキヽ ニ ナリマシタ。

「毎朝 ミガキマス。」

ト、花子サン ハ 答ヘマシタ。オイシャ様 ハ、

「夜 ネル 前 ニモ、ミガク ト イヽ デス ガネ。サウ スルト、コンナ ニ ハ ガ ワルク ナラナイ デセウ。」

ト オッシャイマシタ。花子サン ハ ウナヅキマシタ。

オカアサン ト 一ショ ニ、オイシャ様 ノ オウチ ヲ 出タ 時、花子サン ハ、モウ ハ ノ イタミ ヲ 忘レテ、ニコ〳〵 シテ ヰマシタ。

二十三　汽車

今 は 山中、今 は 濱、
今 は 鐵橋 わたる ぞ と、
思ふ 間もなく トンネル の
やみ を 通って 廣野原。
遠く に 見える 村 の 屋根、

林 田 里

近くに見える町ののき、
森や、林や、田や、畠、
あとへ、あとへととんで行く。
まはり燈籠の畫のように、
かはる景色のおもしろさ。
見とれてそれと知らぬ間に、
早くもすぎるいく十里。

集

二十四 浦島太郎

むかし、浦島太郎といふ人がありました。

ある日、濱べを通ってゐると、子どもが大ぜい集って、何かさわいでゐました。見ると、かめを一ぴきつかまへて、ころがしたり、たゝいたりしていぢめて

ゐるのです。浦島は
「そんなかはいさうなことをするものではないよ。」
と言ひますと、子どもらは、
「なに、かまふものか、

賣 買

ぼくたちがつかまへたのだもの。」

と言って、なか〱きゝません。浦島は、

「それなら、をぢさんにそのかめを賣っておくれ。」

と言って、かめを買取りました。

浦島は、かめのせなかをなでながら、

「もう二度とつかまるなよ。」

と言って、海へはなしてやりました。

呼

それから 二三日後 の こと でした。浦島が、舟 に のって、いつも の 通りつり を して ゐる と、
「浦島さん、浦島さん」
と、呼ぶ 者 が あります。「だれ だらう」
と 思って、ふりかへって 見る と、大きな かめ が、舟 の そば へ およいで 來て、ぴょこり と おじぎ を しました。さうして、

助

「この間 は、ありがたう ございました。私 は、あの 時 助けて いたゞいた かめ です。今日 は、おれい に、龍宮 へ おつれ しませう。さあ、私 の せなか へ おのり ください」
と 言ひました。浦島 は、
「それ は ありがたう」
と 言って、かめ の せなか に のりました。

黄 門

かめ は、だん〳〵 海 の 中 へ はいって 行きました。
しばらく 行く と、向かふ に 赤 や、青 や、黄 で ぬった、りっぱな 門 が 見えます。
かめ が、

貝

「浦島さん、あれ が 龍宮 の 御門 です」
と 言ひました。
間もなく 御殿 へ つきました。たひ や ひらめ など が、むかへ に 出て 來て、おく の、りっぱな 御殿 へ 通しました。美しい 玉 や 貝 で かざった その 御殿 は、目 も ま

ぶしい ほど きれい です。そこ へ、おとひめ様 が 出て いらっしゃいました。さうして、

「この間 は、かめ を 助けて くださって、ありがたう ございます。どうぞ、ゆっくり あそんで 行って ください。」

と 言って、いろ〳〵 ごちそう を して くださいました。たひ や、ひらめ や たこ

など が、大せい で、おもしろい をどり を をどりました。

浦島 は、あまり おもしろい ので、家 へ かへる の も 忘れて、毎日

毎日、たのしく くらして ゐました。しかし、そのうち に、おとうさん や おかあさん の こと を 考へる と、家 へ かへりたく なりました。そこで、ある日、おとひめ様 に、

「どうも 長く おせわ に なりました。あまり 長く なります から、これ で おいとま を いたします。」

と 言ひました。

箱

おとひめ様 は、しきり に 止めましたが、浦島 が どうしても きゝません ので、

「それ では、この 玉手箱 を あげます。しかし、どんな こと が あって も、ふた を あけて は なりません。」

と 言って、きれいな 箱 を おわたし に なりました。

浦島 は、玉手箱 を かゝへ、かめ に のっ

住　居

て 海 の 上 へ 出ました。

もと の 濱べ へ かへって 來ます と、おどろきました。村 の ようす は、すっかり かはって ゐます。住んで ゐた 家 も なく、おとうさん も、おかあさん も 死んで しまって、知った 人 は、一人 も 居りません。これ は どう した こと か と、浦島 は、箱 を かゝへながら、ゆめ の

ように、あちら こちら と 歩きまはりました。

こんな 時 に 玉手箱 を あけたら、どうか なる か も 知れない と 思って、おとひめ様 の 言った こと も 忘

れて、その ふた を あけました。 すると、中 から、白い けむり が すうと 立ちのぼりました。それ が かほ に かゝった か と 思ふ と、浦島 は、かみ も、ひげ も、一度 に まっ白 に なって、しわだらけ の おぢいさん に なって しまひました。

二十五 リオ、デ、ジャネイロ

世界中

リオ、デ、ジャネイロ は、ブラジル の 首府(しゅふ) です。世界中、どこ へ 行って も、これ ほど 美しい 町 は ない と いふ こと です。

じっさい、リオ、デ、ジャネイロ は 美しい 所 です。町 も 美しく、山 も 美しく、海 も 美しく、すべて が まるで 畫(ゑ) の よう です。

沖

ことに 美しい のは、夜、沖 の 方 から ながめた 景色(けしき) です。濱べ に ある たくさん の 電燈(でんとう) が、海 に うつって きら〱 と かゞやく さま は、ちょうど 龍宮(りゅうぐう) の よう です。

船 常 居 役

港(みなと) と して も 名高く、世界 の 國々(くにぐに) の 船 が 常 に 出入り し、それら の 船 には、ひら〱 と ブラジル の 國旗(こっき) が 風 に ひるがへって 居ます。こゝ に は、大學 を 始 と して、いろ〱 の 學校 や 役所 が あり、日本 の 大使館(たいしかん) も あります。

あいうえお
かきくけこ
さしすせそ
たちつてと
なにぬねの
はひふへほ
まみむめも
やいゆえよ

いろはに
ほへとち
りぬるを
わかよた
れそつね
ならむう

ぺ

らりるれろ
わゐうゑを
ん

がぎぐげご
ざじずぜぞ
だぢづでど
ばびぶべぼ
ぱぴぷぺぽ

ゐのおく
やまけふ
こえてあ
さきゆめ
みしゑひ
もせすん

【新出】

漢字表

天毛學校古柱朝氣笑吸玉考色女男東羽
動病死力始休去鳥泣姿町金友書麥根合
毒肉好自分穴安心思絲銀細少步者用千
取破別寸指高都針舟遠通打草落家尾屋
鳴海池森深消美鐵受正直若樣洗使答忘
汽濱村林田里集賣買呼助黃門貝箱住居
世界沖船常役

【讀替】

二十日時生今日生急間度上下動車止人
空金生中居

【假名附】

耳(みみ)時計(とけい)蛙(かへる)蝶(チョウ)運(ウン)場(ば)敎室(キョウシツ)横(よこ)姓(ショウ)家(や)紙(かみ)春(はる)野(の)原(はら)咲(さく)
客(キャク)橋(はし)強(つよい)扇(あふぎ)正雄(まさを)後(うしろ)轉手(テンシュ)神(かみ)配(ハイ)庭(には)黑(コク)造(つくる)葉(は)園(エン)菓(カ)
子(シ)橋(キョウ)廣(ひろ)畠(はたけ)燈籠(トウロウ)畫(ゑ)景色(けしき)浦島(うらしま)後(のち)龍宮(リュウグウ)御殿(ゴテン)首(シュ)
府(フ)電(デン)港(みなと)國(くに)國旗(コクキ)使館(シカン)

をはり

昭和十二年二月十日印刷
昭和十二年二月十五日發行

著作權所有

著作兼發行者 ブラジル日本人敎育普及會

印刷者 東京市下谷區二長町一番地 凸版印刷株式會社 井上源之丞

印刷所 東京市下谷區二長町一番地 凸版印刷株式會社

Made in Japan

日本語讀本

巻四

もくろく

一 富士(ふじ)の山……一
二 かけっこ……二
三 海軍 の にいさん……九
四 天(あめ)の岩屋……十七
五 七面鳥……二十四
六 ゆめ……二十九
七 逃げたらくだ……三十一
八 よし子さん……四十四
九 をろち たいぢ……四十八
十 石だん……五十六
十一 トウモロコシ……五十八
十二 かぐやひめ……六十四
十三 かなりや……七十六
十四 大江山(おほえやま)……七十九
十五 白兎(しろうさぎ)……九十四
十六 一足々々……百 四
十七 百合若(ゆりわか)……百 五
十八 虎(トラ) ト 蟻(アリ)……百二十
十九 羽衣……百二十五
二十 夏休……百三十七

巻四

雲

一 富士(ふじ)の山

あたま を
雲 の 上 に 出し、
四方 の 山 を
見おろして、
かみなり様 を
下 に きく、

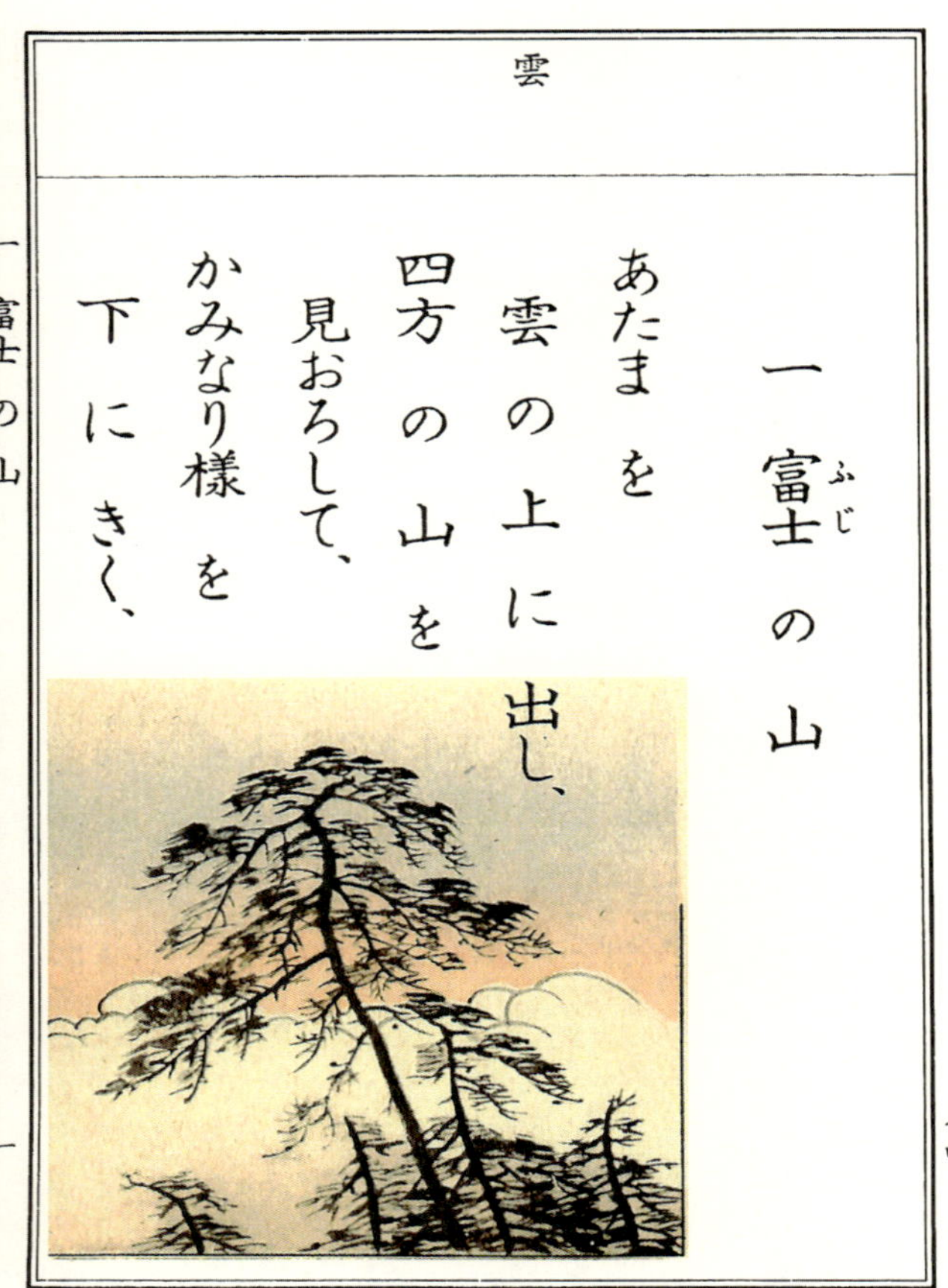

巻四

一 富士の山

一

一 富士 の 山

雪

富士 は
日本一 の 山。
青空 高く
そびえ立ち、
からだ に
雪 の

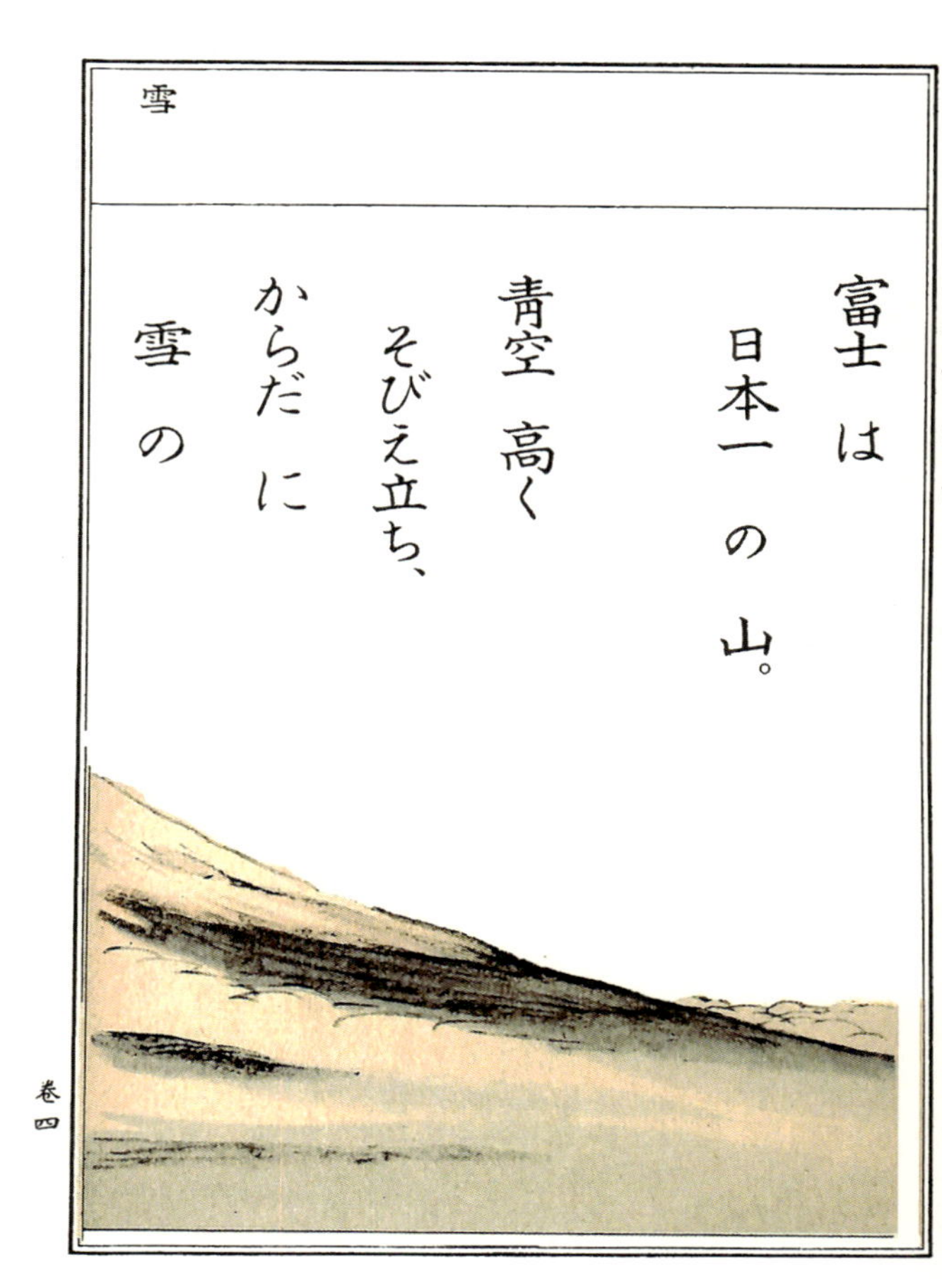

巻四　二

着物

着物
着て、
かすみ の
すそ を
遠く ひく、
富士 は
日本一 の 山。

巻四　三

二 かけっこ

生旗 並

二 かけっこ

一年生 の 旗取 が すんで、いよ〱 ぼ
くたち 二年生 の かけっこ に なりまし
た。ぼく は、むね が どき〱 して 來
ました。
ぼくたち 七人 は、出發線(しゅっぱつせん) に 並びました。
「ようい。」

巻四　四

先 負

と 先生 の こゑ。
「どん。」
きく が 早い か、かけ出しました。
そのうち に、二人 が、ぼく の 前 へ
ぬいて 出ました。
「負ける もの か。」
ぼく は、一生けんめい に 走りました。
「しっかり。」

巻四　五

「早く、早く。」
おうえん の こゑ も、ごちゃごちゃ に なって きこえます。
もう 何 も 見えません。ぼく は、むちゅう で 走りました。すると、何 か に つまづいて、ひどく ころびました。
「しまった。」
と 思ひながら、すぐ はねおきました。が、

もう みんな から、すっかり おくれて しまひました。
「よさう か。」
と 思ひました。しかし、おとうさん が、
「負けて も よい から、しまひ まで 走る もの だ。」
と おっしゃった の を 思ひ出して、また 一生けんめい に 走りました。

「わあ。」

と、手 を たゝいて、笑って 居る 者 も ある よう でした。

きまり が わるい と 思ひながら、ぼく は 決勝線(けっしょうせん) まで 走りました。

すると、先生 が

にこく して、
「太郎君、えらい ぞ。ころんで も、よく しまひ まで 走った。かんしん、かんしん。」
と 言って、ほめて くださいました。

三 海軍 の にいさん

ぼく が べんきょう して 居る と、くつ の 音 が して、だれ か うち へ はいっ

御

て 來ました。出て 見る と、海軍 の に
いさん でした。
にいさん は、にこ〱 しながら ざしき
へ 上って、おとうさん に 御あいさつ を
しました。うら の 畠(はたけ) に 居た おかあさ
ん も、かけて 來て、あたま から 手ぬぐ
ひ を 取りながら、
「あゝ、よく かへって 來た ね。」

茶　強黒

と、うれしさう に おっしゃいました。
にいさん は、前 より も ずっと 色 が
黒く なって、強さう に 見えました。
おかあさん が、お茶 を 入れて、
「ほんとう に しばらく だった ね。まあ、
一つ おあがり。」
と おっしゃいました。にいさん は おいしさ
う に のみました。ぼく は うれしくて、

勇

その まはり を とび歩きました。
にいさん は、
「勇、大きく なった ね。いゝ 子 に なった。」
と 言ひました。
「ぼく も、大きく なったら 海軍 だ よ、
にいさん。」
と 言ふ と、
「さう だ、海軍 が いゝ。大ぢょうぶ な

れる よ。」
と、にいさん は、ぼく の あたま を な
でて くれました。
ぼく は、うれしくて たまりません。にいさ
ん の ぼうし
を かぶる と、
おとうさん が、
「かはいらしい

讀　字

海軍 だ な。ぼうし の おばけ の よう だ。」
と 言って、お笑ひ に なりました。ぼうし には、金 で 字 が 書いて ありました。
「大日本、軍、それから 何 と 讀む の。」
と きゝます と、にいさん は、
「だいにっぽん ぐんかん あかぎ。」
と をしへて くれました。

廣

おふろ に はいって から、みんな 一しょ に 御はん を いたゞきました。
にいさん は、御はん を たべながら も、しじゅう にこ〳〵 して 居ました。さうして、軍かん や ひこうき の おもしろい 話 を、いろ〳〵 と して くれました。にいさん の のって 居る 赤城(あかぎ) は、たくさん の ひこうき が のせて あって、それ が、廣い

かんぱん の 上 から、じゆう に とんで 行く の だ さう です。
「軍かん と いって も、赤城 など は、動く ひこう場(ぢやう) の ような もの です ね。」
と 言って、にいさん は 笑ひました。

岩

おとうさん は、「ほう、ほう。」と 言ひながら、かんしん して きいて いらっしゃいました。ねる 時 には、ぼく は にいさん と 並んで ねました。

四　天(あめ)の岩屋

天照大御神(あまてらすおほみかみ) が、天の岩屋 へ おはいり に なって、岩戸 を おしめ に なりました。

明暗　神

明かるかった 世界 が、急 に まっ暗 に なりました。すると、今 まで かくれて 居た、いろ〳〵 の わる者 が 出て 來て、らんぼう を したり、いたづら を したり しました。

大ぜい の 神様 が、お集り に なって、

「どう したら、よからう か。」

と、御そうだん なさいました。

或作

思ひかね の 神 と いふ、大そう ちえ の ある 神様 の お考 で、神様方 の なさる こと が きまりました。

或神様 は、大きい、りっぱ な 鏡(かゞみ) を お作り に なりました。或神様 は、きれい な 玉 を たくさん 作って、くびかざり の よう に、ひも に お通し に なりました。また、或神様 は、山 へ 行って、大きな 榊(さかき) の 木 を

根こぎ に して、持って いらっしゃいました。この 榊 の 木 に、鏡 と 玉 を かざって、岩屋 の 前 に 立て、また、たくさん の にはとり を 集めて、岩屋 の 前 で お鳴かせ に なりました。

この 時、天(あめ)のうずめのみこと は、岩屋 の

進　葉　底

前 へ 進んで、まひ を なさいました。かづら を たすき に かけ、さゝ の 葉 を 手 に 持って、ふせた をけ を だい に して、その 底 を とんとん ふみ鳴らしな

身

がら、こっけいな 手ぶり や 身ぶり を し
て、おもしろく おまひ に なりました。
大ぜい の 神様 は、どっと お笑ひ に
なりました。
あまり おもしろさうな ので、天照大御神 は、
少し ばかり 岩戸 を あけて、おのぞき に
なりました。すると、神様方 は、榊 の 木
を、ずっと 前 へ お出し に なりました。

連 申

大御神 の お姿 が、鏡 に うつりました。
大御神 は、いよ〳〵 ふしぎ に お思ひ に
なって、少し 戸 の 外 へ 出よう と な
さいました。
岩戸 の そば で 待って いらっしゃった
天手力男(あめのたぢからを)のみこと は、この 時 と ばかり、
さっと 岩戸 を あけて、大御神 の お手 を
取って、外 へ お連出し 申しました。

面 鳥 弟

世界中 が、もと の よう に 明かるく な
りました。大ぜい の 神様 は、手 を うっ
て およろこび に なりました。

五 七面鳥

私 ノ ウチ ニハ、七面鳥 ガ 居マス。弟
ノ 三チャン ハ、コノ 七面鳥 ガ 大キラヒ
デ、時々 ソレ ヲ イヂメル ノ デス。デ、

庭 今朝

七面鳥 ノ 方 デモ、マタ、三チャン ヲ イ
ヤガッテ 居ル ヨウ ニ 見エマス。
三チャン ガ オ庭 ヘ 出ル ト、七面鳥 ハ、
スグ 「グル グルッ。」 ト イッテ、ニラミツケ
マス。マルデ、「今ニ クヒツイテ ヤル ゾ。」
ト 言ッテ 居ル ヨウ デス。
今朝 ノ コト デシタ。三チャン ガ、オ庭
デ、石 ヲ ヒロッテ 七面鳥 ヘ ナゲツケ

マシタ。
トウ〱　七面鳥　モ、ガマン　ガ　出來ナク
ナッタ　ノ　デセウ。「グル、グル、グルッ。」ト
ウナッタ　カ　ト　思フ　ト、急　ニ　羽　ヲ
ヒロゲ、カラダ　ヲ　フクラマセ、アタマ　ヲ
下　ヘ　向ケテ、三チャン　ノ　方　ヘ　近ヅ
イテ　來マシタ。サウシテ　ジット　ニラミツ
ケテ　居ル　ノ　デス。

匹　皆

三チャン　モ、コブシ　ヲ
ニギリナガラ、ニラミカ
ヘシテ　居マス。
ニハトリドモ　ハ、皆
フルヘナガラ、スミ　ノ
方　ヘ　走ッテ　ニゲマ
シタ。
ソノ　時、一匹　ノ　白イ　蝶(チョウ)　ガ　ヒラ〱　ト

足

トンデ　來マシタ。スルト、三チャン　ハ、思ハ
ズ、チラット　ソノ　方　ヲ　見マシタ。
「サア、今　ダ。」ト　思ッタ　ノ　カ、七面鳥　ハ、
ソノ　スキ　ニ、一足トビ　ニ　トビカヽリマ
シタ。サウシテ　スルドイ　口バシ　デ、タク、
タク　ト、三チャン　ノ　アタマ　ヲ　ツヽキマ
シタ。三チャン　ハ　急イデ　フリ向キマシタ
ガ、七面鳥　ハ　マス〱　ツヽイテ　來マス。

トウ〱　「ネエサン、ネエサン。」ト、泣キゴヱ
デ、私　ヲ　呼ビマシタ。
私　ガ　走ッテ　行ク　ト、七面鳥　ハ　ビック
リ　シテ、アワテテ　ニゲテ　行ッテ　シマヒ
マシタ。

六　ゆめ

ゆめ　が、

ほんと で あれば よい。
ぼく が 作った ひこうき が、
ぼく を ば のせて とんだ ゆめ。
月 の 世界 へ 行った ゆめ。

ゆめ が、
ほんと で あれば よい。
ぼく が なくした にいさん の、

逃 旅 商 様

まんねんひつ が あった ゆめ。
それ を、にいさん、くれた ゆめ。

七 逃げた らくだ

（一）

さばく の 中 で、或旅人 が、二人 の
商人 に 出あった。
旅人「あなた方 は、大そう 心配(しんぱい) らしい 御様

子 片

子 ですが、もしや、らく
だ を 逃した の では
ありません か。」
二人「さう です、さう です。」
旅人「その らくだ は、片目
では ありません か。右
の 目 が つぶれて 居ま
せう。」

存 全 荷 物

二人「よく 御存じ です ね。全く その 通
り です。」
旅人「さうして、左 の 足 が 一本 短(みじか)くて、
前歯(まへば) が、二三本、ぬけて 居ませう。」
二人「それ に ちがひ ありません。どこ で
御らん に なりました か。」
旅人「さうして、つけて 居た 荷物 は、麥
でせう。」

甲 乙

二人「たしか に さう です。どこ に 居る か、どうか、早く をしへて ください。」

旅人「いや、私 は その らくだ を 見た の では ありません。」

甲 の 商人、

「え、でも、そんな に くはしく 御存じ では ありません か。」

乙 の 商人、

「それとも、だれ か に おきゝ に なったの です か。」

旅人「いゝえ、見た の でも、きいた の でも ありません。」

二人 は、かほ を 見合はせて、

甲「をかしい ね。こいつ が どろばう だ ぞ。」

乙「さう だ、さう だ。さあ、役所 へ ひっぱって 行け。」

二人 は、むり に 旅人 を 役所 へ ひっぱって 行った。

（二）

役人 は、二人 を 呼出して、

役人「一たい、どう いふ こと か、くはしく 申せ。」

甲「この 男 が、私ども の らくだ を ぬすんだ ので ございます。私ども は、麥

眠

を つけた らくだ を ひいて、さばく の 中 を 通って 居ました が、とちゅう で 一休 して 居る うち に、つい 眠って しまひました。」

乙「目 が さめて 見る と、らくだ が 居ません ので、おどろいて 方々 さがして 歩きました。その とちゅう で、この 男 に 出あひます と、向かふ から、『らくだ

尋　品

を 逃した の では ない か。』と、尋ね
る ので ございます。」

甲「さうして、その らくだ は、片目 だらう
の、びっこ だらう の、歯 が ぬけて 居
る だらう の と、一々 見た やう に
申す ので ございます。」

乙「その 上、つけて 居た 荷物 の 品 ま
で 言ひあてました。」

二人「らくだ を ぬすんだ のは、どうして も、
この 男 に ちがひ ありません。」

役人「こりゃ、旅人。その方 にも、言ひ分 が
ある ならば、申せ。」

旅人「私 を ぬすむ人 など とは、とんでも
ない こと で ございます。私 が さば
く を 歩いて 居ます と、らくだ の
足あと が つゞいて 居る のに、人 の

足あと が 見えません。それで、らくだ
が 逃げた の では ない か と 思っ
た ので ございます。」

役人「その らくだ が 片目 だ と いふ
こと は、どうして わかった か。」

旅人「道 の 片がは の 草 ばかり が、くっ
て あった から で ございます。」

役人「それ では、びっこ と いふ こと は、ど

浅

うして 知って 居る か。」

旅人「片方 の 足あと が、
一つおき に 浅く な
って 居る ので わか
りました。」

役人「歯 の ぬけて 居る
と いふ こと は、ど
うして わかった か。」

旅人「草 を くひ取った あと を 見ます と、かみきれないで 残って 居る 葉 が ある ので、さう 考へました。」

役人「なるほど、きいて みれば、一々 もっとも で ある。」

二人「もし〱、お役人様、それなら、荷物 の 品 を、どうして 知って 居る ので ございませう か。」

旅人「それ は 何 でも ありません。道 に、麥 が こぼれて 居た から です。」

役人「よし〱、よく わかった。たしか に、お前 が ぬすんだ の では ない。もう、かへって よろしい。二人 が うたがった の も、むり では ない が、今 きいた 通り で ある。早く 行って、らくだ を さがす が よい。」

八 よし子さん

今日、學校 から の かへり道 で、よし子さん に あひました。どう した の か、しく〱 泣いて 居ました。

よし子さん は、私たち の 組 で、一ばん 小さい 生徒 です。

かはいさう に、よし子さん の おかあさん は、長い 間 病氣 で ねて いらっしゃる の です。さうして、よし子さん の おうち は、まづしい の です。

「よし子さん、なぜ 泣いて 居る の。」

と 私 が、尋ねます と、よし子さん は

泣きながら、おかあさん の くすり を 買〃
ふ お金 を、五ミル、落した の だ と
答へました。
二人 で 一生けんめい さがしました が、
どうして も 見つかりません。そこ へ ひょっ〃
こり、私 の おとうさん が おいで に
なりました。私 は どんな に うれし〃
かった でせう。

わけ を 話します と、おとうさん は す〃
ぐ 私たち を 近所 の くすり屋さん へ
連れて 行って、おくすり を 買って お上〃
げ に なりました。
さうして、
「さあ、早く かへって、おかあさん を 大〃
じ に して お上げ なさい。」
と、おとうさん が おっしゃいます と、よ〃

御　勇

し子さん は、目 に なみだ を ためて、
いく度 も、いく度 も 「ありがたう。」と 言〃
って、かへって 行きました。

九 をろち たいぢ

天照大御神(あまてらすおほみかみ) の 御弟 に、すさのをのみこと
と 申して、大そう 勇氣 の ある 神樣
が いらっしゃいました。

岸　上　奥

或時、出雲(いづも) の ひの川 の 岸 を お通り
に なる と、川上 から 箸(はし) が ながれて
來ました。みこと は、この 川上 に 人 が
住んで 居る な と お思ひ に なって、
川 に ついて、だん〲 山奥 へ おはいり
に なりました。すると、おぢいさん と
おばあさん が、一人 の むすめ を 中 に
おいて、泣いて 居ました。

「なぜ 泣く の か。」
と、みこと が お尋ね
に なる と、おぢいさん
が、
「私ども には、もと、む
すめ が 八人 ござい
ました が、八岐（やまた）のをろ
ち と いふ 大蛇（だいじゃ） に、毎年 一人 づつ

今年　谷

くはれて、もう この 子 一人 に なり
ました。
今年 も、ちょうど その 大蛇 が 出て
來る 時分 に なりました ので、泣いて
居る ので ございます。」
と 申しました。
「一たい、どんな 大蛇 か。」
「長さ は、八つ の 山、八つ の 谷 に

頭　酒

わたる ほど で、頭 が 八つ、尾 が
八つ、目 は まっか で、背中（せなか） には こ
け が 生えて 居ます。」
みこと は、この 話 を おきゝ に なっ
て、
「よし、その 大蛇 を たいぢ して やらう。
強い 酒 を たくさん 造（つく）れ。さうして、
八つ の をけ に 入れて、大蛇 の 來る

意

所 に 並べて おけ。」
と お言ひつけ に なりました。
その 通り に 用意 して 待って 居る と、
間もなく 大蛇 が 出て 來ました。酒 を
見つけて、八つ の 頭 を 八つ の をけ
に 入れて、がぶ／＼ と のみました。
そのうち に、よひ が まはって、とう／＼
眠って しまひました。

切

みこと は、劒(つるぎ)
を ぬいて、大〃
蛇 を ずたず〃
た に お切り
に なりました。赤〃
い 血 が、たき の
よう に ながれました。
ひの川 の 水 が、まっか

刃

に なりました。
尾 を お切り に なった 時、かちっと 音
が して、劒 の 刃 が かけました。ふし〃
ぎ に お思ひ に なって、尾 を さいて
御らん に なる と、大そう りっぱな 劒
が 出て 來ました。「これ は、たふとい 劒
だ。」と、みこと は お思ひ に なって、天〃
照大御神 へ たてまつられました。

十　石だん

石 の だん〱 見上げたら、
高い 雲 まで つゞく ほど。
五だん のぼれば、家 が 見え、
十だん のぼれば、屋根 が 見え、

石 の だん〱 ゆっくり と、
一つ 一つ を 急がず に。
町 が すっかり 見えて 來る、
道 が 一すぢ 遠く まで。
石 の だん〱 二十だん、
三十だん から、まだ 上 に。

とう〳〵 上 まで のぼったら、
海 が 見える よ、目 の 前 に。
どこ まで 廣い 海 だらう、
空 に つゞいた 青海 は。

十一 トウモロコシ

正雄サン ハ、オカアサン カラ、ウチ ノ ウ〃
ラ ニ、セマイ 畠(ハタケ) ヲ イタヾキマシタ。
「何 デモ、アナタ ノ 好キナ 物 ヲ ウ〃
ヱ ナサイ。」
オカアサン ガ カウ オッシャイマシタ ノデ、
正雄サン ハ、「サア、何 ヲ ウヱヨウ カ。」
ト 考ヘタ 末、トウモロコシ ヲ ウヱル
コト ニ シマシタ。サウシテ、學校 カラ

カヘッテ、ベンキョウ ガ スム ト、草取 ヲ
シテ、タネ ヲ マキマシタ。
ヤガテ、トウモロコシ ガ カハイ、芽 ヲ
出シマシタ。ソレ ヲ 見テ、正雄サン ハ
ウレシクテ、ウレシクテ タマリマセン。次〃
ノ 日 カラ ハ 毎日、朝 起キル ト、先〃
ヅ トウモロコシ ヲ 見 ニ、ウラ ヘ 出〃
マシタ。

……………………

日 ニ 日 ニ ノビル トウモロコシ ハ、
イツ ノ 間 ニカ、
オトナ ノ セイ
ヨリ モ 高〃
ク ナリマシタ。
サウシテ、タク〃
サン ミ ガ ナリ〃

羽 皮

マシタ。
正雄サン ハ 大ヨロコビ デス。サッソク 友ダチ ノ カズヲサン ト 一ショ ニ、トウモロコシ ヲ モギ、皮 ヲ ハギマシタ。スルト、ニハトリ ガ イク羽 モ イク羽 モ、コ、コ、コ、コ、ト イッテ 走ッテ 來テ、ソノ ミ ヲ ツヽキ始メマシタ。

「ニハトリ ハ、自分 ダケ タベテ、ズルイ ネ。ブタ ニモ ヤラウ。」
ト 言ヒナガラ、正雄サン ハ カタイ ミ ヲ エランデ、ブタ ニモ ヤリマシタ。
ソコ ヘ、正雄サン ノ オカアサン ガ イラッシャッテ、
「マア、リッパナ トウモロコシ ニ ナリマシタ コト。御ホウビ ニ、ソノ トウモロ

菓子

コシ デ、オイシイ オ菓子 ヲ 作ッテ 上ゲマセウ ネ。」
ト オッシャイマシタ。

十二 かぐやひめ

竹取のおきな と いふ おぢいさん が ありました。毎日 竹 を 切って 來て、ざる や かご を こしらへて 居ました。

或日 の こと、もと の 方 が 大そう 光って 居る 竹 を、一本 見つけました。それ を 切って、わって 見ますと、中 に 小さな 女の子 が 居ました。おぢいさん は

よろこんで、手のひら へ のせて かへりました。さうして、おばあさん と 二人 で そだてました。小さい ので、かご の 中 へ 入れて おきました。

この 子 を 見つけて から、おぢいさん の 切る 竹 から は、いつも お金 が 出て 來ました。それで、おぢいさん は、だんだん お金持 に なりました。

間

この 子 は、ずん〱 大きく なって、三月 ほど たつ と、十五六 ぐらゐ の 美しい むすめ に なりました。おぢいさん は、この 子 に かぐやひめ と いふ 名 を つけました。

そのうち に、世間 の 人々 は、かぐやひめ の こと を きいて、「自分 が むこ に ならう。」「私 の よめ に ください。」と

訁

申しこみました が、かぐやひめ は どうして も しょうち しません。おぢいさん も、「自分 の ほんとう の 子 で ない から、私 の 思ふ よう には なりません。」と 言って 居ました。後 には、との樣 から、奥方 に したい と の お言葉 も ありました が、かぐやひめ は、それ も おことわり いたしました。

春　晩　月

かうして 何年 か たちました。或年 の 春 の ころ から、かぐやひめ は、月 の 明かるい 晩 には、月 を ながめて、何 か 考へて 居る よう でした。八月 の 十五夜 近く なる と、こゑ を 立てて 泣いて ばかり 居ました。おぢいさん や おばあさん が、なぜ 泣く の か とききます と、かぐやひめ は、

話 別

「私 は、もと 月 の 都 の 者 でございます。長い 間 お世話 に なりましたが、この 十五夜 には、月 の 世界 から むかへ に まゐります ので、かへらなければ なりません。皆さん に お別れ する の が つらくて、泣いて 居る ので ございます。」

と 言ひました。おぢいさん は おどろいて、

兵

「それ は 大へん だ。むかへ に 來ても、わたす もの か。」

と 言ひました。

おぢいさん は、何 とか して、かぐやひめ を ひき止めたい と 思ひました。さうして、この こと を との様 に 申し上げます と、との様 は、

「それ では、その 晩 には、兵たい を

追

たくさん やって、月 の 都 の 使 が 來たら、追ひかへして しまはう。」

と おっしゃいました。

いよ〱 十五夜 の 晩 に なりました。おぢいさん の 家 の まはり は、兵たい が いくへ にも 取りかこみました。

夜なか ごろ に なる と、急 に、お月様 が 十 も 出たか と 思ふ ように、

矢 弓

あたり が 明かるく なりました。

「さあ、來た ぞ。」

と、兵たいたち は、弓 に 矢 を つがへよう と しました が、目 が くらんで、どう する こと も 出來ません。

その 時、たくさん の 天人 が、雲 に のって 下りて 來ました。かぐやひめ も、今 は しかた が なく、泣いて 居る おぢ

いさん と おばあさん
に 向かって、
「今 お別れ 申すこと は、まこと に
かなしう ございます
が、いたしかた が
ありません。月夜 の
晩 には、どうか、私

上

の こと を 思ひ出して
ください。私 も、お二方
の 御おん は、けっして
忘れません。」
と 言って、天人 の 用意
して 來た 車 に のって、
空 へ 上って 行って しまひました。

十三 かなりや

私 の うち に、かなりや が 一羽 かって
ありました。大そう よく なれて、私 の
手 から ゑ を たべる ほど に なって
居ました。
それ が かはいさう に、或晩、ねずみ に
あし の 指 を くひ切られました。

どんな に か 鳴いた
の でせう が、うち
の 者 は、朝 まで
知らず に 居ました。
きず を 見て やらう
と 思って、私 が かご の 戸 を あけます と、かなりや は

とび出して、竹がきの上に止って、それから、うらの山へとんで行ってしまひました。

これは、私の七つの年のことでした。今でも、かなりやのころをきくと、まだあれが生きて居るだらうか、あしのきずはどうしたらうかと思はないことはありません。

鬼　配

十四　大江山(おほえやま)

大江山にしゅてんどうじといふ鬼が居て、時々都に出て來ては、物をぬすんだり、女や子どもをさらったりしました。

都は大さわぎです。

天子様は、大そう御心配になって、頼(らい)

將　生|木|　晝

光(こう)といふえらい大將に、しゅてんどうじをたいぢするようにお言ひつけになりました。そこで、頼光は、五人の強いけらいを連れ、山伏(やまぶし)の姿をして出かけました。

大江山に來て見ると、鬼の住む所だけあって、大木がこんもりと生ひしげり、晝でもうす暗くて、ほんとう

渡

にものすごい山でした。しかし、みんな強い人たちですから、びくともせず、けはしい山道を上ったり、深い谷を渡ったりして、だん〳〵奥へ進んで行きました。

しばらく行くと、大きな岩があって、そのそばに、一人のおぢいさんが立って居ました。さうして、

弱

「あなた は、頼光様 では ありません か。私 は、今日 あなた が こゝ に おいで に なる と きいて、お待ち して 居た の です。この 酒 は、鬼 が のめば 弱く なり、人間 が のめば 強く なる、ふしぎな 酒 です。これ を 持って 行って、鬼 を たいぢ して ください。」

と 言って、一つ の つぼ を 渡しました。

喜

頼光 は 喜んで、その つぼ を 受取りました。

もっと 進んで 行きます と、今度 は、谷川 で、一人 の 若い 女 が、しく〱 と 泣きながら、せんたく を して

殺

居ました。頼光 が ふしぎ に 思って、

「なぜ 泣いて 居ます か。」

と 尋ねます と、女 は、

「私 は 都 の 者 です が、鬼 に さらはれて、こゝ に 來ました。いつ 殺される か わかりません。それ が かなしくて、泣いて 居る の です。」

と 言ひました。頼光 は、

「私 は、天子様 の おほせ を 受けて、その 鬼 を たいぢ に 來ました。鬼 の 居る 所 は どこ です か。あんない して ください。」

と 言ひます と、女 は、大そう 喜んで、

「まあ、何 と いふ ありがたい こと でせう。どうぞ、鬼 を うち取って、私たち を お助け ください。」

先　番　迷　困

と 言って、先 に 立って 道あんない を しました。

やがて、向かふ に、大きな 鐵 の 門 が 見えました。その そば に、鬼 の 番兵 が、鐵 の ぼう を 持って、立って 居ました。賴光 は、そこ へ 行って、

「私たち は 山伏 です が、道 に 迷って 困って 居ます。どうぞ、一晩 おとめ

酒

ください。」

と 言ひました。

鬼 の 番兵 は、一度 奥へ はいりましたが、また 出て 來て、賴光たち を、しゅてんどうじ の 居る りっぱな 御殿(ごてん) へ 連れて 行きました。

しゅてんどうじ は、けらい の 鬼ども を 大ぜい 集めて、酒もり を して 居ました。

野

賴光たち が はいって 來る の を 見る と、大きな 目 を むいて、ぎょろり と にらみました が、

「山伏たち、とめて 上げよう。ゆっくり 休む が よい。」

と 言ひました。賴光 は、

「ありがたう ございます。私ども は、毎日、野 や 山 に ばかり ねて 居ました

が、今夜 は、おかげで ゆっくり 休まれます。ちょうど お酒もり の さいちゅう の よう ですが、私 も よい 酒 を 持って 居ます。一つ めし

上って ください。」
と 言って、おぢいさん から もらった 酒
を 取出しました。
しゅてんどうじ は、一口 のんで みる と、
これ まで のんだ こと も ない ような、
おいしい 酒 です から、
「これ は うまい。これ は よい 酒だ。」
と 言って、がぶ〱 のみました。外 の 鬼

元

ども も、次々 と たくさん のみました。
そのうち に、ふしぎな 酒 の きゝめ が
あらはれて、しゅてんどうじ は、だん〱
元氣 が なく なり、しまひ には ぐったり
と ねて しまひました。外 の 鬼ども も、
あすこ へ 二匹、こゝ へ 三匹 と、ごろ
ごろ たふれて しまひました。
この 様子 を 見た 頼光たち は、持って

抜 頭

來た よろひ や かぶと を 取出して、身
じたく を しました。
頼光 は、しゅてんどうじ を 呼起し、刀
を 抜いて、「えい。」と 一聲(せい)、その 首 を
切落しました。ところ が、首 は とび上って、
口 から 火 を はきながら、頼光 の 頭
に かみつかう と しました。けれども、頼
光 の いきほひ に おそれて、その まゝ

落ちて しまひました。
この さわぎ に、外 の
鬼ども が 目 を さ
まして、向かって 來ま
した が、頼光たち 六
人 に、みんな 殺され
て しまひました。
そこで、頼光 は、しゅてんどうじ の 大きな

島 陸

首 を、けらい に かつがせ、さらはれて 來た 女 や 子どもたち を 連れて、めでたく 都 へ かへりました。

十五 白兎(しろうさぎ)

島 に 居た 白兎 が、向かふ の 陸 へ 行って みたい と 思ひました。

或日、濱べ へ 出て 見る と、わにざめ

仲 多

が 居ました ので、

「君 の 仲間 と ぼく の 仲間 と、どっち が 多い か、くらべて みよう。」

と 言ひました。わにざめ は、

「それ は おもしろからう。」

と 言って、すぐ に、仲間 を 大ぜい 連れて 來ました。

白兎 は、それ を 見て、

背

「なるほど、君 の 仲間 は ずいぶん 多い な。これ では、ぼくら の 方 が 負ける かも 知れない。君ら の 背中 の 上 を 歩いて、かぞへて みる から、向

かふ の 陸 まで 並んで みたまへ。」

と 言ひました。

わにざめ は、白兎 の 言ふ 通り に 並びました。白兎 は、「一つ、二つ、三つ、四つ。」と かぞへて、渡って 行きました が、もう 一足 で 陸 へ 上ら

うと いふ所で、
「君ら は、うまく だまされた な。ぼく
は、こゝ へ 渡って 來たかった の だ。
あはゝゝ。」
と 言って 笑ひました。
わにざめ は、それ を きく と、大そう
おこりました。一番 しまひ に 居た わ
にざめ が、白兎 を つかまへて、からだ

痛

の 毛 を みんな むしり取って しまひま
した。
白兎 は、痛くて たまりません から、濱べ
に 立って 泣いて 居ました。その 時、大
ぜい の 神樣 が お通り に なって、
「お前、なぜ 泣いて 居る の か。」
と お尋ね に なりました。白兎 が、今
まで の こと を 申します と、神樣 は、

「それなら、海 の 水 を あびて、ねて
居る が よい。」
と おっしゃいました。
白兎 は、すぐ 海 の 水 を あびました。
すると、痛み が 一そう ひどく なって、
どう にも たまらなく なりました。
そこ へ、大國主(おほくにぬし)のみこと と いふ 神樣
が おいでに なりました。この 方 は、

重兄

先ほど お通り に なった 神樣方 の 弟
さん です。兄樣方 の 重い ふくろ を
かついで いらっしゃった ので、おそく お
なり に なった の です。
この 大國主のみこと も、
「お前、なぜ 泣いて 居る の か。」
と お尋ね に なりました。白兎 は 泣き
ながら、また 今 まで の こと を 申し

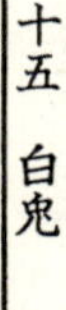
十五　白兎

ました。大國主のみこと
は、
「かはいさう に。早く
川 の 水 で から
だ を 洗って、がま
の ほ を しいて、その 上 に ころが
る が よい。」
と おっしゃいました。

百二　巻四

後

白兎 が その 通り に します と、から
だ は、すぐ もと の よう に なりまし
た。喜んで、大國主のみこと に、
「おかげ様 で、すっかり なほりました。
あなた は、おなさけ深い お方 です か
ら、後 には、きっと えらい お方 に
おなり でせう。」
と 申しました。

巻四

十六　一足々々

白兎 の 言った 通り、大國主のみこと は、
その 後、えらい お方 に おなり に な
りました。

十六　一足々々

一足々々、遠い 所 へ 進み行き、
一くは 一くは、廣い 畠(はたけ) を 打ちかへす。

百四　巻四

絲(糸)　寄

一針々々、金絲 銀絲 で ぬひ を ぬひ、
一こて 一こて、大きな 家 の かべ を
ぬる。

ちり が つもつて 山 と なり、
しづく が 寄って 海 と なる。

十七　百合若(ゆりわか)

巻四

昔　外國　攻　召

昔、百合若 と いふ、弓 の じょうずな
大將 が ありました。
或年、外國 の 軍ぜい が、たくさん の
舟 に のって、攻寄せて 來ました。
天子樣 は、百合若 を お召し に なって、
「早く 行って、敵(てき) を 追ひはらへ。」
と おっしゃいました。
百合若 は、大きな 鐵 の 弓 と 鐵 の

射

矢 を 持ち、大ぜい の けらい を 連れ
て 出かけました。さうして、さかん に 鐵
の 矢 を 射かけました ので、敵 の 舟
は、次々 に しづめられ、殘った 舟 は、
ちり〲 に なって 逃出しました。そこで、
百合若 の 軍ぜい は、舟 を 出して 追
ひかけ 追ひかけ、とう〱、敵 の 舟 を
すっかり 追ひはらって しまひました。

勝

かうして、勝ち に 勝った 百合若 の 軍
ぜい は、もと の 濱べ へ ひきかへす
こと に なりました。ところ が、かへる
とちゅう に、きれいな 島 が ありました
ので、百合若 は、けらい の 雲太郎 雨太
郎 と いふ きょうだい の 者 を 連れ
て、その 島 へ 上って みました。そこ
には、美しい 草 が 一面 に 生え、かは

歌

いらしい 鳥 が
おもしろく 歌って
居ました。
「あゝ、よい 所
だ。しばらく こ
こ で 休む こ
と に しよう。」
と 言って、百合若

は、ごろりと 草 の 上 に ねころびました。

長い 間 の つかれ が 出た と 見えて、百合若 は、いつ の 間 にか、ぐっすり ねこんで しまひました。さうして、三日 三晩 たって も、まだ 目 が さめません でした。

この 様子 を 見て、雲太郎きょうだい は、

心

ふと、わるい 心 を 起し、百合若 を 島 に おき去り に して、自分たち が 大将 に ならう と 考へました。二人 は 舟 へ かへって、

「大将 は、矢 の きず が もとで、とうとう、この 島 で おなくなり に なった。」

と 言ひふらしました。

雲太郎きょうだい は、百合若 の 軍ぜい を ひきゐて かへりました。さうして、天子様 に、

「百合若 は うち死 を いたしましたから、私たち きょうだい の 力 で、敵 を すっかり 追ひはらって まゐりました。」

と 申し上げました。

きょうだい は 思ひ通り 大将 と なり、

城　流

これ まで 百合若 の 居た、りっぱな 城 に 住んで、いばって 居ました。

その 後、何年 か たって から の こと です。なんせん して、鬼が島 へ 流れついたりょうし が、鬼 を 一匹 連れて かへって 來た と いふ うはさ が つたはりました。これ を きいた 雲太郎きょうだい は、

珍

「それ は 珍しい もの だ。すぐ 連れて
來い。」
と、けらい に 言ひつけました。
連れられて 來た の を 見る と、かみ
も、ひげ も ぼう〳〵 と のび、かほ も、
手足 も あか に うづまって、まるで、こ
け が 生えた ような 男 でした。
「なるほど、鬼 の よう でも あり、人

開會

の よう でも ある。都 へ 連れて 行っ
たら、人 が 珍しがって 見る だらう。」
と 言って、雲太郎きょうだい は、その 男
に「こけ丸」と いふ 名 を つけ、しばら
く 家 に おく こと に しました。
そのうち に 年 が かはって、お正月 に
なりました。雲太郎 雨太郎 は、けらい を
集めて 弓 の 會 を 開きました。

引

雲太郎 が 弓 を 射よう と する 時、
「あはゝゝ、何 だ、あんな 弓 しか 引け
ない の か。」
と、大きな こゑ で 笑ふ 者 が ありま
した。見る と、それ は こけ丸 でした。
雲太郎 は、おこって 言ひました。
「何 だ、こけ丸。もう 一度 言って み
ろ。」

平　生

こけ丸 は、平氣な かほ で、
「そんな 弓 は、赤んぼう でも 引けませ
う。はゝゝ。」
と、また 笑ひました。
「何を 生意氣な。それなら、これ を 引
いて みろ。」
と 言って、雲太郎 は、一番 強い 弓 を
渡しました。

折　命

こけ丸 は、すぐ それ を 折って しまひ
ました。雲太郎 は くやしがって、昔 百合
若 が 使った 鐵 の 弓矢 を 持出させ
ました。さうして、
「これ を 引いて みろ。百合若様 の
弓矢 だ。引けなかったら、命 が ない ぞ。」
と 言ひました。
こけ丸 は、にっこり 笑って その 弓 を

滿月

取上げ、鐵 の 矢
を つがへて、
滿月 の
よう に
引きしぼり
ました。急 に、
矢先 を きょうだい
の 方 へ 向けて、

「見忘れた か。われ こそ その 百合若
だ。かくご しろ。」
と 言ひました。二人 は、おどろいて 逃出
しました が、すぐ に 射殺されて しまひ
ました。

十八　虎(トラ)ト蟻(アリ)

大キナ 虎 ガ 山奥 デ、

「ドウモ ワカラナイ ノ ハ、アノ 弱イ
人間 ガ、ワレ〳〵 ノ 仲間 ヲ 生ケド
リ ニ スル コト ダ。」
ト ヒトリゴト ヲ 言ヒマシタ。ソノ 時、
「アハヽ。」
ト 笑フ 者 ガ アリマシタ。虎 ガ 見マ
ハシマシタ ガ、ダレ モ 居マセン。
「ダレ ダイ、今 笑ッタ ノ ハ。」

粒

「私 デス。蟻 デス」。
ナルホド、ゴマ粒 ホド
ノ 蟻 ガ 一匹、虎
ヲ 見上ゲテ 居マス。
「何 デ 笑ッタ」。
「ダッテ、ワカリキッタ
コト デセウ。人間
ガ アナタ方 ヲ 生ケドリ ニ スル ニ

ハ、イク人 カデ、カヲ 合ハセル デ
ハ アリマセン カ。私ドモ ダッテ、大ゼ
イ シテ カヽレバ、アナタ方 ニ 負ケマ
セン」。
虎 ハ オコッテ、蟻 ヲ フミツブサウ ト
シマシタ。蟻 ハ 虎 ノ 指 ノ マタ カラ
クヾッテ、仲間 ノ 者 ニ アヒヅ ヲ シ
マシタ。

萬(万) 耳 食

サア 大ヘン、何千匹 カ 何萬匹 カ、カズ
カギリ モ ナイ 蟻 ガ、マッ黒 ニ ナッテ、
出テ 來マシタ。サウシテ、虎 ノ 目 鼻(ハナ)
耳 口、所 キラハズ 食ヒツキマシタ、頭
ノ テッペン カラ 尾 ノ 先 マデ、カラ
ダ中 スキ間 モ ナク。
虎 ハ ウン〱 ウナッテ、カケマハル ヨ
リ 外、ドウ スル コト モ、出來マセン。

衣 原 波

トウ〱 弱ッテ、蟻 ニ、
「アヤマッタ」。
ト 言ヒマシタ。

十九 羽衣

白い 濱べ の
松原 に、
波 が 寄せたり、

返

返したり。
かもめ すい〱 とんで 行く、空 に かすんだ 富士(ふじ) の 山。
一人 の りょうし が、三保(みほ) の 松原 へ 出て 來ました。

枝

りょうし「あゝ、よい お天氣 だ。さうして、まあ、何 と いふ よい 景色(けしき) だらう」。

景色 に 見とれながら 歩いて 居ますと、どこ から か、よい にほひ が して 來ました。ふと 見る と、向かふ の 松 の 枝 に、何 か きれいな 物 が かゝって 居ます。

りょうし「おや、あれ は 何 だらう な」。

後

りょうし は そば へ 寄って、よく 見ました。
りょうし「着物 だ。こんな きれいな 着物 は、まだ 見た こと が ない。持って かへって、うち の たから物 に しよう」。
りょうし は、その 着物 を 取って、持って 行かう と しました。すると、その 松 の 木 の 後 から、一人 の 女 が 出て

拾

來ました。

女「もし、それ は 私 の 着物 で ございます。どうして お持ち に なる ので ございます か」。

りょうし「いや、これ は わたし が 拾った の です。持って かへって、うち の たから物 に しよう と 思ひます」。

女「それ は、天人 の 羽衣 で、あなた方

國

には 御用 の ない 物 で ございます。どうぞ、お返し くださいませ。

りょうし「天人 の 羽衣 なら、なほさら お返し は 出來ません。日本 の 國 の たから物 に します。」

天人「それ が ない と、私 は 天 へ かへる こと が 出來ません。どうぞ、お返し くださいませ。」

悲

りょうし「いや、いけません。返されません。」

りょうし は、どうして も 返しません。天人 は、悲しさうな かほ を して、じっと 空 を 見上げました。

天人 の しをれた 様子 を 見て、りょうし も 氣の毒 に 思ひました。

りょうし「あんまり お氣の毒 です から、羽衣 を お返し いたしませう。」

代

天人「それ は ありがたう ございます。では、こちら へ いたゞきませう。」

りょうし「お待ち ください。その 代り に、天人 の まひ を まって 見せて くださいません か。」

天人「おかげ で 天 へ かへられます。おれい に まひ を いたしませう。でも、その 羽衣 が ない と、まふ こと が

出來ません。」

りょうし「と 言って、羽衣 を お返し したら、あなた は、まはず に かへって おしまひ に なる でせう。」

天人「いゝえ、天人 は けっして うそ を 申しません。」

りょうし「あゝ、はづかしい こと を 申しました。」

りょうし は 羽衣 を 返しました。天人は、それ を 着て、しづか に まひ始めました。

天人「月 の 都 の
天人たち が、
黒い 衣 の
そろひ で まふ と、
月 は まっ黒、

圓

やみ の 夜。

月 の 都 の
天人たち が、
白い 衣 の
そろひ で まふ と、
月 は 十五夜、
まん圓い。」

天人 は、まひながら、だん〳〵 天 へ 上って 行きました。

右 に、左 に
ひら〳〵 と、
動く たもと の
美しさ。

白い 濱べ の
松原 に、
波 が 寄せたり、
返したり。

いつ の 間 に やら 天人 は、春 の かすみ に

包　夏

包まれて。
かもめ すいく
とんで 行く、
空 に ほんのり
富士 の 山。

二十 夏休

明日　晴　眞浮

明日 から うれしい 夏休、
まぶしく 晴れた 大空 に、
眞白い 雲 が 浮いて 居る。
明日 から うれしい 夏休、
山べ に 野べ に 白百合(しらゆり) が、
ゆめ 見る よう に 咲(さ)いて 居る。

馬場

明日 から うれしい 夏休、
まき場 の 馬 が 朝風 に、
いなゝきながら 呼んで 居る。
明日 から うれしい 夏休、
大波 小波 打寄せて、
わたし を 海 が 待って 居る。

[新出]

漢字表

雲雪着物旗並先負軍御黒強茶勇字讀廣岩明
暗神或作進葉底身連申面弟庭皆匹逃旅商片
存全荷甲乙眠尋品淺殘組徒岸奥谷頭酒意切
刃雄末芽起皮菓春晩兵追弓矢鬼配將晝渡弱
喜殺番迷困野元拔島陸仲多背痛兄重後糸寄
昔國攻召射勝歌城流珍會開引平折命滿粒萬
万耳食衣原波返枝拾悲代圓包夏晴眞浮場馬

【讀替】

生君海鳥今朝足様子物御勇上今年正先羽子
間言月話別上木生先酒頭絲外心生月後國明
日

【假名附】

富士出發線決勝城場天天照御鏡榊手男蝶短
齒出雲箸八岐蛇造劒畠江賴光伏殿聲兎百
合敵虎蟻鼻保景色白咲

をはり

昭和十二年三月七日印刷
昭和十二年三月十一日發行

著作兼發行者　ブラジル日本人教育普及會

東京市芝區芝浦一丁目二十三番地
單式印刷株式會社
印刷者　和田助一

東京市芝區芝浦一丁目二十三番地
印刷所　單式印刷株式會社

Made in Japan

日本語讀本

巻五

もくろく

一 ラッパ兵ジェズース……一
二 をぢ様の手紙……四
三 日本三景……八
四 日記……十一
五 ひなまつり……十五
六 柿(かき)……十八
七 くもの巣(す)……二十一
八 少彦名(すくなひこな)のみこと……二十五
九 船ノ上ト寢臺(シンダイ)ノ上……三十四
十 波……三十七
十一 ブラジルの發見……三十九
十二 コロンボの卵……四十三
十三 小さなねぢ……四十五
十四 天孫……五十六
十五 犬のてがら……六十四
十六 虹(にじ)……六十七
十七 胃(い)と體(からだ)……七十
十八 分業……七十五
十九 月と雲……七十九
二十 水力電氣……八十五
二十一 笑ひ話……八十六
二十二 二つの玉……八十八
二十三 葉書だより……百五

下 | 黑 | 砲 地 | 血 | 死

一 ラッパ兵ジェズース

昔、ブラジルがパラグヮイといくさをした時のことです。

オゾーリオといふ大將の下に、ジェズースといふ黑人のラッパ兵が居ました。

或日のこと、いくさがだん〳〵はげしくなつて、敵(てき)味(み)方(かた)たがひに打出す大砲の音は、天地をふるひ動かすばかり、血にまみれた死がいは、

全力　命令　來

見る間に山をきづきました。

敵は全力をつくして、するどく攻撃(こうげき)して來ます。ぐづぐづして居ては、味方の負です。

「進め、進め。」

オゾーリオ將軍は、いきほひ強く命令しました。將軍の命令を受けたジェズースは、さつそくラッパを口にあてて、

「進め——。」

吹きかけた時、たちまちとび來つた敵のたま

は、ジェズースのうでをつらぬきました。

ラッパは口をはなれました。けれども、それはたゞちよつとの間で、

「進め、進め。」

勇ましいひゞきは、血のしたゝるうででささへたラッパから、全軍につたはりました。

やがて、また、今一つのた

紙　父　着

まが、ジェズースのうでをつらぬきました。

けれども、ジェズースは、まだしつかりとラッパをにぎつて、はなしませんでした。

二　をぢ様の手紙

父「太郎、お前にも手紙が來て居るよ、をぢ様から。」
太郎「あゝ、さうですか。をぢ様は、いつ日本へお着きになつたのですか。」

横　午後

父「手紙によると、十二月十二日無事(ぶじ)横濱に着いたとある。お前の方への手紙にも、書いてあるかも知れない。まあ讀んで御らん。」
太郎「はい。では讀みます。」
コロンボから出したゑはがきは、見ましたらうね。私はこの十二日の午後、無事横濱に着きました。日本を出てから十年目でまた日本の土をふんだわけです。

祖　正|

横濱からすぐ郷里のゐなかへかへりました。さうして、先祖以來のお墓へおまゐりをしました。村の人たちは皆喜んで私を迎へてくれ、毎日ねるひまもないほどたづねて來てはブラジルの話をきかしてくれと言ひます。

學校へも行きました。生徒たちが皆規律正しく、すなほでよく勉強して居るのにはおどろきました。あなた方

反

も、日本の子どもに負けないよう勉強をしなければなりません。

ブラジルとはちようど反たいで、日本は今冬です。この間は、雪も少しふりました。お正月も、もうすぐです。早い家では、そろ〳〵お餅をつき始めて居ます。

どうか中村先生によろしく。

十二月二十六日　をぢより

殿　景　景色|　小|上

太郎殿

三　日本三景

日本の國には、景色のよい所がたくさんありますが、松島・天の橋立・宮島の三つを、昔から日本三景と申します。

松島は、大小二三百の島が、海上三四里の間にちらばつて居て、島といふ島には、枝ぶりのよい松がしげつて居ます。あたりの高い所か

乘　見|物

らもながめますが、多くは舟に乘つて、島の間を通つて見物します。晴れた日、月の夜、雪の朝、いつ見てもよい景色です。

天の橋立は、海中へつき出た細長い洲で、長さは一里、はゞは四十

砂 橋

五間、その洲の白い砂の上に、青い松が一面に立つて居て、長い橋をかけたように見えます。

宮島は、まはりが七里もある島で、島の山には鹿がたくさんすんで居ます。

東北 社殿 滿 前

島の東北に、嚴島神社があります。朱ぬりの社殿が、山のみどりを後にして、大そうきれいに見えます。ことに、しほの滿ちた時は、社殿や廻廊が海の中に浮いて、お話にある龍宮はこれかと思はれます。

社前の海に、日本一の大鳥居があります。

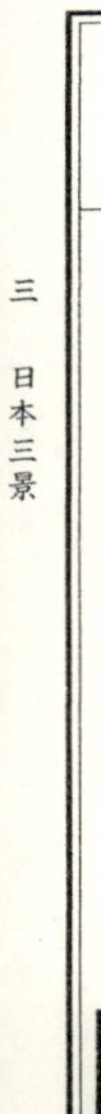

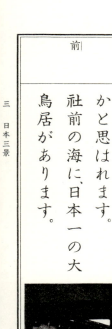

記 水曜 表 出 頃

四 日記

二月二十八日　水曜　雨、後晴

夕御はんがすんでから、表へ出ると、ちようどそこへ、日本人のをぢさんが二人お出でになつて、道をおきゝになりました。をしへて上げたら、大へん喜んで、「ありがたう、ありがたう。」と、何べんも言はれました。近頃日本から來たばかりで、まだ少しもこちらの言葉がわか

木 日

らないのださうです。

二月二十九日　木曜　晴

今年は閏年なので、二月の日數が、いつもの年よりも、一日多くなるのださうです。

學校で、先生に、「もし、今日生まれたら、お誕生日はどうなるのですか。」ときいたら、先生が、「さうですね。まあ、一日くり上げて、二十八日にでもするのでせう。」と言つて笑はれました。

三月一日　金曜　晴

暑　土

ずいぶん暑い日でした。

朝、學校へ行く時、おかあさんが、「あさつての日曜は、ちようど日本のおひな様の日にあたるから、何か御ちそうをして上げませう。お友だちをお呼びなさい。」とおつしやいました。

學校で、ひろ子さん・春子さん・みね子さんにそのことを話して、日曜の午前十一時に來ていたゞくことにしました。

三月二日　土曜　雨

明日はいよ〳〵おひな様の日ですが、ほんとうのおひな様はありませんから、お人形(にんぎやう)を出してかざることにしました。それから、雑誌(ざつし)にあつた附録(ふろく)のゑで、紙のひなだんをこしらへました。小さいけれどもりつぱなものが出來ました。明日の日曜が待遠しくてなりません。

五　ひなまつり

お行儀(ぎやうぎ)正しいだいり様、
赤いはかまの官女(かんぢよ)たち、
五人ばやしが次々と、

殿　豆

きれいに並ぶだんの上、
ぼんぼりつけて、すわつて見れば、
金のびようぶがきら〳〵と、
ゆめのお國の御殿のように。

赤いもうせん美しく、
ひしのお餅(もち)にお白酒、
お菓子・豆いり、いろ〳〵と、
きれいに並ぶだんの上、

花瓶にさした緋桃の花も、
なかば開いてにこ〱と、
おとぎばなしのおうちのように。

練習問題(一)

一　次の文字を書取つて、ふりがなをおつけなさい。

大将　命令を受ける　全力をつくす
月曜日　晴、後くもり　午前、正午、午後
日本三景　見物　社殿　大鳥居

二　次にあげた言方についてお考へなさい。

まだ少しもこちらの言葉がわからないのださうです。
まだ少しもこちらの言葉がわからないのです。

下　下　男

六　柿

私のうちには、柿の木が五本あります。澁柿が三本、甘柿が二本で、その中に私の木が一本あります。甘柿です。これは、私が生まれた年、おぢいさんが、私の分につぎ木をして下さつたのださうです。

おぢいさんが、この柿の木をついでいらつしやる時、下男の太七が、笑ひながら、

孫

「御いんきよ様、そのお年で、つぎ木をなさるのですか。」

と言つたさうです。

その時おぢいさんは、

「孫へのこしてやるのさ。」

とおつしやつたといふことです。

今年は柿のあたり年で、どの木にもよくみが

下

なりました。私の木も、枝が折れるほどなつて居ます。昨日一つ取つてみましたら、もう黒くごまをふいて居ました。

この二十五日は、おぢいさんの命日ですから、たくさん取つてそなへるつもりです。

七　くもの巣

まどから眺めて居ると、一匹のくもが、すうつと、私の目の前にぶら下つて來ました。私は

びつくりしました。

見ると、くもは、軒(のき)の所から、絲を引いて下りて來たのです。さうして、そのまゝじつとして、動かうともしません。これから、一たい何をしようとするのかと思ふと、私は急におもしろくなつて來ました。


くもは、やがて、後の方の足を動かして、おしりの所から、たくさんの細い絲を引出し始めました。絲は、一糎(センチメートル)、二糎(センチメートル)と、見る間にのびて、二米(メートル)くらゐにもなりました。何十本とも知れない、細い、白い絲が、夕風にゆられながら、ふはふはと空中にたゞよつて居るのは、ほんとうにきれいでした。

そのうちに、このたくさんの絲の中の一本が、向かふのマモンの木の枝にくつ着きました。

傳

くもには、それがすぐわかるものと見えて、しきりに、この絲を引つぱつたり動かしたりして居ましたが、やがて、それを傳はつて、向かふへ渡り始めました。さうして、風にゆられながら、やつとマモンの木にたどり着きました。くもは、ほつと一安心したようでした。

今度は、前の方の足をしきりに動かして、この絲を自分の方へたぐり始めました。すると、今までたるんで居た絲が、だん〲にまつす

張　仕事　感

ぐになりました。かうして、軒とマモンの木との間に、一すぢの絲がぴんと張渡されました。

くもは、この上を、いそがしさうに行つたり來たりして、巣を作る仕事をつゞけました。私は、くものちえのあるのに、すつかり感心してしまひました。

晩になつて、また行つて見ますと、そこには、もうりつぱなくものあみが出來て居ました。

岸　供

八　少彦名のみこと

大國主のみことが、出雲の海岸を歩いていらつしやいますと、波の上に、何か小さい物が浮かんで、こつちへ近寄つて來ました。

「何だらう、あれは。」

と、みことはお供の者におつしやいましたが、お供の者にもわかりませんでした。だん〳〵近寄つて來るのをよく見ると、豆の

蟲(虫)

さやのような物を舟にして、それに何か乘つて居ました。

「豆のさやに、蟲が乘つて居ます。」

と、お供の者が申しました。

しかし、蟲ではありませんでした。蟲の皮を着物にして着て居る、小さい神樣でした。みことは、

「小さい神樣だなあ。一たい、何といふお方だらう。」

聞　返事

とおつしやいますと、お供の者は、

「こんな小さい神樣を、私は、見たことも聞いたこともありません。」

と申しました。

「あなたはどなたですか。」

と、みことはその神樣にお尋ねになりましたが、返事をなさいません。

その時、ひよつこり出て來たのは、ひきがへるでした。みことは、

「おゝ、ひきがへる、よい所へ來た。お前は方々へ出歩いて、何でもよく知つて居るが、この小さいお方の名を知らないか。」

ひきがへるは、目をぱちくりさせながら、

「いや、存じません。きつと、あの物知りのかゝしが知つて居るでせう。」

と申しました。

かゝしは、田の中に立つて四方を見て居るので、何でもよく知つて居ました。大國主のみ

ことは、かゝしに向かつて、

「おうい、お前は、この小さいお方を知つて居るか。」

すると、かゝしは、

「それは、少彦名のみことといふ神様です。體(からだ)は小さいが、大そうちえのあるお方です。」

と答へました。

兄弟

大國主のみことは、大そうお喜びになつて、少彦名のみことをおうちへお連れになりました。

二人は、兄弟のように仲よくなさいました。心を合はせて、野や山を開いて田や畠(はたけ)にしたり、道をつけたり、川に橋をかけたりなさいました。人間や家畜(かちく)の病氣も、おなほしになりました。

或日、少彦名のみことは、おつしやいました。


「私は、いつまでも、こゝに居るわけには行きません。これでおいとまいたします。」

大國主のみことは、おどろいて、

「どうして。どこへお出でになるのですか。」

「遠い所へ行きます。」

「何しに行くのです。」

新　聲

「新しい國を開きに。」

かう言ひながら、少彦名のみことは、粟(あは)の莖(くき)につかまつて、する〱とお上りになりました。

すると、一度しなつた粟の莖が、はね返るひようしに、小さい神様のお體は、ぽんと空へとび上りました。

「さようなら。」

と一聲おつしやつたまゝ、少彦名のみことのお姿は、もう見えなくなつてしまひました。

荒　夫　客

九　船ノ上ト寝臺(シンダイ)ノ上

或人ガ、始メテ船ニ乗ツタ時、海ガ荒レタノデ、大ソウ弱ツテ居マシタ。ソコヘ、二人ノ水夫ガ、オモシロサウニ、歌ヲ歌ヒナガラ來マシタ。ソノ客ハ、水夫ニ向カツテ、

「コンナニ海ガ荒レルノニ、アナタ方ハ、ヨク平氣デ居ラレマスネ。」

ト言フト、一人ノ水夫ガ、

代

「平氣デストモ、船ハ私ドモノ家デスモノ。船デクラスホド、オモシロイコトハアリマセン。ヂイモ、父モ、皆、船ノ上デ死ンダノデス。」

ト言ヒマシタ。

「ソンナニ代々船ノ上デ死ンデモ、船ガコハ

クハナイノデスカ。」

ト、客ガフシギガルト、水夫ハ、

「アナタノオトウサンハ、ドコデオナクナリニナリマシタカ。」

ト尋ネマシタ。

「父モヂ、イモ、寝臺ノ上デ死ニマシタ。」

水夫ハ、

「ソレデハ、アナタモ、寝臺ノ上ガコハイデセウ。」

平　布

ト言ツテ、笑ヒマシタ。

十　波

青いうねり、波のうねり、
生きてるように寄つて來て、
平な濱に眞白な布をしく。
かもめがとんで、
海はのどか。

叫　散

をどる、をどる、
波がをどる。
生きてるように
寄せて來て、
切立つ岩に
散る波は
瀧のよう。
かもめが鳴いて、
海は叫ぶ。

發

練習問題(二)

一 次の文字をよく讀んでから書取りなさい。

細い絲　海岸を歩く　近寄る　神様

遠い所　海が荒れる　平氣　岩に散る波

二 次にあげた二つづつの言方を讀みくらべなさい。

言つた。
おつしやつた。

喜びました。
お喜びになりました。

どこへ行くのですか。
どこへお出でになるのですか。

十一 ブラジルの發見

紀　新　港　西　ヴ　航　路

紀元一千四百九十二年、コロンボがアメリカ大陸を發見すると、これにならつて、新大陸を發見しようと、たんけんに出かける者がたくさんあつた。

コロンボは、イスパニヤの港から出て、西へ西へと進んで行つたが、ポルトガル人ヴァスコ、ダガマは、ちようどそれとは反たいに、東へ東へと向かつて行つた。さうして印度への航路を發見した。

出帆　行

ポルトガル皇帝は、ヴァスコダガマの報告にもとづいて、こゝに植民地を作ることとし、總督として海軍大將ペドロ、アルヴァレス、カブラールを任命した。

カブラールは、紀元一千五百年三月九日、十三ぞうの船をひきゐて、リスボンを出帆した。

さうして、アフリカ大陸の沖合遠く航行中、四月二十一日思ひがけな

西　名　土　誰

くも、西方にあたつて新陸地のあることを發見した。そこで、こゝに上陸して、イーリヤ、ヴェラクルースと命名した。それはこの土地を島と考へたためであつたが、これが今のブラジルであつたのである。

その後、こゝには染料(せんりよう)となるブラジルの木が多いので、誰いふとなく、ブラジルと呼び、それがつひに國名となつたのである。

卵　祝賀席

十二　コロンボの卵

コロンボがアメリカを發見してかへつた時、イスパニヤ人の喜んだことは非常(ひじよう)なものでした。

一日、祝賀會の席上で、人々が代る〳〵立つて、コロンボの成功(せいこう)を祝しますと、一人の男が、

洋　諸

「大洋を西へ〳〵と航海して、陸地に出あつたのが、それほどのてがらだらうか。」

と言つて、冷笑(れいしよう)しました。

これを聞いたコロンボは、つと立つて、食卓(しよくたく)の上のうで卵を取り、

「諸君、こゝろみにこの卵を卓上に立てて御らんなさい。」

と言ひました。人々は、何のためにこんなことを言出したかと思ひながら、やつてみましたが、もとより立たうはずはございません。

苦　後

この時、コロンボは、こつんと卵のはしを食卓に打ちつけ、何の苦もなく立てて、申しました。

「諸君、これも人のした後では、何のぞうさもないことでございませう。」

十三　小さなねぢ

暗い箱の中にしまひ込(こ)まれて居た小さなね

不　廻　形　時計　置

ちが、不意にピンセットにはさまれて、明かる所へ出された。ねぢはおどろいて、あたりを見廻したが、いろ〳〵の物音、いろ〳〵の物の形がごた〳〵と耳にはいり目にはいるばかりで、何が何やらさつぱりわからなかつた。しかし、だん〳〵落着いて見ると、こゝは時計屋の店であることがわかつた。自分の置かれたのは、仕事臺の上にのつて居る小さなふたガラスの中で、そばには小さな心棒や、歯車

や、ぜんまいなどが並んで居る。錐や、ねぢ廻しや、ピンセットや小さな槌や、さま〴〵の道具も同じ臺の上に横たはつて居る。周圍のかべやガラス戸棚には、いろ〳〵な時計がたくさん並んで居る。かち〳〵と氣ぜはしいのは置時計で、かつたりかつたりと大様なのは柱時計である。

ねぢは、これらの道具や時計をあれこれと見くらべて、あれは何の役に立つのであらう、こ

及　情

れはどんな所に置かれるのであらうなどと考へて居るうちに、ふと自分の身の上に考へ及んだ。

「自分は、何といふ小さい情ない者であらう。あのいろ〳〵の道具、たくさんの時計形も大きさもそれ〴〵ちがつては居るが、どれを見ても自分よりは大きく、自分よりはえらさうである。一かどの役目をつとめて世間の役に立つのに、どれもこれも不足は

なささうである。たゞ自分だけがこのようにに小さくて、何の役にも立ちさうにない。あゝ、何といふ情ない身の上であらう。」

不意にばた〳〵と音がして、小さな子供が二人、奥からかけ出して來た。男の子と女の子である。二人はそこらを見廻して居たが、男の子は、やがて、仕事臺の上の物をあれこれといぢり始めた。女の子は、たゞじつと見守つて居たが、やがてかの小さなねぢを見つけて、

顔

「まあ、かはいゝねぢ。」男の子は、指先でそれをつまうとしたが、あまり小さいので、つまめなかつた。二度、三度。やつとつまんだと思ふと、直に落してしまつた。

子供は、思はず顔を見合はせた。ねぢは仕事臺の脚(あし)のかげにころがつた。

神　父　直

この時、大きなせきばらひが聞えて、父の時計師(し)がはいつて來た。時計師は、

「こゝであそんではいけない。」

と言ひながら、仕事臺の上を見て、出して置いたねぢのないのに氣がついた。

「ねぢがない。誰だ、仕事臺の上をかき廻したのは。あゝいふねぢは、もうなくなつて、あれ一つしかないのだ。あれがないと、神父さんの懷中(くわいちゆう)時計が直せない。さがせ、さ

親

がせ。」

ねぢはこれを聞いて、とび上るようにうれしかつた。「それでは、自分のような小さな者でも、役に立つことがあるのか知ら。」と、むちゆうになつて喜んだが、このような所にころげ落ちてしまつて、もし見つからなかつたらと、それがまた心配になつて來た。

親子は總(そう)がかりでさがし始めた。ねぢは、「こゝに居ます。」と叫びたくてたまらないが、口が

光　線

きけない。三人はさん〴〵さがし廻つて、見つからないので、がつかりした。ねぢもがつかりした。

その時、今まで雲の中に居た太陽(たいやう)が顔を出したので、日光が店一ぱいにさし込んで來た。すると、ねぢがその光線を受けてぴかりと光つた。仕事臺のそばに、ふさぎ込んで下を見つめて居た女の子が、それを見つけて、思はず、

「あら。」

と叫んだ。

父も喜んだ。子供も喜んだ。しかし一番喜んだのは、ねぢであつた。

時計師は、さつそく、ピンセットでねぢをはさみ上げて、大事さうにもとのふたガラスの中へ入れた。さうして、一つの懐中時計を出して、それをいぢつて居たが、やがてピンセットでねぢをはさんで、機械の穴にさし込み、小さなねぢ廻しでしつかりとしめた。

再

龍頭を廻すと、今まで死んだようになつて居た懐中時計が、たちまち、愉快さうに、かち〳〵と音を立て始めた。ねぢは、自分がこゝに位置を占めたために、この時計全たいが再び活動することが出來たのだと思ふと、うれしくてうれしくてたまらなかつた。

時計師は、仕上げた時計をちよつと耳にあててから、ガラス戸棚の中につり下げた。

一日おいて、神父さんが來た。

孫

「時計は直りましたか。」

「直りました。ねぢが一本いたんで居ましたから、取りかへて置きました。ぐあひのわるいのはそのためでした。」

と言つて渡した。ねぢは、

「自分も、ほんとうに役に立つて居るのだ。」

と、心から滿足した。

十四　天孫

治　皇　御位　鏡　劒　切

天照大御神は、天孫にゝぎのみことをお呼びになつて、

「日本の國はわが子孫が治むべき國である。汝、行つて治めよ。天皇の御位は、天地のつづくかぎり、いつまでもさかえるぞ。」

とおつしやいました。さうして、御鏡に、御玉と御劒をおそへになつて、みことにお渡しになりながら、

「この鏡は、われと思つて大切にせよ。」

恐 鼻

とおつしやいました。にゝぎのみことは、つつしんでお受けになりました。

大ぜいの神様が、お供をなさることになりました。いよ〱お立ちといふ時、先發の者が急いでかへつて來て、

「下界へ行くとちゆうに、恐しい男が、道をふさいで立つて居ます。背も高いが、鼻が恐しく高く、目は鏡のようでございます。おまけに體(からだ)中から光を出して、天も、地も、明か

相

るいほどでございます。」

と申しました。

天照大御神は、この事をお聞きになつて、

「それは何者であるか、尋ねてまゐれ。天(あめ)のうずめ、お前行け。」

とおつしやいました。

天のうずめのみことは、しつかりした氣性(きしよう)で、しかもひようきんなお方でした。行つて御らんになると、なるほど、相手は恐しさうな男

です。うずめのみことは、わざと、こつけいな様子をして、お笑ひになりました。すると、その恐しい男が言ひました。

「お前は誰だ。どうして、そんなに笑ふのか。」

「恐れ多くも、天孫にゝぎのみことのお通りになる道をふさいで立つて居る、あなたこ

問 承

そ誰です。」

と、うずめのみことはお問返しになりました。

相手は、急に様子をかへて、

「いや、私は、天孫がお出でになると承つて、こゝへお迎(むか)へに出て居るのです。私が御案内(あんない)いたします。

降

「私の名は猿田彦と申します。」

と言ひました。

うずめのみことは、かへつて、この事を申し上げました。

に、ぎのみことは、天照大御神においとまごひをなさつて、大空の雲をかき分けながら、勇ましくお降りになりました。猿田彦のみことが、先に立つて、御案内申し上げました。

天孫は、日向の高千穗の峯にお降りになりま

した。さうして、天照大御神のお言葉通りに、日本の國をお治めになりました。

練習問題(三)

一 次の文字を書取つて、ふりがなをつけなさい。

大陸の發見 祝賀會 席上 航海 見廻す
置時計 太陽 子孫 相手 恐れ多い

二 次の二つづつの言方について、お考へなさい。

イスパニヤ人の喜んだことは非常なものでした。
イスパニヤ人は非常に喜びました。

呼びました。
お呼びになりました。

この事を言ひました。
この事を申し上げました。

我 傳 犬 敵

十五 犬のてがら

滿洲事變の最初の夜の事でした。

我が軍にしたがつて、傳令の役をして居た軍犬金剛那智は、いよ〱突撃となると、我が軍の眞先につき進んで、敵軍の中にとび込み、死物ぐるひで、かみつき廻りました。

幾

はげしい戰の後、敵は、とう〱陣地をすてて逃げました。

折から上る朝日の光に、高く〱かゝげた日の丸の旗は、勇ましくかゞやきました。萬歳の聲は天地にとゞろきました。しかしあの金剛那智は、どこへ行つたのでせう、幾ら呼んでも、かへつて來ませんでした。

士　重　服

犬のかゝりの兵士は、一生けんめいになつて
さがしました。
とう〱見つけました。けれども、それは折
り重なつて死んで居る敵の死がいの間でし
た。二匹は身に幾つものたまを受けて、血に
まみれて死んで居ました。よく見ると、二匹
とも、口には敵兵の軍服の切れはしを、しつか
りとくはへて居ました。
これを見た兵士は思はず涙(なみだ)ぐみました。

實

軍犬の金鵄(きんし)勲章(くんしやう)ともいふべき甲號(かう)功(こう)
章(しやう)を、始めていたゞいたのは、實にこの
金剛・那智でありました。

十六　虹(にじ)

あれ、あれ、虹が立つて居る。
森も小山も下に見て、
向かふの田から、大空の
雲までとゞく弓のなり、

筆

誰がかけたか、虹の橋。
さて〱、虹は美しい。
赤・黄・みどりやむらさきと、
七つの色を並ばせて、
空の繪絹(えぎぬ)へ一筆に、
誰がかいたか、虹の橋。
さて〱、虹はおもしろい。

雨のはれ間にちよつと出て、
用ありさうに天と地の、
遠きをつなぐ雲の上。
誰が渡るか、虹の橋。
あれ、あれ、虹が消えて行く。
あのあざやかな色どりも、
しだいしだいにうすくなり、
小山の方は、もう見えぬ。

消　等　僕働　同

誰が消すのか、虹の橋。

十七　胃（い）と體（からだ）

或時、口・耳・目・手足等が申し合はせて、胃に向かつて言ひますには、

「僕等は、ふだん、いそがしく働いて居るのに、君は、たゞすわつて居て物を食ふだけで、少しも僕等のためにつくさない。僕等は一同申し合はせて、今日からは働かないこと

食　堂

にしたから、さう思つてくれたまへ。」

と言ひました。さうして、それから後は、耳は食事の知らせを聞いても、聞かないふりをし、目は食物を見ても、見ないふりをし、手は食物を口へ入れることを止め、足は食堂へ行くことを止めました。

かうして二三日たちますと、耳は鳴り、目はくらみ、手足はなえてしまつて動くことが出來ず、顔の色も青くなつて來て、體に全く力がな

製造送　養　苦

くなりました。この時、胃は一同に向かつて言ひました。

「君等は、かうなる事は知らなかつたのですか。僕は、たゞすわつて居て物を食ふだけの者ではありません。食つた物をこなして、これを血の製造場へ送るのが僕の役目であつて、僕がもし食物をこなさなかつたなら、體を養ふところの血がどうして出來ませう。君等は僕を苦しめようとして、こ

招　骨

の數日（すうじつ）の間、少しも食物を送つてよこしませんでした。そのために新しい血が出來なくなつて、かへつて、君等は自分で苦しむようになつたのです。これは全く、君等が自分で招いた事です。今になつて始めて、考へちがひをして居たことがおわかりになるでせう。君等がもし、僕に食物を送るために働いたと言ふなら、僕もまた、君等を養ふために骨を折つたと言ひます。こん

互　親　世　業　安

なわけですから、これから後は、互に親しみ合つてくらしませう。世の中といふものは、すべて相持ちのものです。」

これを聞いて、手足等一同は、なるほどと感心したといふことです。

十八　分業

マッチはちよつとした物で、價(あたひ)も安く、一包十箱が二ミルレイスぐらゐで買はれる。しか

造　非　常

し、これを一人で造るとして、こんなに安く賣れるであらうか。

たとひ休まず働いても、一人で一日に一包は造れまい。かりに造れたとしても、それを二ミルレイスぐらゐで賣つては、まうかるまい。まうかるどころか、非常な損(そん)になる。それでは、マッチはどうして誰が造るのであらう。

マッチの製造所へ行つて見ると、職工(しよくこう)が大ぜい居つて、それ〴〵手分をして働いて居る。

材

材木を機械(きかい)にかけて軸木(ぢくぎ)をこしらへて居る者もあり、軸木を火でかわかす者もあり、かわかした軸木の先に藥(くすり)をつける者もあり、藥をつけた軸木を

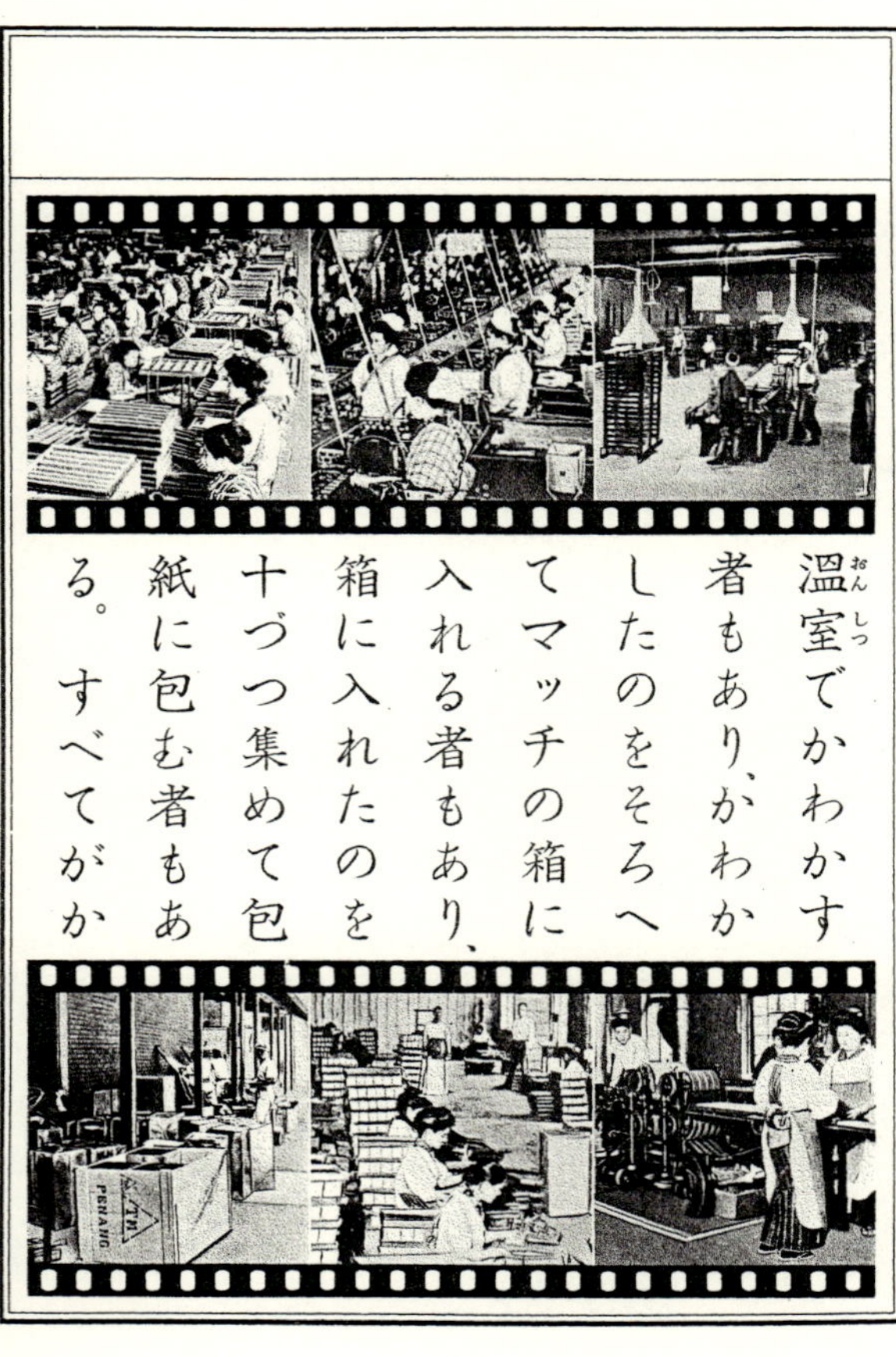

溫室(おんしつ)でかわかす者もあり、かわかしたのをそろへてマッチの箱に入れる者もあり、箱に入れたのを十づつ集めて包紙に包む者もある。すべてがか

比

うふうに手分をして、別々に仕事をすることを分業といふ。

分業で造ると、その出來がよいばかりでなく、出來高が大そう多くて、一人々々別々になつて造るのとは、比べものにならない。　したがつて、一包のマッチを二ミルレイスぐらゐで賣つても、そうおうにまうかるのである。

分業は、マッチの製造ばかりではない。　時計を造るにしても、自動車を造るにしても、家を

建　遊

建てるにしても、皆これによるのである。

分業で仕事をする時、誰か一人の手ぎはがわるいと、全たいの出來までもわるくなる。　やはり、世は相持ちのものである。

十九　月と雲

月のよい晩でした。

或家の前で、子供たちが五六人集つて、遊んで居ました。

仰

ところが、いつの間にか、雲が出て來たと見えて、月の光が、急に明かるくなつたり、暗くなつたりしかけました。

子供たちは、みんな言合はせたように、空を仰ぎました。

空には、たくさんの白い雲が浮かんで居て、月は、雲にはいつたかと思ふと、すぐ出、出たかと思ふと、すぐまたはいるのです。

しばらくすると、一人の子供が言ひました。

飛

「あれは、お月様が走つて居るのだらうか、雲が走つて居るのだらうか。」

月は、今雲から出て、大急ぎではなれて行きます。　さうして、次の雲の方へどん〳〵走つて行きます。

「お月様が走つて居るのだよ。」

と、一人の子供が言ひました。

しかし、じつと月を見つめて居ますと、月は動かないで、雲が大急ぎで飛んで行くようにも

見えます。
それで、
「お月様
ではない。走つて
居るの
は雲だ。」
と言ふ子供
もありました。
それからしばらくは、「月が走る。

「雲が走る。」と、互に言張つて居ました。

みんながわい〱言ふのを、始からだまつて聞いて居た一人の子供がありました。その子供は、この時、みんなからはなれて、前の方にある木のそばへ行きました。さうして、しばらく枝ごしに月を見て居ましたが、

「こゝへ來たまへ。雲が走るか、お月様が走るか、よくわかるよ。」

と言ひました。

みんな、木のそばへ來ました。

「こゝに立つて、お月様を枝の間から見たまへ。」

と、その子供が言ひました。

その通りに、みんながしてみました。すると、月は枝の間にじつとして居ますが、雲はさつさと走つて行きます。

「わかつた、わかつた。走つて居るのは、雲だ、雲だ。」

と、みんなが言ひました。

練習問題（四）

一　次の文字を讀んでから、書取りなさい。
死物ぐるひ　日の丸の旗　僕等　食物　世は相持ち
分業　製造場　月夜の晩

二　次にあげた文をきつて、六つの文(ぶん)にして御らんなさい。
軸木(ぢくぎ)をこしらへて居る者もあり、軸木を火でかわかす者もあり、かわかした軸木の先に藥(くすり)をつける者もあり、藥をつけた軸木を溫室(おんしつ)でかわかす者もあり、かわかしたのをそろへてマッチの箱に入れる者もあり、箱に入れたものを十づつ集めて包紙に包む者もある。

三　次の言葉の反たいにあたる言葉を知つて居ますか。
暑い　多い　安い　好き　敵　苦しい　暗い　低い

電

二十　水力電氣

水が火になる
水力電氣、
水の力で
電氣を起す。

高い山から、
落すよ、水を。

機械　越　燈

水のいきほひ、機械が動く。
山で起した電氣の力、
野越え、村越え、都へ來れば、
内(うち)は電燈、外には電車、
町はかゞやく光の都。

二十一　笑ヒ話

沈　雷宿

（一）

「海ノ上デモ、歩ケサウダ。」

「ドウシテ。」

「左足ガ沈マナイウチニ右足ヲ出シ、右足ガ沈マナイウチニ左足ヲ出ス。」

「ナルホド、理(リ)クツハサウダ。」

（二）

月ト日ト雷ガ、同ジ宿屋ニトマリマシタ。朝、雷ガ目ヲサマシテ見ルト、月ト日ガ居リマセ

魚獸

ン。宿ノ者ニ聞クト、「モウ、トウニオ立チニナリマシタ。」ト言ヒマス。雷ハ感心シテ、「ア、月日ノタツノハ早イモノダ。自分ハタ立ニシヨウ。」

二十二　二つの玉

昔、火照命(ほでりのみこと)と火遠理命(ほをりのみこと)といふ兄弟の神様がありました。兄の火照命は、毎日、海へ出て魚を取り、火遠理命は、山へ行つて鳥や獸を

取つていらつしやいました。

或日の事でした。火遠理命は、兄神の所へお出でになつて、

にいさん、かうして、毎日々々、二人で同じ事ばかりして居ても、おもしろくありません。いかゞでせう、今日一日だけ、あなたは山へ狩りに行き、私は海へ魚を取りに行く事にしては。」

とおつしやいました。

承知

兄神は、なか〱御承知になりませんでした。けれども、命があまりおすゝめになるので、

「それでは、今日は山へ行つてみよう。お前は海へ行くがよい。」

とおつしやつて、釣針と弓矢をお取代へになりました。

命は、喜び勇んで、海へ釣りにお出かけになりま

した。けれども、魚は一匹も釣れず、その上、大切な釣針まで、魚に取られておしまひになりました。

兄神は、弓矢を持つて、山へ狩りにお出でになりましたが、これも鳥一羽、獣一匹取る事が出來ず、きげんをわるくしておかへりになりました。

命は兄神の所へお出でになつて、釣針をなく

願

した事を申し上げて、いろ〱おわびになりました。しかし、兄神は、どうしても、おゆるしになりませんでした。

そこで、命は御自分の劒をくだいて、五百本の釣針をお作りになりました。さうして、

「これをさし上げますから、御かんべんを願ひます。」

とおつしやいましたが、兄神は、やはりおゆるしになりませんでした。

今度は、千本の釣針を作つてお上げになりました。しかし、兄神は、

「もとの針を返せ。外のは、何本持つて來てもだめだ。」

とおつしやつて、どうしても、おゆるしになりませんでした。

命は仕方なく、もとの海べへ來て、泣いていらつしやいました。そこへ、一人の年とつた神様がお出でになつて、

其　教　此

「どうなさいました。」

とお尋ねになりました。

命は、兄神の釣針をなくして困つて居る事をお話しになりました。すると、其の神様は、

「それは、お困りの事でせう。私がよい事を教へて上げます。」

とおつしやいました。さうして、命を小舟に乘せて、

「今此の舟をおし出しますから、しばらく目をつぶつていらつしやいませ。間もなく、きれいな御殿へお着きになります。それは、海の神様の御殿です。其の門のわきに井戸(ゐど)があつて、そばに、一本の大きな木があります。それにのぼつて、待つていらつしやいませ。海の神様が、きつと、あなたによい事を教へて下さるでせう。」

とおつしやいました。

命は、間もなく、海の御殿にお着きになりました。なるほど、門のわきに井戸があつて、そばに大きな木がありました。命は木にのぼつて、待つていらつしやいました。

内

しばらくすると、門の内から、一人の女が出て來ました。水を汲まうとして、ふと井戸の中を

のぞくと、美しい神様のお姿が、すみきつた水にうつつて居ます。女はびつくりして見上げました。命は静かに、

「水を一ぱい下さい。」

とおつしやいました。女はすぐ水を汲んで、命にさし上げました。さうして、此の事を海の神様に申し上げました。

海の神様は、しばらく考へていらつしやいましたが、

果　案内

「それは、きつと、天の神様にちがひない。」

とおつしやつて、急いで行つて御らんになると、果してさうでした。大そうお喜びになつて、命を御殿の中へ御案内なさいました。

それから、御殿では大さわぎでした。天の神様がお出でになつたといふので、毎日々々、海の世界の珍しいをどりをしたり、おいしい御ちそうをしたりして、命をおもてなしになりました。

樂　息

命は月日のたつのも忘れて、樂しくおくらしになつて居ましたが、或日、ふと兄神の事を思ひ出して、思はず大きなため息をなさいました。海の神様がそれをお聞きになつて、

「あなたは、今、ため息をなさいましたが、海の世界がおいやになつたのではありませんか。それとも何か御心配でもあるのですか。」

とお尋ねになりました。

命は兄神の釣針をなくした事を、くはしくお話しになりました。すると海の神様は、海にすんで居る魚を、残らず呼集めて、

「誰か、天の神様の釣針を持つて居る者はないか。」

とお聞きになりました。魚どもは聲をそろへて、

「存じません。しかし、此の間から、鯛が、何かのどにさゝつて、物がたべられないで困る

と申して居ます。きつとあれが取つたのでございませう。」

と申し上げました。さつそく鯛を呼出して、のどをさがして御らんになると、果して、釣針が引つかゝつて

居ました。で、すぐそれを取出し、きれいに洗つて、命にお上げになりました。命は大そうお喜びになりました。

命が、お禮(れい)をのべて、かへらうとなさいますと、海の神様は、二つの玉を出して、

「此の一つはしほみつ玉と申して、これを水につけると、たちまち海水が滿ちて來て、一面の大水となります。今一つはしほひる玉と申して、これを水につければ、どんな大

惡

水でも、たちまち引いてしまひます。此の二つの玉をさし上げます。これさへあれば、どんな惡者が來ても、少しも恐れる事はありません。」

とおつしやいました。

命は、此の玉を持ち、大きなわにざめに乘つてもとの海べへおかへりになりました。さうして、兄神に釣針をお返しになりました。兄神は、大そうお喜びになつて、

分

「どうもありがたう。ほんとうに、むりな事を言つてすまなかつたね。」

とおつしやいました。

其の後、命は、二つの玉で惡者どもを平げ、よく國をお治めになりました。

二十三　葉書だより

（一）

日本の滯在(たいざい)も、大分長くなりましたか

來　途　京都　繪

らいよ〳〵來月出帆の船で、ブラジルへかへることにしました。出發までに、一度福岡のをばさんにあつておきたいと思ひ、今九州へ行く途中です。ついでに京都や大阪を見物するつもりですから、見物した所から、繪葉書を送りませう。

月　日　汽車中にて　をぢ

(二)

昨　市　明治　寫眞

昨夜は京都にとまりました。さうして今日は、一日京都市内を見物しました。こゝは、明治になるまで千二百年の間日本の都になつて居た所です。寫眞は京都御所です。

園

月　日　京都にて　をぢ

(三)

これは奈良公園の景色です。鹿は皆よく人になれて、お菓子などをやると、喜んでたべに來ます。こゝも昔、都のあつた所です。

月　日　奈良にて　をぢ

第　工　盛　煙　城

(四)

大阪に來ました。こゝは日本第一の工業都市です。此の盛んな煙突の煙を御らんなさい。

月　日　大阪にて　をぢ

(五)

これは大阪城の天守閣です。此の城は、昔、豊臣秀吉が建て

たものですが、石垣（いしがき）の石の中には、たて六米（メートル）横十一米（メートル）といふ大きなものがあります。今の天守閣は、近年再興（さいこう）したものです。

月　日　大阪にて

をぢ

港

（六）

これは神戸港です。あなたのおとうさんもおかあさんも、十五年前皆、此の港から出帆してブラジルへ行かれたのです。

月　日　神戸にて

をぢ

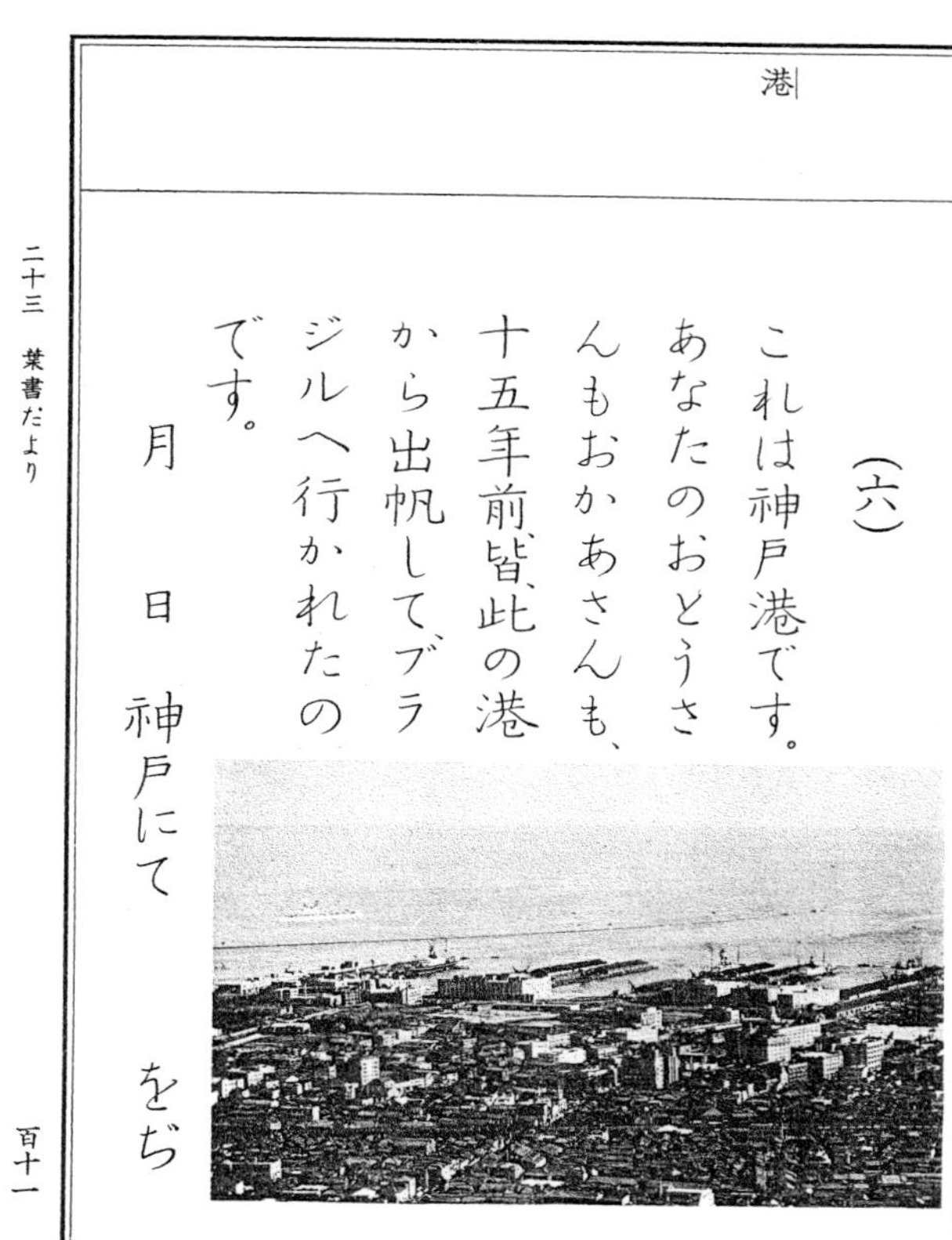

文　昨日

（七）

福岡へ来て、をばさんの所へやつかいになつて居ます。をぢさんもをばさんも皆御丈夫です。昨日はをぢさんと一しよに八幡（やはた）の製鐵所を見物しました。くはしいお

話は、かへつてからします。

これは其の製鐵所の寫眞です。

月　日　福岡にて

をぢ

練習問題（五）

一　次の文字を書取つてふりがなをおつけなさい。

水力電氣　電燈　電車　宿屋　釣針　鳥一羽獸一匹
御殿　御心配　御案内　ため息　惡者ども

二　次にあげる二つづつの言葉を讀みくらべなさい。

かへりました。　おかへりになりました。
上げました。　お上げになりました。
待つて居ます。　待つていらつしやいました。

［新出］

漢字表

砲地血令紙父横午祖反殿景乘砂橋北社記曜
表頃暑豆孫傳張仕事感供蟲虫聞新聲荒夫客
布散叫發紀港西航路帆誰卯祝賀席洋諸苦不
廻形計置及情顏親線再治皇位鏡劍恐鼻相問
承降我敵幾士服實筆等僕働堂製造送養招骨
互業非材比建遊仰飛電機械越燈沈雷宿魚獸
願其敎此內果案樂息惡途京繪昨市寫園第工
盛煙丈

［讀替］

下黑死全力命來着後正景色小上見物東殿滿
前水出木日土殿下下男下岸返事兄弟代平新
出行西名土後時計神父直光孫御切傳犬重消
同食苦親世安造常承知內分來都明治眞城港
昨日

［假名附］

味攻擊無鄕以墓迎規律勉強餠天宮洲鹿嚴島
朱廻廊龍宮閏數誕形雜誌附録行儀官女花瓶
緋桃柹澁甘巢軒粍米少彥出雲體畠家畜粟莖
寢臺瀧印皇帝報告植民總督任染料成功冷笑

卓込棒齒錐槌道具周圍棚守脚師懷頭愉快位
置占活照汝天性猿日向千穗峯洲變最初金剛
那智突戰陣萬歲淚鶏勳章號虹絹胃數價損職
軸藥溫室理火照命遠狩釣井汲靜鯛禮滯在福
岡九州阪煙守閣豐臣秀吉垣再興神戸幡

をはり

昭和十二年四月十五日印刷
昭和十二年四月二十日發行

著作權所有

著作兼發行者 ブラジル日本人教育普及會

印刷者 東京市下谷區二長町一番地 凸版印刷株式會社 井上源之丞

印刷所 東京市下谷區二長町一番地 凸版印刷株式會社

Made in Japan

日本語讀本

巻六

もくろく

第一　神武(じんむ)天皇……一
第二　かゞやく光……十
第三　磁石(じしやく)……十二
第四　ふか……十六
第五　日本武(やまとたける)の尊(みこと)……二十四
第六　蠶(かひこ)……三十六
第七　朝……三十九
第八　養老……四十一
第九　手紙……四十五
第十　ブラジルの獨立……五十五
第十一　ジョゼ、ボニファシオ……六十一
第十二　こだま……六十四
第十三　八幡太郎(はちまんたろう)……六十七
第十四　動物園……七十一
第十五　チャールス、ダーウィン……七十七
第十六　菅原(すがはら)の道眞(みちざね)……八十四
第十七　俳句(はいく)……八十九
第十八　東京……九十一
第十九　東郷元帥(とうごうげんすい)……百三
第二十　扇(あふぎ)の的……百十
第二十一　世界……百十五
第二十二　風鈴(ふうりん)……百二十

進　勢　仕

第一　神武(じんむ)天皇

大和(やまと)へ御進軍になつた神武天皇は、八咫烏(やたがらす)をお使として、其の地方に勢力を張つて居た兄(え)うかし・弟(おと)うかし兄弟の所へ、おつかはしになりました。　さうして、天皇にお仕へ申すように、お傳へさせになりました。

すると兄うかしは、物も言はず、かぶら矢を取つて弓につがへ、八咫烏をめがけて、ひようと

放 戦

放ちました。八咫烏は、其のまゝ飛んでかへりました。

兄うかしは、すぐに手下の者を呼集めて、戦の用意をしようとしましたが、意外にも手下が集つて來ません。すつかりあわてた兄うかしは、しばらく

参

考へて居ましたが、やがて、天皇のいらつしやる所へ参りました。さうして、

「さつきは、お使とも知らず、まことに失禮な事をいたしました。申し上げるまでもなく、私ども兄弟は、眞心をもつてお仕へいたします。つきましては新しく家を建てて、心ばかりのおもてなしをいたしたいと存じます。どうぞ、此のお願をお

許

聞きとゞけ下さいませ。」

と、まことしやかに申しました。天皇は、御心のうちに、をかしいなとお思ひにはなりましたが、其の願をお許しになりました。

兄うかしは、かへつて、さつそく、家を建てにかかりました。大勢の人を集めて、晝も夜も働かせましたので、間もなく、大きな家が出來上りました。

弟うかしには、どうも、兄のする事がわかりま

又

せんでした。天皇のお使に弓を引いた兄が、すぐ又、天皇をお招きすると言つて、新しく家を建てたばかりか、よく見ると、其の家の中には、ちようど獸を取るのに使ふような、おとしの大きいのがしかけてあります。

「はゝあ、こんな事をして、だましうちにしようとするのか。まことに恐れ多い事だ。」

かう氣がついた弟うかしは、いろ〳〵と兄をいさめましたが、兄はどうしても聞入れませ

差

ん。「もう仕方がない。」と思つて、弟うかしは、急いで天皇の所へ參りました。

「兄に御ゆだんなさいますな。新しく建てた家には、大きなおとしがしかけてあります。どうぞ、御用心下さいませ。」

天皇は、弟うかしの眞心が、よくおわかりになりました。すぐに、二人の大將を、兄うかしの所へお差向けになりました。

二人は、兄うかしの家へ行つて、外から、大聲で

迎　風

「兄うかし、出て來い。」

と呼びました。

何事かと思つて出て來た兄うかしは、びつくりしました。二人の強さうな大將が、目をいからして立つて居ます。

「何の御用でございますか。」

と、兄うかしが申しますと、

「お前は、天皇をお迎へして、おもてなしをすると申した。一たい、どういふ風におもて

なしをするのか、一つ、此の新しい家にはいつて、やつてみろ。」

と言ひながら、一人は弓に矢をつがへ、一人は劍を拔いて、つめ寄りました。

二人の樣子に、兄うかしは、すつかり氣をのまれてしまひました。さて

は、自分の惡だくみがあらはれたなと思つて、すごすごと家の中へはいつて行きました。

其の時です、どしんと大きい音がしました。見ると、兄うかしは、自分のしかけたおとしにかゝつて、あはれな最期（さいご）をとげて居ました。

亡　降　参

兄うかしは亡びました。弟うかしは、兄の手下を連れて、あらためて、神武天皇に降参いたしました。

第二　かゞやく光

御弓のはずに、
金色の鵄、
かゞやく光、
きら〳〵、ぴか〳〵、

眼　胸

眼くらんで、
逃行く惡者。
昔の光、
今も其のまゝ、
胸の勳章、
きら〳〵、ぴか〳〵、
ほまれかゞやく、
日本軍人。

板　宮

第三　磁石

えんがはで縫物をしていらつしやつたおばあさんが、針をお落しになつた。見ると、針はえんがはの板と板とのすき間に落込んで居る。火箸の先でかき出さうとしたが、すき間がせまくて、なか〳〵取出せない。ふと、ゆふべお宮へ参つて、にいさんに買つていたゞいた磁石の事を思ひ出した。急いで

取つて來て、針の上へ持つて行つた。すると、針は、生き物のようにぴよんと飛上つて、磁石にくつ着いた。見ていらつしやつたおばあさんは、

「ありがたう。お前は、なかなか、ちえがあるね。」

とほめて下さつた。

それから、磁石でいろいろな物を吸着けて遊んだ。ピン、ブリキのおもちゃ、釘(くぎ)、何でもよく吸着く。中でも、おもしろかつたのは釘だ。磁石をそばへ持つて行くと、ころころところがつて来て、ぴしやつとくつ着く。後には、磁石を釘箱の中へ入れて、かき廻してみた。すると小さな釘が、磁石にたくさ

銅

ん着いた。中には、釘の先に、外の釘がぶら下つて居るのもある。

たゞ、銅の釘は、幾ら磁石を持つて行つても、くつ着かない。そこへ、ちようど、にいさんがお出でになつたので、聞いてみたら、

「磁石は、鐵やニッケルは吸着けるが、銅や、眞(しん)鍮(ちゆう)やアルミニュームは吸着けない。」

とおつしやつた。さうして、

「おもしろい事を教へて上げよう。それを、

粉　砂

砂の中へつゝ込んで御らん。」

とおつしやつた。

砂から取出して見ると、黒い粉のようなものが、磁石に一面に着いて居た。先の方には、ことに、たくさん着いて居た。これは、砂の中にある砂鐵が、くつ着くのださうだ。

第四 ふか

昔、アフリカの或港に、一そうの船がとまつて

船　員　長　我　老　手　少

居た時の話である。

熱(ねつ)帯(たい)の暑さにたへかねて居た船員等は、船長から泳(およ)ぎを許されたので、我先にと海に飛込(こ)んだ。船には、船長・老砲手だけが殘つて居た。

船員等は、いかにも氣持よささうに泳ぎ廻つて居たが、中にもうれしさうに見えたのは、十三四になる二人の少年であつた。二人は、外の者からずつとはなれて、沖のうきを目あてに、泳ぎくらをして居た。一人は、老砲手の子

初　以　後

である。　初は三十米以上も相手を拔いて居たが、どうしたのか、急に相手に拔かれて、三四米も後れてしまつた。　これまで、にこ〳〵して眺めて居た老砲手は、急に氣をもんで、「しつかりしろ。　負けるな、負けるな。」と、甲板からしきりにはげました。

ちようど其の時、「ふかだ、ふかだ。」といふ船長のけたゝましい叫び聲が聞えた。　老砲手がおどろいて向かふを見ると、船から三四百米

限

の所に、大きなふかの頭が見える。　人々は叫び聲におどろきあわてて、我先にと船へもどつて來る。　しかし、二人の少年は、まだ知らないらしい。　老砲手は氣ちがひのようになつて、「逃げろ、逃げろ。」と聲を限りに叫んで居るが、二人の耳にははいらぬのか、夢中で泳ぎくらをつゞけて居る。

救ひのボートは下された。　しかし、とても間に合ひさうもない。　其のうちに、二人は、ふか

決　定

が來るのに氣がついた。　おどろいて、一生けんめい逃げようとしてあせつて居るが、もうおそい。　ふかははや十數米の近くにせまつて居る。　ものすごいほど青白くかはつた老砲手の顔には、決心の色が浮かんだ。　つと大砲のそばへ寄つて、急いで彈丸を込め、ねらひを定めた。

ふかの口は、もうほとんど子供に

結果

とゞいて居る。

「あつ。」と、思はず、人々が叫んだ。　とたんに、ずどんと一發、すさまじい大砲の音がとゞろき渡つた。

砲手は其の結果を見るのを恐れるように、手で顔をおほつて、大

煙　行　無言

砲の上につゝ伏した。立ちこめた砲煙のうすれ行くにつれて、先づ目に入つたのは、大きなふかの死體であつた。

喜の聲はどつと起つた。

二人の少年は、ボートに乘せられてかへつて來た。老砲手は大砲にもたれて、無言のまゝじつとそれを見つめて居る。

練習問題(一)

一　次の文字を書取つてふりがなをおつけなさい。

勢力を張る　新しく家を建てる　恐れ多い　日本軍人　吸着ける　黒い粉　砂鐵　船長　叫び聲　砲煙　無言

二　次の二つづつの言方についてお考へなさい。

傳へさせました。
お傳へさせになりました。

もてなしをしたいと思ひます。
おもてなしをいたしたいと存じます。

ぬひ物をして居る。
ぬひ物をしていらつしやる。

三　百四ページのさし繪に、東郷元帥が、金鵄勳章を着けて居ます。どれがそれだかわかりますか。

四　魚の名を幾つ知りましたか、かぞへて御らんなさい。鳥の名は。獸の名は。蟲の名は。木の名は。

從仰　宮隊守

第五　日本武尊

一　川上たける

熊襲の頭、川上たけるは、力のあるにまかせて、四方をうち從へ、後には、朝廷の仰にも從ひませんでした。

「西の方で、自分より強い者はない。」と思ふと、たけるは、だん〳〵増長して來ました。「一つりつぱな宮殿を建て、たくさんの兵隊に守らせて、

祝　女

いばつてやらう。」と考へました。

いよ〳〵家も出來上つたので、或日、お祝の酒もりを開くことになりました。

其の日は、朝から、大勢の人が出はいりしました。手下の者はもちろんのこと、手傳のために、たくさんの男や女が集つて來ました。

其のうちに、一人の美しい少女がまじつて、かひがひしく働いて居ました。酒もりが始ると、此の少女も、座敷へ出て、酒をついで廻りま

飲　次第

した。

上座(かみざ)にすわつて、いばつて居たたけるは、此の少女を見ると、自分のそばへ呼んで、すわらせました。さうして、酒をつがせては、しきりに飲んだり歌つたりしました。

だん〱と夜がふけて來ました。客は、次第にかへつて行きました。すつかり酒によつて、よいきげんになつたたけるも、もうねようといふので、よろ〱しながら、奥の間へ行か

突

うとしました。

此の時でした今までやさしくお給仕(きゆうじ)をして居た少女は、すつくと立上つて、

「たける、待て。」

と言ふが早いか、ふところにかくして居た劍を拔いて、たけるの胸を突きました。

汝

「あつ。」と叫んで、たけるはたふれましたが、

「お待ち下さい。これほどに強いあなたは、たゞの人ではない。一たい、どういふお方ですか。」

と、苦しい息の下から尋ねました。

「我は女ではない。天皇の御子、やまとをぐなだ。汝、恐れ多くも、朝廷の仰に從ひ申さぬによつて、汝をうてとの勅(ちよく)をかうむり、ここへ來たのだ。」

終

「なるほど、さういふお方でいらつしやいましたか。西の方では、私より強い者はないので、たけると申して居りました。失禮(しつれい)ながら、今、御名を差上げます。日本で一番お強いあなたは、日本武(やまとたけるの)皇子(みこ)と仰せられますように。」

と言終つて、たけるは息がたえました。

景行(けいこう)天皇の御子、やまとをぐなの皇子(みこ)は、御年十六、かうして、たゞお一人で、熊襲をお亡しに

武　運

なりました。　さうして、これから後、日本武の尊と申し上げることになりました。

二　草薙の劒

熊襲をうつて、都へおかへりになつた日本武の尊は、其の後、東の方の惡者を平げよといふ勅をお受けになりました。　そこで、尊は、わづかの供人を連れ、東をさして、御出發になりました。

途中、先づ伊勢の皇大神宮に參つて、御武運を

任　特

おいのりになりました。　皇大神宮に仕へて居られた尊の御をば、倭姫の命は、尊が二度の大任をお受けになつたのを、勇ましくも、又いたはしくお思ひになつたのでせう、特に、大切な天の叢雲の劒を尊にお授けになり、又一つの小さい袋をお渡しになつて、

「もしもの事があつたら、忘れずに、此の袋の口をあけなさい。」

とおつしやいました。

尊は東へ〳〵と進んで、駿河にお着きになりました。　此の地方に居た惡者の頭は、かねて尊の御勇武を聞傳へて知つて居ましたので、一通りでは、とても勝てない、だましうちにする外はないと思ひました。

そこで、尊をうや〳〵しく迎へて、いろ〳〵おもてなしをしながら、申しました。

「此の地方の野原には、大きな鹿がたくさん居ります。　おなぐさみに、狩をなさつては、

文　餘　圍　勢

いかゞでございます。」

尊は、「それはおもしろからう。」とおつしやつて、野原へお出でになりました。　さうして、身の丈にも餘る草を分けて、だん〳〵奥へはいつていらつしやいました。　すると、かねてから、此の野原を圍んで待ちかまへて居た惡者どもは、一度に草に火をつけました。　火は、ものすごい勢でもえて來ます。

「さては、だましたのか。」

向

と、尊はしばらく考へていらつしやいましたが、ふと御心に浮かんだのは、御をば、倭姫命のお言葉です。急いで袋の口をおあけになると、中に火打石がありました。尊は、すぐに、おさとりになりました。天の叢雲の劍を拔いて、手早くあたりの草をなぎはらひ、火打石で火をきつて、其の草におつけになりました。すると、ふしぎにも、今までもえせまつて來た火は、急に方向をかへて、向かふへ向かふへと、もえ

移

移つて行きました。

あわてたのは、惡者どもです。火に追はれて、逃げようとする間もなく、片はしから、燒立てられ、燒殺されてしまひました。

あやふい御命をお助りになつた尊は、生殘つた

體

惡者どもを平げて、なほも東へお進みになりました。此の時から、此の御劍を草薙の劍と申し上げることになりました。

第六　蠶

昨日から、うちの蠶が上り始めました。上る頃には、蠶の體が、すき通るようになります。もう桑の葉をたべないで、頭を上げて、繭をかける所をさがします。それを拾つて、まぶし

へ移すのですが、少しでも後れると、かごのまはりや、棚のすみなどで、繭をかけ始めますから、ちつともゆだんが出來ません。

今日のお晝頃は、うち中、目が廻るほど、いそがしうございました。

まぶしの中では、かさ〲

といふ音がして居りますが、これは、蠶が動くからです。早いのは、もう繭を作り上げて居ます。又作りかけの薄(うす)い繭の中で、きゆうくつさうに、體をまげて、一生けんめいに働いて居るのもあります。まだ、繭をかける場所をさがして居るのもあります。今桑をたべて居る蠶も、あしたの朝までには、大てい上つてしまふさうです。

さつき、おかあさんが、

「いよ〱今夜一晩になつた。」

と、ねえさんにおつしやいました。おかあさんも、ねえさんも、此の五六日は、夜もろく〱おやすみにならないのです。

第七 朝

朝が來た。
ほがらかな、
さわやかな、

朝が來た。
軒端(のきば)では、
子雀(すゞめ)の
晴れやかな
物がたり。

此の若葉、
あの若葉、

降｜ 養｜

日の光
降りそゝぐ。
此のこずゑ、
あのこずゑ、
大空は
淺みどり。

第八 養老

昔、美濃(みの)に貧しい人がありました。山から薪(たきぎ)を取つて來て、それを賣つてくらしを立てて居ました。此の人に、年とつたおとうさんがありまして、酒が好きでございました。それで、山へ行くにも、ひようたんを腰(こし)に着けて居て、かへりに酒を買つて來ては、おとうさんを喜ばせて居ました。

或日、山の中で、こけに足をすべらせて、うつむきにたふれました。すると、酒のにほひがし

似　味

ますので、ふしぎに思つて見廻しますと、石の中から、酒に似た物がわいて居ます。なめてみると、酒の味がいたします。喜んで、それからは、毎日、其の酒を汲(く)んで來て、おとうさんに上げました。

いつか、此の事が天皇のお耳に入りまして、わ

孝　改號

ざわざ、奈良(なら)の都から、美濃へ行幸(ぎようこう)になりました。酒の出る所を御らんになつて、

「これは、親孝行のほうびに、神々が授(さづ)けられたにちがひない。」

とおほめになりました。又、まことにめでたい事だといふので、年號を「養老」とお改めになつたと申します。

練習問題（一）

一　次の文字を書取つてよくお讀みなさい。

宮殿　野原を圍む　生殘る　朝が來た　親孝行　養老

二　次の二つづつの言方をくらべてお考へなさい。

- 都へかへりました。／都へおかへりになりました。
- 着きました。／お着きになりました。
- 奥へはいつて行きました。／奥へはいつていらつしやいました。
- 酒を買つて來てはおとうさんを喜ばせて居ました。／酒を買つて來てはおとうさんを喜ばせました。

第九　手紙

一　日本より

私は北海道(ほつかいどう)の者です。皆さんには、ま

寒　最　最

だ一度もお目にかゝつたことはございませんが、皆さんの居られるブラジルの事は、先生からお話を聞いて、常になつかしく思つて居ます。

皆さんの居られる所は熱帶地方で、年中寒さ知らずであらうと思ひますが、私たちの居る北海道は、日本中でも、最も寒さのはげしい所です。たゞ今はちようど夏の眞最中で、そうとう暑う

秋

ございますが、秋になると間もなく寒くなり、雪も早く降出します。さうして次の年の四月頃まで、冬降つた雪が殘つて居ます。

前にはよく熊が出て人を食つたなどといふ話があつたさうですが、今はもうどこもよく開けましたから、よほどひどい山の奥か何かでなければ、そんな心配はありません。

通　涙

たゞ雪が深いために、冬の通學は大へんです。特別寒い日などは、うつかり泣きでもすると、ほほを流れる涙が、すぐこほつてしまふくらゐです。しかし家の中や學校の中は、ストーブがありますから、少しも

此方

寒くはありません。

日本の小學校は、大てい八月一日から三十一日まで夏休です。今ちようど其の休中ですが、此の手紙があなた方の方へ着く頃には、此方はもうそろそろ寒くなりかけるでせう。どうか皆さんの方からも、おたよりを下さい。

年　月　日　廣野　雪雄

×××小學校生徒御中

離

二　ブラジルより

お手紙ありがたうございました。

あなたの方は、これからそろ〳〵寒くなるさうですが、此方は、これからだんだん暑くなるのです。

私のうちは、ずつと山の奥にあります。北海道なら、大方、熊が出るくらゐな所であらうと思ひます。さういふ所ですから、隣(となり)といつても、ずつと離れて居

牧　緑

り、人の聲を聞くことはめつたにありませんが、毎朝目がさめると、先づ聞えるのはおうむの聲です。おうむは、實際(じつさい)何千といふほど、附近(ふきん)の林の中に居ます。さうしてまだ夜のすつかり明けきらない中から鳴き出します。

學校は家から三粁(キロメートル)ばかり離れた所にあります。私は、毎朝、弟と二人、朝つゆにぬれた牧場や、緑の色美しいコーヒ

半　習　歸

ー園の間を通つて、其の學校へ行くのです。私よりもつと離れた所から通ふ人もありますが、さういふ人は、馬で來ます。學校では、一日中、半分は日本の本を習ひます。私たちは日本の事も知らなければならぬと同時に、ブラジルの事も知らなければならぬからです。

學校から歸ると、すぐ畠(はたけ)に出て、家の人

燒

たちの手傳をします。私の一番好きなのは、山燒です。これは毎日ある事ではありませんが森を開いて田にする時、先づ其の森を燒くのです。大空に一面に煙がひろがり盛んな火の柱が立つ有様(ありさま)は、實に壯快(さうくわい)なものです。

コーヒー園の花盛りは、九月か十月頃ですが、其の時分には、家の中に居ても、どこからともなく、其のよいかをりが

たゞよつて來ます。花は小さい花ですがぎつしりと一面に咲いて居ると、コーヒー園はちようど雪が降つたように見えます。ことに月夜はきれいです。まだ書きたい事もありますが、私の外

次　吉　獨　立　皇　帝　世

にも御返事を出すと言つて居る人がありますから、私はこれで失禮します。さようなら。

年　月　日　　山田　次吉

廣野　雪雄様

第十　ブラジルの獨立

ナポレオンに追はれてブラジルに來て居たポルトガルの皇帝ドン、ジョアン六世は、皇太

對　少

子ドン、ペドロを殘して、本國に歸つた。其の以前から、本國の仕打に對して、少からぬ不滿を持つて居たブラジルの人たちは、いよ〳〵本國の手から離れて、獨立しようとした。皇太子へは、本國の父皇帝から早く歸れと言つて來るが、ブラジル人の多くは、

「今殿下に行つてしまはれては、困りますから、どうか、いつまでもブラジルに居て下さい。」

政　府　各　自

と言つて願つた。皇太子も、どう〳〵ブラジルにとゞまることにし、これまでの政府を止めて、新しい政府を立てた。さうして、ジョゼ、ボニファシオを總理大臣とした。

しかし、國内には、まだ〳〵いろ〳〵意見のちがつた人もあつて、各所に暴動が起り、又本國からは、ブラジルを以前の通り、植民地として、ひどい税金を取立てようとした。たま〳〵、サン、パウロに騷動が起つたので、皇太子は自

歸　邊

ら兵を率ゐて、これを取りしづめに行き、其の歸途、イピランガ川の邊まで來ると本國政府からの手紙がとゞいた。同時に、又、リオ、デ、ジャネイロのジョゼ、ボニファシオからの手紙がとゞいた。先づボニファシオからの手紙の封を切つて見ると、

「もう、がまんして居る時ではございませぬ。早く獨立し

味　帽　地　投

てしまはなければ、ブラジルは亡びてしまひます。」

といふ意味が、こまぐ\と書いてあつた。幾度も幾度も此の手紙を讀返した皇太子は、つひに決心した。さうして、帽子をぬいでポルトガルのしるしを取去り、これを地面に投げすてて叫んだ。

「獨立か、死か。」

と。これ、紀元千八百二十二年九月七日の夕方近い頃であつた。かうして、ブラジルは獨立國となつたのである。

彼

第十一　ジョゼ、ボニファシオ

ブラジルの獨立に最も功勞のあつた人は、ジョゼ、ボニファシオである。

彼の名は「獨立の父」として、永

望　與(与)

久にかゞやき、其の銅像は、いたる所の町々に高くそびえて居る。しかし、彼は、其の大きな功労に對して、何の賞與も望まなかつた。彼はたゞ自分の國を愛したのである。國のためには、どんな苦しい事もしたが、自分のためには、何の利益も考へなかつた。皇帝、ドン、ペドロ一世は、彼の功労にむくいるために、グランクルス、ド、グルゼイロ勲章と、これまで誰にも與へなかつた公爵とを、彼に授けること

文句　民　固

にしたが、彼はそれをことわつた。さうして、かう言つた。

「陛下、私にはたゞ一つのお願がございます。それは、私の死後、私の墓に、國費で粗末な石碑を建て、それに次のような文句をきざんでいたゞくことでございます。『我は、たゞ、我が國土と國民とを愛したりといふ、此の光榮によりてのみ滿足す。』」

皇帝は、目に涙を浮かべて、固く彼の手を握り、

約束　尊敬

「さうか、それでは、たしかにさうしよう。」

と約束せられた。

彼は、其の後、不仕合の中に死んだが、其の墓は、今なほサントスにあり、「獨立の父」として、全國民から尊敬せられて居る。

第十二　こだま

心がさみしくなつた時、
心が小さくなつた時、

登

僕は山へ登るのだ。
長い草をふみしだき、
暗い並木をかけ抜けて、
僕は山へ登るのだ。
山のてつぺん、青空だ。
廣い、深い、青空だ。
遠くの町は、豆粒だ。
僕は大きくなるのだ、
「見て居ろ、今にえらくなる。」

すると、こだまが返すのだ、
「見て居ろ、今にえらくなる。」
僕の心は輕(かる)くなる。
たとへみんなが知らずとも、
山のこだまは知つて居る。
僕の望を知つて居る。

練習問題（三）

一　次の文字をよく讀んでから書取りなさい。
手紙　北海道　夏の眞最中　通學　牧場　手傳　獨立か死か　帽子　涙を浮かべる　豆粒　僕の望　不仕合　尊敬

二　次の二つの文(ぶん)を讀みくらべなさい。
學校では、一日の中、半分は日本の本を習ひます。　私たちは、日本の事を知らなければならぬからです。

私たちは、日本の事も知らなければならぬから、學校では、一日の中、半分は日本の本を習ひます。

三　「こだま」の歌を、歌でなく、普通(ふつう)の文に作りかへて御らんなさい。

四　日本への手紙にいる次の文字を書取つて、十分お習ひなさい。
大日本　府縣(けん)　郡(ぐん)市　町村　番地　殿様君御中

第十三　八幡(はちまん)太郎

八幡太郎義家(よしいへ)が、或日、安倍(あべの)宗任(むねたふ)を連れて、廣い野原を通りますと、狐(きつね)が一匹飛んで出ました。

義家は、背中のうつぼから、かりまたを拔いて、狐を追つかけました。　射殺すのもかはいさうと思つて、兩耳の間をねらつて、頭の上をすれすれに射ました。　矢は狐の鼻の先の地面につゝ立つて、狐はころりとたふれました。

かけ寄つて見て、宗任が、

「矢はあたつて居りませぬのに、狐は死んで

居ります」。

と言ふと、義家が、

「びつくりしてたふれたのだ。　はふつて置け、今に生き返る。」

と言ひました。


さて、宗任がかりまたを拔取つて、義家に返しますと、義家は、背中をくるりと

向けて、うつぼへさゝせました。かりまたは、矢じりが燕（つばめ）の尾のようにわれた、大そうするどい矢で、宗任は、つい此の間、義家に降参した敵の大將なのです。

「あぶない事だ、もし、宗任に悪い心があつたら。」

と、義家の家來（けらい）どもは、ひや〳〵したといふことです。

第十四　動物園

昨日、ねえさんと動物園へ行きました。

門をはいつて少し行くと、くじやくが居ました。しばらく見て居るうちに、長い、美しい尾を、扇（あふぎ）のようにひろげました。

「まあ、きれいだこと。」

と、ねえさんが、感心して言ひました。

次に見たのは、猿（さる）でした。大きい猿や、小さい猿が、「きやつ、きやつ。」といひながら、さわいで居ました。ぶらんこをして居るのもありました、金あみ

象　閉　巻

を傳つて、追つかけつこをして居るのもありました。

一番おもしろいと思つたのは、象でした。其のぶら〳〵した長い鼻は、よく見ると、先が蛇（へび）の口のようで、開いたり閉ぢたりします。象は、たえず鼻を動かして、何かたべる物でも落ちて居ると、すぐ其の先ではさみ上げます。さうして、鼻をぐるつと巻くようにして、口の所へ持つて行つてたべます。

耳も大きいものです。時々、ふは〱とそれを動かしますと、ちようど、大きなうちはであふぐようです。

大きな體のわりに、目は小さくて、あれでも、下に落ちて居る物が、よく見えるのだらうかと思はれます。私は、初め、鼻の先に目がついて居て、物をさがすのではないかと思つたほどでした。

象の園ひの中には、向かふの方に、池のような

ものがこしらへてありました。誰かが、其の中へせんべいを一枚投入れますと、象は、のこのこと歩いて行つて、長い鼻をのばして、浮いて居るせんべいを拾ひ上げました。

それから、象は、ざぶ〱と水の中へはいつて行きました。水は深くて、大きな體が、半分くらゐはかくれました。すると、水がさつとあふれて、外へ流れ出ました。

「まるで、島のようだね。」

と、誰かが言ひました。

象は、しばらくして、又のこ〱と上つて來ました。さうして今度は、水を鼻へ吸込んで、其の水で自分の體を洗ひました。ちようど、ポンプの管で水をかけるようでした。しまひには、吸込んだ

變

水を、噴水のように吹上げました。

「や、かけられたら大變だ。」

と言つて、見物人は逃出しました。私も、ねえさんと一しよに、そこを立つて、らくだの居る方へ行きました。

第十五　チャールス、ダーウィン

チャールス、ダーウィンは、今から百年餘り前、イギリスに生まれた。ごく小さい時分から、動

植　室　歳

植物に深い趣味を持ち、又物を集めることが好きで、貝殻や鑛石などを室内に並べては、一人で樂しんで居た。

九歳の時、始めて學校にはいつたが、餘りすばしこい生まれつきではなかつたので、先生からも、たいして出來る生徒とは思はれなかつた。又、父には、

「お前のように、犬の世話や、ねずみを捕るこ

注　習性

とにばかり熱心では、困るではないか。」

と言つて、叱られたことがあつた。

十歳の頃には、昆蟲採集を始めた。又いろいろの鳥を注意して見ると、それ〴〵ちがつた、おもしろい習性をもつて居るので、見れば見るほど興味がわき、人は、なぜ、みんな鳥類の研究をしないのだらうと、ふしぎに思ふようになつた。

父は、ダーウィンを醫者にしようと思つて、大

勉強　古　變

學へやつた。おとなしい彼は、父の命に從つて勉強して居たが、いつの間にか、好きな博物學の研究が主となつてしまつた。

此の頃の事であつた。

或日、彼が古木の皮をむくと、珍しい甲蟲が二匹居た。さつそく、兩手に一匹づつつかむと、又一匹變つたのが見えた。これも逃してはと、いきなり、右の手の蟲を口の中へ投込んだ。投込まれた蟲は、苦しまぎれに、恐しく

質　料

からい液を出したので、思はずはき出すと、蟲はたちまち逃げてしまつた。此の時には、もう、三番目の蟲は、どこへ行つたか、わからなかつた。

彼が探檢船ビーグル號に乘込んで、意氣揚々と本國を出發したのは、二十三歳の時であつた。かくて、世界の各地をめぐつて、博物學や地質學の實地研究につとめ、種々の材料を集めて歸つたのは、それから五年の後であつた。

針 得 活

此の航海によつて、彼の博物學者としての基礎が十分に出來、一生の方針がはつきりときまつた。

ダーウィンは、興味を覺えると、あくまでそれにこる性質で、一度何かをし始めたら、滿足な結果を得るまでは、決して中途で止めなかつた。

しかも、日常生活はきはめて規則正しく、毎日きめた時間割通りに仕事を進めて、たとへ十

費 後 化 等 高

分十五分の暇でも、無益に費すことはなかつた。

ダーウィンの後半生は、病氣がちであつたが、此の規則正しい生活と、常におこたらぬ養生とによつて、七十四歳までも長生きすることが出來た。　さうして、廣く動植物を研究して、生物は、總べて長年月の間には、次第に變化し、下等なものから高等なものへと進むものであるといふ事を證明した。　これが有名な進

根

化論で、學界を根本から動かしたものである。

第十六　菅原道眞

今の京都は、もと平安京といつて、明治になるまで、長い間、日本の都となつて居た所である。都がこゝに定められた頃には、朝廷の御威光も盛んであつたが、やがて、藤原氏がだん〳〵勢を振るふようになつて、其の一門でない者は、出世をすることさへも出來なくなつた。

信 問 幼 者

宇多天皇は、こゝにお氣づきになつて、どうかして藤原氏をおさへようとおぼし召され、其の勢を分つために、菅原道眞をお引立てになつた。

道眞は學者の家に生まれて、幼い時から學問にはげみ、其の頃には、もう、すぐれた學者になつて居た。　其の上、心の正しい、りつぱな人であつたから、天皇の御信任が厚かつた。　宇多天皇の次には、御子の醍醐天皇が御位におつ

政|行　九|州

きになつたが、此の天皇も、道眞を重んじられ、道眞を右大臣(うだいじん)とし、左大臣(さ)の藤原の時平(ときひら)と二人並んで政を行ふようになさつた。

時平は、年が若い上に、學問もとうてい道眞にはかなはず、天皇の御信任も道眞には及ばなかつた。それで、不平の餘り、道眞の事をいろいろ天皇に惡く申し上げたので、道眞は、とうとう大臣を止められ、遠い九州の太宰府(だざいふ)といふ役所へやられた。それでも、道眞は少しも

過　日|　御|衣|

人をうらむことなく、太宰府へ着いてからは、固く門をとざして、一室内に謹慎(きんしん)し、片時も、天皇の御事をお忘れ申すことはなかつた。都を出たのは一月の末であつたが、いつか春も去り、夏も過ぎて、秋となつた。

九月の十日、道眞は、ちようど一年前の其の日の事を思ひ出した。其の日は宮中の御宴會(えんかい)に召されて、詩(し)を作り、天皇から、御ほうびとして御衣をちようだいしたのであつた。それ

恩　拜

を思ふと、君恩のかたじけなさが、今更(さら)のようにしみじみと感じられて、道眞は、はるかに都の方を拜み、御衣をさゝげて、涙にむせんだ。

道眞はとう〳〵

罪

太宰府で死んだが、後になつて罪のなかつたことが明らかになり、やがて、又、神としてまつられるようになつた。

第十七　俳句(はいく)

ふり上ぐる鍬(くは)の光や春の野ら　杉風(さんぷう)

若草に背中をこする野馬かな　一茶(いつさ)

富士(ふじ)一つうづみ殘して若葉かな　蕪村(ぶそん)

夕立や家をめぐりてあひる鳴く　其角(きかく)

しづかさや石にしみ入る蟬(せみ)の聲　芭蕉(ばしよう)

練習問題(四)

一　次の文字を書取つてふりがなをおつけなさい。

地面　動物園　鼻を動かす　逃出す　滿足な結果を得る　京都　出世　學問

二　次の二つづつの文を讀みくらべなさい。

あぶないことだ。もし宗任に惡い心があつたら。
もし宗任に惡い心があつたら、あぶないことだ。

一番おもしろいと思つたのは象でした。
象が一番おもしろいと思ひました。

第十八　東京

一郎「をぢさん、此の間は、おみやげをありがたうございました。」

つぎ子「ありがたうございました。」

をぢ「おゝ、よく來たね。もつと、いろ〳〵な物を買つて歸ればよかつたのだが、なか〳〵、さう思ふようにも行かないのでね。」

一郎「をぢさん、今日は、東京のお話をして下さ

いな。」

をぢ「さうだね。此の間は、おとうさんやおかあさんとばかり話をして、お前たちとは、さつぱり話をしなかつたから、今日は、先づ、東京見物のお話をするかな。」

つぎ子「どうか、願ひます。」

をぢ「まあ、お菓子でもお上り。これも、日本から持つて歸つたお菓子だよ。

をぢさんは村へ歸ると、十日ばかりして、東

重

京へ行つた。これは、中學校でお世話になつた先生の所へ、御あいさつのためだつたが、東京驛(えき)で汽車を下りると、先づ第一に宮城を拜みに行つた。宮城の前には、廣い〳〵廣場があつて、そこの芝生(しばふ)には、松が生えて居る。其の廣場の中を通つて行くと、お堀(ほり)をへだてて、二重橋

木　拜　像　宮

が見え、其の右の方には、木の間から御所のお屋根も拜される。昨日上げた繪葉書の中にある楠木正成の銅像は、此の廣場の中にあるのだ。」

一郎「明治神宮にも、お參りでしたか。」

をぢ「あゝ、お參りしたよ。明治神宮は、境内が大そう廣くて、一の

道

鳥居をくゞつてから、拜殿まで、ずいぶんある。毎日、たくさんの人が、たえずお參りして居るが、長い參道には、ちり一つ落ちて居らず、まことに神々しい氣がする。

それから、をぢさんは、靖國

靑　戰　器　爭

神社へもお參りして來た。靖國神社の靑銅の鳥居は、實に大きいものだ。恐らく、靑銅の鳥居では日本一だらう。

こゝには、國のために戰死した人が、皆おまつりしてあるのだ。それから、此の境内にある遊就館には、昔からの武器や、戰爭に關係のあるいろ〳〵の物が

陳　列　步

陳列してある。」

つぎ子「をぢさん、東京で一番にぎやかなのは、何といふ所ですか。」

をぢ「一番にぎやかな所かね。まあ、町では銀座か新宿だらう。夕方は、大變な人出で、雨がはの步道は、ちよつと步けないくらゐだ。」

一郎「何ですか、其の步道とい

ふのは。」

をぢ「あ、なるほど、それはわかるまい。日本の大都會では、廣い通は、中央が車道といつて、電車や自動車が通る所になつて居り、其の兩がはに、歩道といつて、人の通る所があるのだ。これはブラジルの町にもあるから、物は知つて居るだらう。

自動車の多いことは驚くほどだよ。それから、地面の上ばかりでなく、地面の下にも、

地下鐵道といつて、電車が通つて居る。

にぎやかな所には、まだ淺草の觀音様がある。こゝは、毎日おまつりのような人出だ。此の觀音様のそばには、映畫館などもたくさんあつて、にぎやかな事からいへば、或は東京一かも知れない。」

一郎「あの繪葉書にあつた西郷さんの銅像といふのは、どこにあるのですか。」

をぢ「あれは上野公園にある。そこには、博物館や動物園もある。春は、又櫻の名所としても名高い。」

つぎ子「公園は幾つありますか。」

をぢ「さうだな、小さいものまで入れると、ずい

ぶんたくさんあるが、大きいのは上野公園・日比谷公園・芝公園、それから關東大震災後に出來た隅田公園、まあこんなものだらう。」

つぎ子「繪葉書にあつた、あのりつぱな橋は何といふ橋ですか。」

をぢ「あれは清洲橋といつて隅田川にかゝつ

て居る。此の川には、其の外にもりつぱな橋がたくさんかゝつて居る。今言つた隅田公園は、此の川の岸にあるのだ。」

一郎「僕も、一ぺん日本へ行つて見たいなあ。」

をぢ「さうだね。大きくなつたら、ぜひ一度は行つて見なければならないね。」

共　心地

第十九　東郷元帥

關東大震災の時であつた。

「どゝつ。」といふ、ものすごい地ひゞきと共に、東京の何千萬の家は、一度に震動した。瓦が落ちる、窓ガラスが飛ぶ、石垣がくづれる。かたむく家、めちやめちやにつぶれる家も、ずいぶん多かつた。市民は、全く生きた心地もなかつた。命からがら逃出した者も、しばらくは、

つゞいて起る餘震に驚いて、たゞ「あれよ、あれよ。」と言ふばかり。ましてけがをした者や、つぶれた家の下敷になつた者は、どんな氣持であつたらう。

東郷元帥の家は、質素な古い木造建であつた。はげしい震動に、此の家も、たちまち壁はくづれ、屋根瓦は、大てい落ちてしまつた。

家

ちようどお晝の食事中であつた元帥は、家の人々と一しよに庭へ出たが、はげしい震動が一先づ過ぎると、すぐに居間へとつて返した。たんすをあけて、自ら軍服を取出し、手早く着かへた。さうして、胸にはうやうやしく勲章を着けた。

「どうなさるのでございますか。」

といふ家人の問に對して、元帥はおごそかに、

「赤坂離宮へ。」

無

と答へた。

引きつゞき起る餘震に、家は震ひ、地はゆれ、市民があわてふためいて居る中を、七十七歳の老元帥は、赤坂離宮へと急いだ。

當時、大正天皇は、日光へお出でになつて居た。元帥は、赤坂離宮に、攝政殿下をお見まひ申し上げたのである。

攝政殿下の御無事でいらつしやるのを拜した元帥は、さすがに胸をなで下しながら、三時

宅　火　置

頃、おいとまを申し上げて、自宅へ歸つた。

其の頃、東京市中は、いたる所に火災が起つて居た。

歸るとすぐ、元帥は、家の人に、

「御眞影を、庭へお移し申せ。」

と命じた。

御眞影は、庭の中央に安置された。

やがて、火は近くの家に起つた。　元帥の家の人々は、手傳ひに、其の方へと走つた。

防

ところが、火はたちまち元帥の家をおそつた。

先づ、自動車小屋が、見る間に燒けた。

元帥は、家に殘つて居た人々をさしづしながら、自ら防火につとめた。

「あぶなうございます。　どうぞ、お立ちのき下さい。」

と、人がすゝめても、元帥は、

「何、大丈夫。　もう少し。」

と言つて、聞入れなかつた。

回

自分の家を燒くのは、近所の家々へめいわくをかけることになる。　守られるだけは守らねばならないといふのが、元帥の心であつた。

火は、前後二回おそつたが、元帥のさしづと、集つて來た人人の働によつて、消し止められた。　かうして、家は最後まで無事であつた。

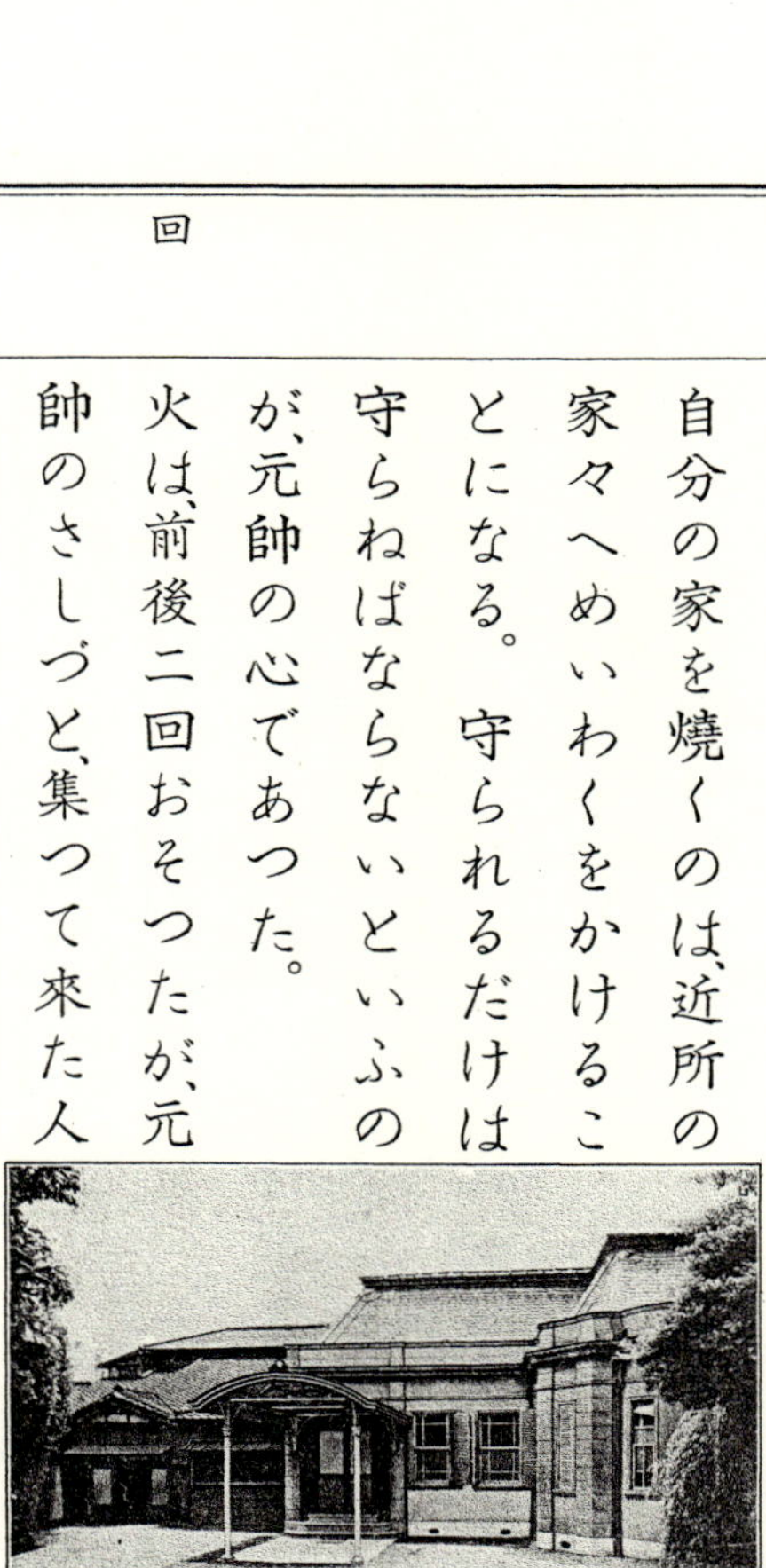

的

第二十　扇の的

屋島の戦に源氏はをか、平家は海で、向かひ合つて居ました時、平家方から、舟一そう、こぎ出して來ました。見れば、へさきに長い竿を立てて、其の竿の先には、開いた赤い扇がつけてあります。一人の官女が、其の下に立つて招いて居ます。竿の先の扇を射よといふのでせう。

舟は、波にゆられて、上つたり下つたりします。扇は、風に吹かれて、くる〱廻つて居ます。幾ら弓の名人でも、これを一矢で射落す事は、なか〱むづかしさうです。

源氏の大將義經は、家來に向かつて、

「誰か、あの扇を射落す者はないか。」

と尋ねました。其の時、一人の家來が進み出て、

「那須の餘一と申す者がございます。空を飛

上手

んで居る鳥でも、三羽ねらへば、二羽だけはきつと射落すほどの上手でございます。」

と言ひました。

義經は、

「それを呼べ。」

と、すぐに餘一を呼出しました。

餘一はじたいしましたが、義經が

許しません。餘一は、心の中で、もしこれを射そこなつたら、生きては居まいとかくごをきめて、馬にまたがつて、海の中へ乗入れました。

弓を取直して、向かふを見渡すと、舟がゆれて、的が定まりません。しばらく目をつぶつて神様にいのつてから、目を開いて見ると、今度は扇が少し落着いて見えます。餘一は弓

に矢をつがへ、よくねらひを定めて、ひようと射放しました。

赤い扇はかなめのきはを射切られて、空に高くまひ上つて、ひら／＼と二つ三つ廻つて、波の上に落ちました。

をかの方では、大將義經を始め、みんなが馬のくらをたゝいて喜びました。海の方でも、平家方が、ふなばたをたゝいて、一度にどつとほめました。

球　如　故　球　表　倍　體

第二十一　世界

我等が住む世界は、其の形圓くして、球の如し。故に、これを地球といふ。

地球の表面には、海と陸とありて、海の廣さは、およそ、陸の二倍半

私たちが住む世界は、其の形が圓くて、球のようである。それで、これを地球といふ。

地球の表面には、海と陸とがあつて、海の廣さは、大體、陸の二倍半

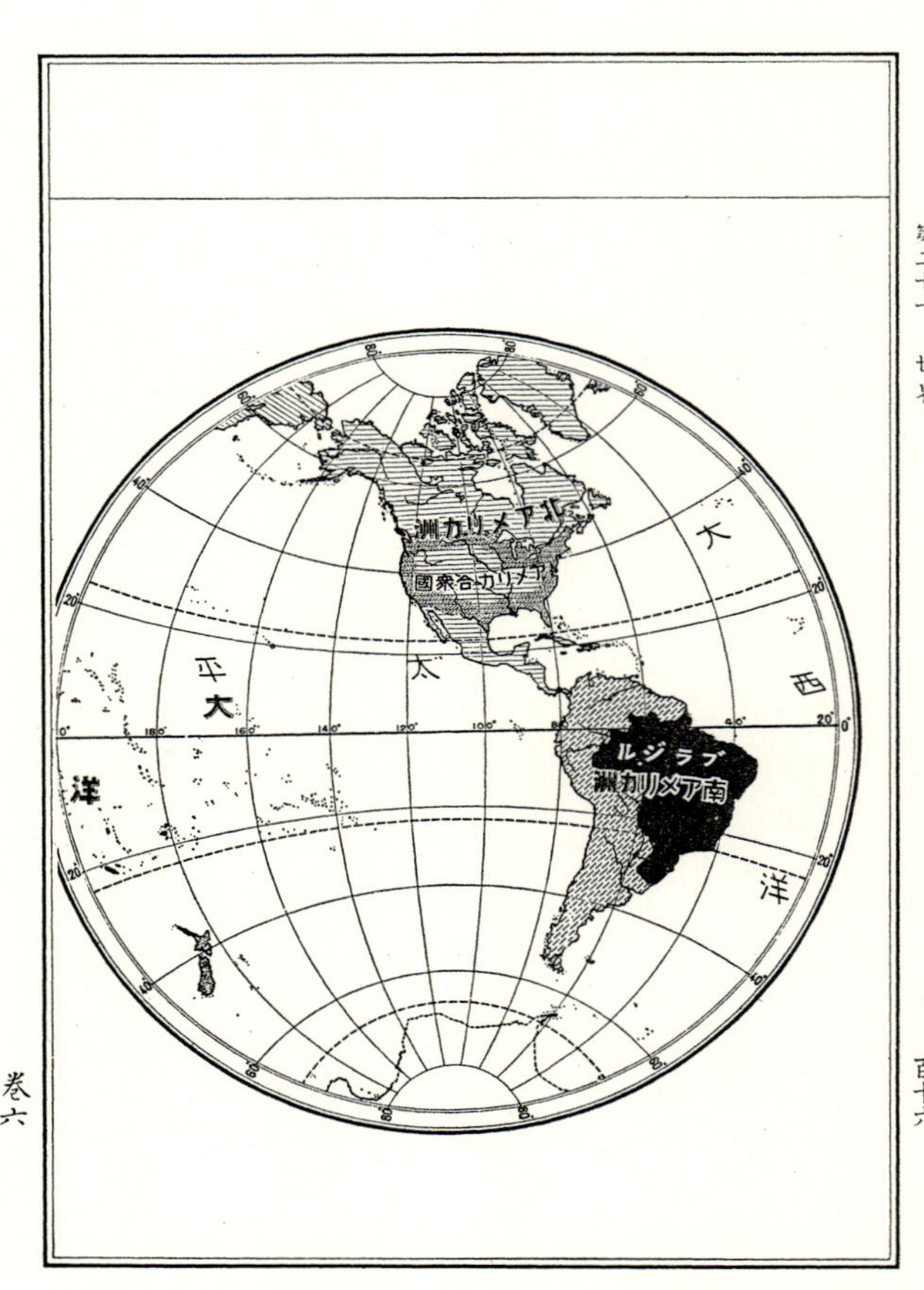

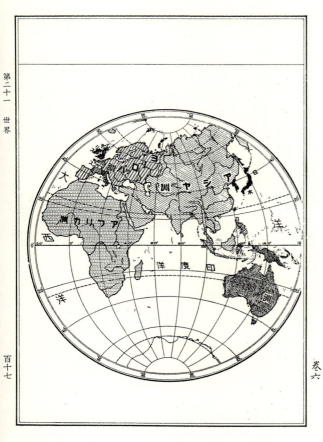

太 洲 南北

なり。

海を分けて、太平洋・大西洋・印度洋とし、陸を分けて、アジヤ洲・ヨーロッパ洲・アフリカ洲・南アメリカ洲・北アメリカ洲及び大洋洲とす。我等が住むブラジルは、南アメリカ洲

である。

海を分けて、太平洋・大西洋・印度洋とし、陸を分けて、アジヤ洲・ヨーロッパ洲・アフリカ洲・南アメリカ洲・北アメリカ洲及び大洋洲とする。私たちが住んで居るブラジルは、南

部 餘

にあり、日本はアジヤ洲の東部に位す。

地球の上には、大小合はせて六十餘國あり。其の中、日本と、イギリス・フランス・イタリヤ・及びアメリカ合衆國を、世界の五大強國と

アメリカ洲にあり、日本はアジヤ洲の東部にある。

地球の上には、大小合はせて六十餘りの國がある。其の中、日本と、イギリス・フランス・イタリヤ及びアメリカ合衆國を、世界の五

音 暮

いふ。

大強國といふ。

第二十二 風鈴

軒の風鈴、夕風に、
ちりんりん、ちりんりん。
風鈴の音の涼しさよ。
晝の間のほてり消え失せ、
夏の日は、今ぞ暮れ行く。

軒の風鈴、夕風に、
ちりんりん、
ちりんりん。
打水のあと、
心地よや。
大空に
月は浮かびて、
夏の夜は、
今ぞふけ行く。

練習問題（五）

一　次の文字を書取つてふりがなをおつけなさい。

東京見物　宮城前の廣場　明治神宮　地下鐵道　上野公園　市民　木造建　無事　安置　射落す　世界心地

二　次の二つづつの文を讀みくらべなさい。

淺草はにぎやかな事からいへば或は東京一かも知れない。

淺草はにぎやかな事からいへば東京一である。

地球の表面には海と陸とあり。

地球の表面には海と陸とがある。

三　日本の地名を幾つ知りましたか、かぞへて御らんなさい。

【新出】

漢字表

勢放戰參許又差迎亡眼胸板宮
銅粉員老初以限決定結無從隊
守飲突汝終武運任特餘園移體
似味孝號改寒最秋淚離牧綠半
習歸燒吉獨帝對政府各邊帽投
彼望與与文句民固約束尊敬登
象閉卷變植室歲注性勉質料得
活費化幼信州過恩拜罪像器爭

【讀替】

陳列央驚共宅防回的球如故倍
洲南部暮
進仕風降參砂船長我手少後果
煙行言仰宮祝女次—第文勢向降
養最通—此方次立皇世少自歸味
地習強古變針後等高根者問政
行九日御衣重木拜宮道青戰步
或心—地家無火置上—手球表體太
北餘音

【假名附】

神(ジン)武(ム)大—和(やまと)八—咫—烏(やたがらす)兄(え)弟(おと)失(シツ)禮(レイ)期(ゴ)金(コン)鵄(とび)
勳(クン)章(ショウ)磁(ジ)石(シャク)縫(ぬひ)込(こむ)箸(はし)釘(くぎ)鍮(チュウ)熱(ネッ)帶(タイ)泳(およぎ)米(メートル)眺(ながめ)
甲(カン)板(ハン)夢(ム)救(すくひ)數(スウ)彈(ダン)丸(ガン)伏(ふす)日—本(やまと)武(たける)尊(みこと)熊(くま)襲(そ)
朝(チョウ)廷(テイ)增(ゾウ)座(ザ)敷(しき)給(キュウ)勅(チョク)皇—子(みこ)薙(なぎ)伊—勢(いせ)倭(やまと)姫(ひめ)
命(みこと)天(あめ)叢(むら)授(さづけ)袋(ふくろ)駿—河(するが)鹿(しか)狩(かり)蠶(かひこ)桑(くは)繭(まゆ)棚(たな)薄(うすい)
軒(のき)端(は)雀(すずめ)美—濃(みの)貧(まづし)薪(たきぎ)腰(こし)汲(くむ)奈—良(なら)行(ギョウ)幸(コウ)・隣(となり)
際(サイ)附(フ)粁(キロメートル)畠(はたけ)有(あり)壯(ソウ)快(カイ)咲(さく)總(ソウ)理(リ)臣(シン)暴(ボウ)稅(ゼイ)騷(ソウ)
率(ひきゐ)封(フウ)功(コウ)勞(ロウ)永(エイ)久(キュウ)賞(ショウ)與(ヨ)愛(アイ)利(リ)益(エキ)爵(シャク)陛(ヘイ)墓(はか)
費(ヒ)粗(ソ)末(マツ)石(セキ)碑(ヒ)榮(エイ)握(にぎる)並(なみ)輕(かろい)幡(マン)義(よし)安—倍(あべ)宗(むね)

任狐燕家扇猿蛇枚管噴趣殼鑛捕
叱昆蟲採集興類研究醫博液探檢
揚種基礎覺規則割暇總證有論菅
眞威藤氏振宇厚醍醐右左平宰謹
愼宴詩更俳鍬杉茶富蕪村其角蟬
芭蕉驛芝-生堀楠成境內神-々靖遊
就館關係新宿觀-音映畫西鄕櫻比
谷震災隅淸洲帥窓垣素壁離震當
攝政影源竿官經那須印合-衆鈴涼

昭和十二年三月　七日印刷
昭和十二年三月十一日發行

著作兼發行者　ブラジル日本人教育普及會

印刷者　和田助一
東京市芝區芝浦一丁目二十三番地
單式印刷株式會社

印刷所　單式印刷株式會社
東京市芝區芝浦一丁目二十三番地

Made in Japan

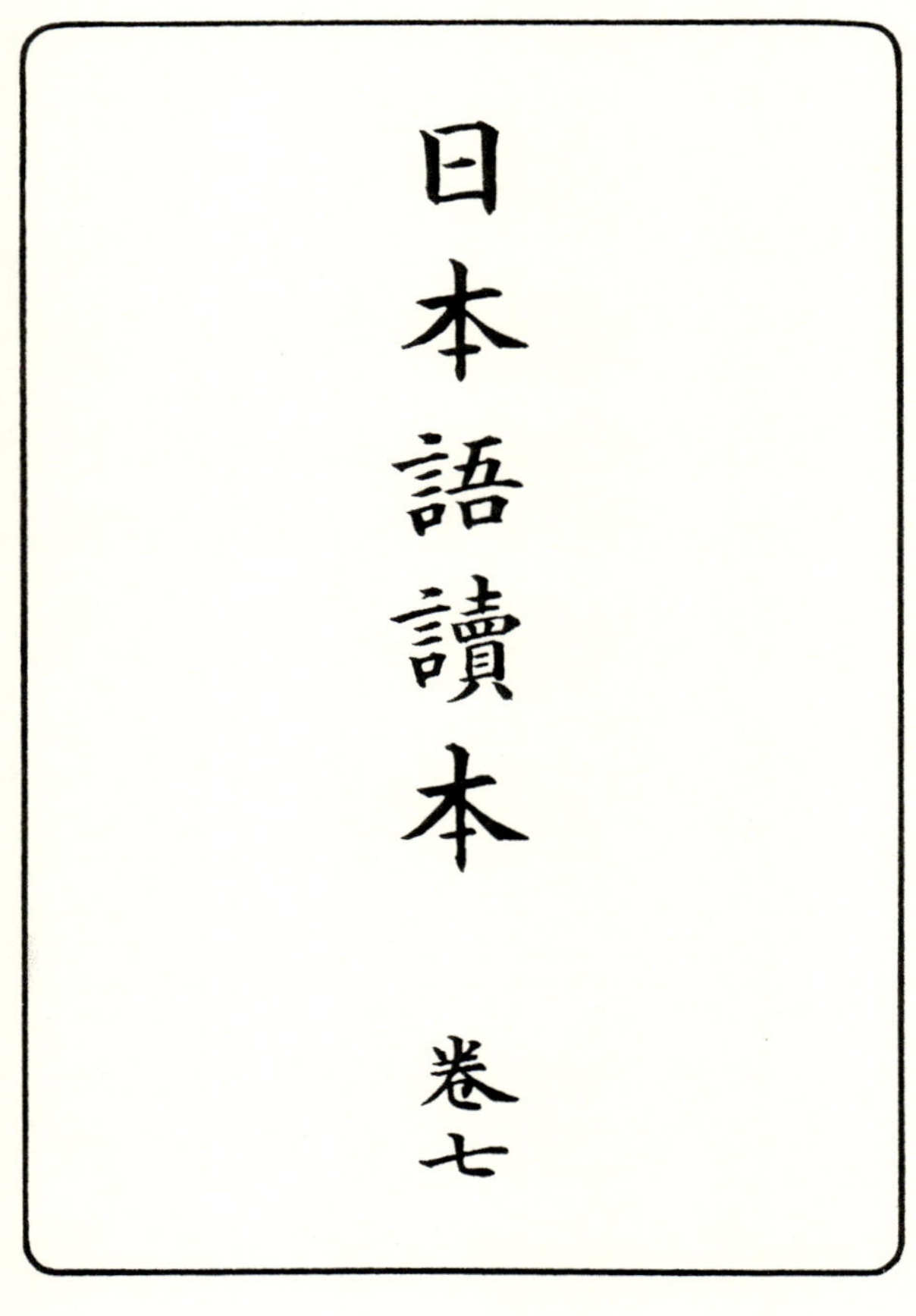
日本語讀本
巻七

日本語讀本
巻七

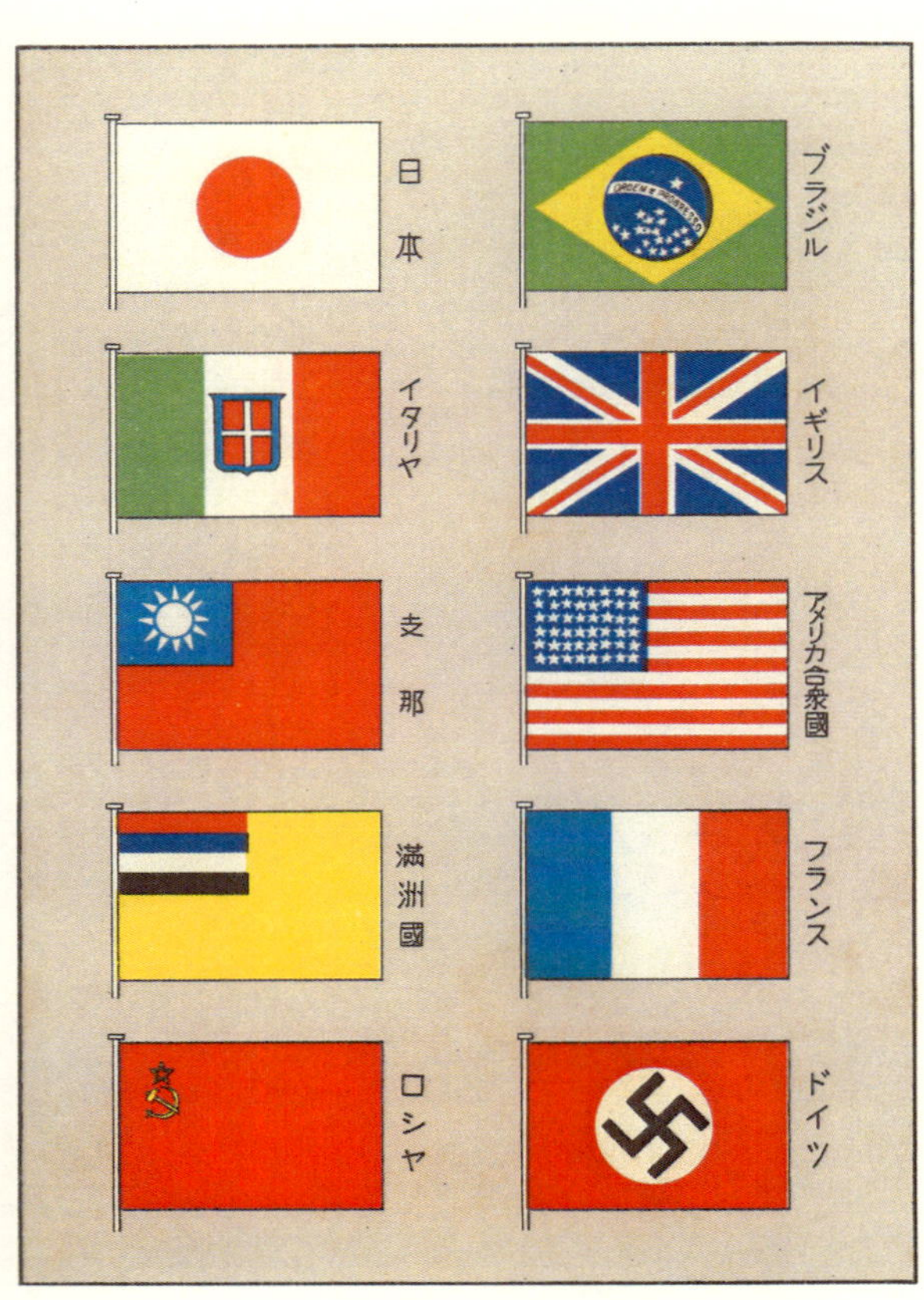
日本
ブラジル
イタリヤ
イギリス
支那
アメリカ合衆國
滿洲國
フランス
ロシヤ
ドイツ

目錄

第一　國旗……一
第二　雲の峯……八
第三　萬壽の姫……十
第四　乃木大將の幼年時代……二十
第五　水兵の母……二十五
第六　パナマ運河……三十三
第七　馬鈴薯王……四十一
第八　廣瀨中佐……四十九
第九　神風……五十一
第十　燈臺守のむすめ……五十七
第十一　參宮だより……六十二
第十二　トマス、エヂソン……六十六
第十三　鐵工場……七十一
第十四　豐田佐吉……七十五
第十五　ブラジルにおける日本人……八十三
第十六　害蟲と益蟲……八十六
第十七　千早城……九十五
第十八　和歌……百一
第十九　木下藤吉郎……百二
第二十　雪の夜……百七
第二十一　心と心……百十二
第二十二　人を招く手紙……百十三
第二十三　修學旅行日記……百十七

旗　制　定　無　帶

日本語讀本　卷七

第一　國旗

今日一つの國家をなして居るもので、國旗が制定せられて居ない所は無い。國旗は實に國家を代表するしるしであつて、其の徽章や色彩には、それぐ\深い意味がある。

ブラジルの國旗は、綠色の地の中央部に黄色の菱形があつて、其の眞中に藍色の地球をゑがき、これを卷く白い帶に"Ordem e Progresso"（秩序と進

記　數　表　山　野　黄　金　形　式　備　元　合

歩）と記してある。又其の地球には、州の數を表はす二十一箇の白い星が染拔いてある。綠は繁茂せるブラジルの山野を表はし、黄は地下にある黄金、藍色は國土をおほふ青空を表はし、星は聯合國家をなす二十州と聯邦都をかたどつたものである。

イギリスの國旗は、今日の形式を備へるまでには、何度も變つた。元來イギリスは、イングランド・スコットランド・アイルランド三國の合同して出來た國家で、先づイングランドとスコット

合　赤　白　加　遂　至　衆　得　當

ランドが合した時には、白地に赤十字をゑがいたイングランドの國旗と、藍地に斜白十字をゑがいたスコットランドの國旗とを合はせて一つの旗とし、後、アイルランドが加るに及んで、白地に斜赤十字をゑがいた其の國旗を合はせて、遂に今日のような形式となるに至つたのである。

アメリカ合衆國の國旗は、一定不變の部分と、變化し得る部分とから出來て居る。すなはち赤白合はせて十三ある橫筋は、獨立當時の十三州

永 久 致 現 色 由 博 愛 圓 陽

を表はすもので、永久に變化することはないが、藍地の中の星は、常に州の數と一致せしめることになつて居る。現今は、星の數が四十八箇である。

藍・白・赤の三色で、縱に染分けたものは、フランスの國旗である。此の三色は、自由・平等・博愛を表はすものといはれて居る。

ドイツの國旗は、赤地の中央に白の圓があり、其の中に黑のかぎ十字がゑがいてある。かぎ十字は太陽をかたどつたものだといふ。

王 家 興 祈 更

イタリヤの國旗は、綠・白・赤の三色を縱に染分け、中央の白地の中に、王家の紋が表はされて居る。これはイタリヤ中興の王エンマヌエルが、國土統一の時、其の家の紋章の色である白と赤とに、統一の成功を祈る希望の色として綠を加へ、更に王家の紋章を配したものである。

支那の國旗は、赤地の上の一隅を青にし、其の中央に十二の後光をつけた白い日の形を染拔いたものである。此の赤・青・白の三色も、自由・平等・博愛の意味を表はして居るのだといふ。

興 南 示

近頃新しく興つた滿洲國の國旗は、地を黃色とし、其の左肩の所に、紅・青・白・黑の四色を配したものである。青は東方、紅は南方、白は西方、黑は北方、黃は中央を意味し、中央政府の政治が全國に行きとゞいて、國がよく治ることを示したものである。

日本の國旗は、白地に赤の日の丸をゑがいたもので、其の徽章や色彩は單純であるが、いかにもけだかい所があり、よく「日本」といふ名にもかなひ、國が益〻榮えて行くことはちようど朝日の上

建 歷 史 暗 示 仰 忠 情 現 重

るようだといふことを思はしめる。又白地は、國民の潔白な性質を示し、日の丸は、もゆるが如き愛國の誠を表はすものともいへよう。

かくの如く、各國の國旗は、或は其の建國の歷史を暗示し、或は其の國民の理想信仰を表はすものであるから、國民のこれに對する尊敬は、すなはち其の國家に對する忠愛の情の現れである。だから、我々は自國の國旗を尊重すると同時に、諸外國の國旗に對しても、常に敬意を表しなければならぬ。

低

第二　雲の峯

湧いて生まれた雲の峯、
林の上の太郎雲、
畠の上の次郎雲、
三郎雲はまだ低い。

低い雲から雲が湧く。
眞夏、明かるい青空に、
湧いて湧いて重なつて、
だん〳〵高い雲の峯。

突立ち上つた太郎雲、
それを見上げた次郎雲、
三郎雲も負けないで、
重なり上る雲の峯。

太郎の目、次郎の目、三郎の目、
ぴかりと光る三つの目、
ぴかり、ごろ〳〵鳴り出して、

大きな雨が落ちて來る。

第三　萬壽姫

源頼朝が鶴岡の八幡宮へ舞を奉納することになつて、舞姫を集めました。十二人の中、十一人まではありましたが、あとの一人がありません。困つて居る所へ、御殿に仕へて居る萬壽がよからうと申し出

品　殊

た者がありました。頼朝は一目見た上でと、萬壽を呼出しましたが、顔も美しく、姿も上品に見えましたので、さつそく舞姫にきめました。萬壽は、其の時やうやく十三歳、舞姫の中では一番年若でした。

奉納の當日は、頼朝を始め、舞見物の人々が、何千人ともなく集りました。一番、二番、三番と、十二番の舞がめでたくすみましたが、其の中で、殊に人のほめ立てたのは五番目の舞でした。此の時には、頼朝もおもしろくなつて、一しよに舞ひ

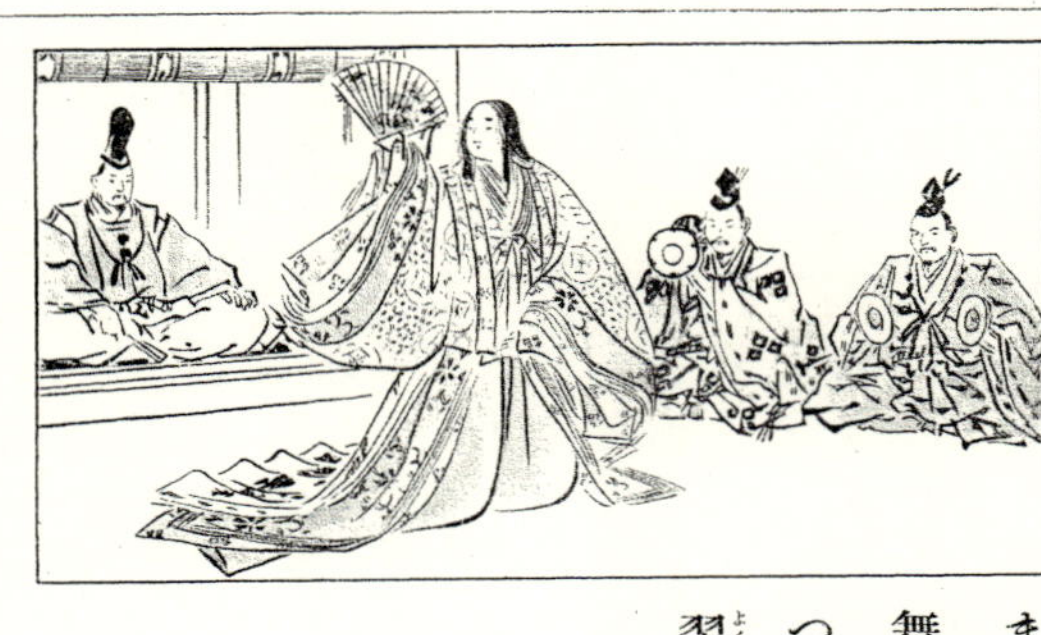

ました。其の五番目の舞を舞つたのが、かの萬壽姫であつたのです。

翌日、頼朝は萬壽を呼出して、

「さて〱、此の度の舞は日本一の出來であつた。お前の生まれた所はどこ、又親の名は何といふか。ほうびは望にまかせてやるぞ。」

理

と言ひました。萬壽は恐る〱、

「別に望はございませんが、唐糸の身代りに立ちたうございます。」

と申しました。これを聞くと、頼朝の顏の色はさつと變りました。變るも道理、これには深い事情があつたのです。

それより一年ばかり前の事です。木曾義仲の家來手塚太郎光盛のむすめが、頼朝に仕へて居りましたが、頼朝が義仲を攻めようとするのをさとつて、義仲の所へ知らせました。義仲から

晝

は、すぐ返事があつて、すきをねらつて、頼朝の命を取れ。」と、木曾の家に傳はつて居た大切な刀を送つてよこしました。

光盛のむすめは、其の後、晝夜、頼朝をねらひましたが、少しもすきがありません。かへつて、肌身離さず持つて居た刀を見つけられてしまひました。其の刀に見覺えがあつた頼朝は、「さあ、此の女にはゆだんが出來ぬ。」といふので、石のろうに入れてしまひました。唐糸といふのは、此の女のことでした。

續

唐糸には、其の時十二になるむすめがありました。これが萬壽姫で、木曾に住んで居りましたが、風のたよりに此の事を聞いて、うばを連れて、鎌倉をさして上りました。二人は野を過ぎ、山を越え、なれない道を一月餘りも歩き續けて、やうやく鎌倉に着きました。

先づ鶴岡の八幡宮へ參つて「母の命をお助け下さい。」と祈り、それから頼朝の御殿へ行つて、うばと二人でお仕へしたいと願ひ出ました。陰日向なく働く上に、人の仕事まで引受けるように

裏

しましたので「萬壽、々々」と人々にかはいがられました。

さて萬壽は、誰か母のうはさをする者は無いかと氣をつけて居ましたが、十日たつても二十日たつても、母の名を言ふ者はありません。「あゝ、母はもう此の世の人ではないのか」と、力を落して居りました。

或日の事、萬壽が御殿の裏へ出て、何の氣もなくあたりを眺めて居りますと、小さい門がありました。そこへ下仕の女が來て、あの門の中へ、は

いつてはなりませぬ」と申しました。わけを尋ねますと、

「あの中には石のろうがあつて、唐絲様が押しこめられて居ります。」

と答へました。これを聞いた萬壽の驚と喜は、どんなであつたでせう。

三月二十日、今日はお花見といふので、御殿は人少でした。萬壽は其の夜ひそかにうばを連れて、石のろうをたづねました。八幡様のお引合はせか、門の戸は細めにあいて居りました。う

ばを門のわきに立たせて置いて、姫は中にはいりました。月の光にすかして、あちらこちらさがしますと、松林の中に石のろうがありました。萬壽がかけ寄つて、ろうのとびらに手をかけますと、

「誰か。」

と、ろうの中から申しました。

萬壽は格子の間から手を入れて、

「おなつかしや、母上様。木曾の萬壽でございます。」

「何、萬壽。木曾の萬壽か。」

親子は手を取合つて泣きました。やがてうばをも呼んで、三人は、其の夜を涙の中に明かしました。

これから後、萬壽は、うばと心を合はせて、折々ろう屋をたづねては、母をなぐさめて居りました。さうして其の明くる年の春、舞姫に出ることになつたのでした。

幼

親を思ふ孝子の心には、頼朝も感心して、石のろうから唐絲を出してやりました。二人が互に取りすがつて、うれし泣きに泣いた時には、頼朝を始め、居合はせた者に、誰一人もらひ泣きをしない者はありませんでした。

頼朝は唐絲をゆるした上に、萬壽には澤山なほうびを與へました。親子は、うばもろともに、喜び勇んで木曾へ歸りました。

第四　乃木大將の幼年時代

守

乃木大將は、幼少の時、體が弱く、其の上臆病であつた。幼名を無人といつたが、寒いと言つては泣き、暑いと言つては泣き、朝晩よく泣いたので、近所の人は、大將のことを「無人ではない、泣人だ。」と言つたといふことである。

大將の父は長府藩主に仕へて、江戸で若君のお守役をして居たが、「自分の子がかう弱蟲の泣蟲では、第一藩主に對しても申しわけが無い。どうかして大將の體を丈夫にし、氣を強くしなければならぬ。」と思つた。

往復　途　義

そこで、大將が四五歳の時から、父は薄暗いうちに大將を起して、往復四粁もある高輪の泉岳寺へ、よく連れて行つた。泉岳寺には名高い四十七士の墓がある。父は途々義士の事を大將に話して聞かせて、其の墓に參詣したのである。

或年の冬、大將が思はず「寒い。」と言つた。父は、「よし。寒いなら暖くなるようにしてやる。」と言つて、大將を井戸端へ連れて行つて、着物をぬがせて、頭から冷水を浴びせかけた。大將は、これから後、一生の間「寒い。」とも「暑い。」とも言はなかつたといふ。

必

母もまたえらい人であつた。大將が何かたべ物の中にきらひな物があると見れば、三度々々の食事に、必ず其のきらひな物ばかり出して、大將がなれるまで、うち中の者がそればかりたべるようにした。其のため、大將には、全くたべ物に好ききらひとい

鄕　親　粗末

ふものが無いようになつた。

大將が十歲の年、一家は鄕里へ歸ることになつた。其の時大將は、江戶から大阪まで、馬やかごに乘らず、兩親と共に步いて行つた。當時、大將の體は、もうこれだけ丈夫になつて居たのである。

鄕里の家は、小さい粗末な家であつた。けれども、刀・槍・長刀など、武士の魂と呼ばれる物は、いつもきら〱光つて居た。

此の父母の下に、此の家に育つた乃木大將が、一

素　役

生忠誠・質素で押通して、武人の手本と仰がれるようになつたのは、まことにいはれのあることである。

第五　水兵の母

明治二十七八年戰役の時であつた。或日、我が軍艦高千穗の一水兵が、女の字らしい手紙を讀みながら泣いて居た。ふと通りかゝつた某大

女　妻　男

尉がこれを見て、餘りに女女しいふるまひと思つて、

「こら、どうした。命が惜しくなつたか、妻子が戀ひしくなつたか。軍人となつていくさに出たのを男子の面目とも思はず、其の有樣は何事だ。兵士の恥は艦の恥、艦の恥は帝國の恥だぞ。」

と言葉するどく叱つた。

水兵は驚いて立上つて、しばらく大尉の顏を見つめて居たが、やがて頭を下げて、

「それは餘りなお言葉です。私には妻も子もありません。私も日本男子です。何で命を惜しみませう。どうぞ、これを御覽下さい。」

と言つて、其の手紙を差出した。

大尉はそれを取つて見ると、次のような事が書いてあつた。

「聞けば、そなたは豐島沖の海戰にも出ず、又八月十日の威海衞攻擊とやらにも、格別の働な

残念候　報　母

かりきとのこと、母はいかにも殘念に思ひ候。何の爲にいくさには御出でなされ候ぞ。一命を捨てて君の御恩に報ゆる爲には候はずや。村の方々は、朝に夕にいろ〳〵とやさしく御世話下され、『一人の子が御國の爲いくさに出でし事なれば、定めて不自由なる事もあらん。何にてもえんりよ無く言へ。』と、親切に仰せ下され候。母は其の方々の顏を見る毎に、そなたのふがひなき事が思ひ出されて、此の胸は張りさくるばかりにて候。八幡様に

致　願　精

日參致し候も、そなたがあつぱれなるてがらを立て候ようとの心願に候。母も人間なれば、我が子にくしとはつゆ思ひ申さず。いかばかりの思ひにて此の手紙をしたゝめしか、よく〳〵御察し下されたく候。」

大尉は、これを讀んで、思はずも涙を落し、水兵の手を握つて、

「わたしが悪かつた。おかあさんの精神は感心の外はない。お前の殘念がるのも、もつともだ。しかし、今の戰爭は昔とちがつて、一人

功　官　職　會

で進んで功を立てるようなことは出來ない。將校も兵士も、皆一つになつて働かなければならない。總べて上官の命令を守つて、自分の職分に精を出すのが第一だ。おかあさんは、『一命を捨てて君恩に報いよ。』と言つて居られるが、まだ其の折に出會はないのだ。豊島沖の海戰に出なかつたことは、艦中一同殘念に思つて居る。しかし、これも致し方がない。其のうちには、花々しい戰爭もあるだらう。其の時にはお互に目ざましい働をして、我が

禮(礼)

高千穗艦の名をあげよう。此のわけをよくおかあさんに言つて上げて、安心なさるようにするがよい。」

と言聞かせた。

水兵は頭を下げて聞いて居たが、やがて手をあげて敬禮して、につこりと笑つて立去つた。

自修材料(一)

○二宮尊德

二宮尊德は、今から約百五十年前、相模の栢山村(今神奈川縣に屬す)に生まれた。五歳の時、大水のために、先祖から傳はつた田地は

すつかり洗ひ流されてしまつた。其の上、間もなく父が長い病の床についたので、家は貧乏のどん底に落ちた。尊徳は、少年ながら農事を習ひ、又病氣の父に代つて、村の人たちと一しよに、大水の跡始末にも出た。

十四の秋、彼が一生懸命で介抱したかひもなく父は世を去り、十六の夏には、長い間の無理がたゝつて、母もとう〳〵なくなつてしまつた。尊徳のなげきは筆にも紙にも盡くせない。親類の人々は、そうだんして、尊徳を始め三人の子供を引取り、世話することになつた。

尊徳が引取られたのは、伯父の所であつた。伯父は口やかましい人であつた。尊徳が暇さへあれば、本を讀みたがるのをきらつて、「農家に學問はいらぬ事だ。暇があつたら、うちの仕事をせよ。」と言つて叱つた。しかし尊徳は「一生無學の人となつては、父の家を興すことは出來ない。どうかして、自分の油で勉强したいものだ。」と思つた。

そこで、川べりの洲に油菜をまき、やがて其の實七八升を得た。これを油屋へ持つて行つて、幾らかの油に取りかへた。さうして、毎晩家人の寢靜まるのを待ち、自分の油をともしては、心靜かに勉强した。

帶　層　岩　石

第六　パナマ運河

北アメリカが南アメリカに續く部分は、パナマ地峡といつて、地形がきはめて細長くなつて居る。此の地峡に造つた運河が、世界に名高いパナマ運河である。

パナマ地峡は、一帶に小山が起伏して居る上に、地層にはかたい岩石が多い。其の外にもいろいろの理由があるので、此の地峡を切通し、平かな掘割を造つて、太平・大西兩洋の水を通はせることは、とうてい出來ぬ事であつた。そこで此の運河は、非常に變つた仕組に出來て居るのである。

湖　連　設

先づ地峡の山地を流れて居る川の水をせき止めて、湖を二つ造つた。高い土地の上に水をたたへたのであるから、湖の水面は、海面よりずつと高い。此の湖へ兩方の海から掘割が通じてある。ところで、此の高い湖と低い掘割を、何の仕掛もなしに連結すれば、湖の水は瀧のように掘割へ落込んで、とても船を通すことは出來ないから、掘割の所々に水門を設けて、たくみに船を上下するようにしてある。

今、太平洋の方から此の運河を通るとする。船

法　湖

は先づ海から廣い掘割にはいる。しばらく進むと、水門があつて、行く手をさへぎつて居る。近づくと、門のとびらは左右に開いて、船が中にはいり、とびらはしまる。上手にも水門があるので、船は大きな箱の中に浮いて居る形である。底の水道から水が湧出て、船は次第に高く浮上る。と、上手の水門が開いて、船は次の箱の中にはいる。前と同じ方法で、船はもう一段高く浮上り、次の水門を越して、小さい人造湖に出る。此の湖を横ぎると、又水門があつて、船は更に一

難　過　點　散　在

段高くなる。かうして、前後三段に上つた船は、海面より約二十六米も高い水面に浮かぶのである。

それから、船はクレブラの掘割を通る。これは高い山地を切通したもので、こゝを切通すのは非常な難工事であつたといふ事である。掘割を通過して、船は又湖に出る。ガツン湖といふ大きな人造湖で、湖上に點々と散在して居る島島は、もとこゝにそびえて居た山々である。此の湖を渡つて、又水門を通過する。今度は前と

順　終　延　凡　數　畫

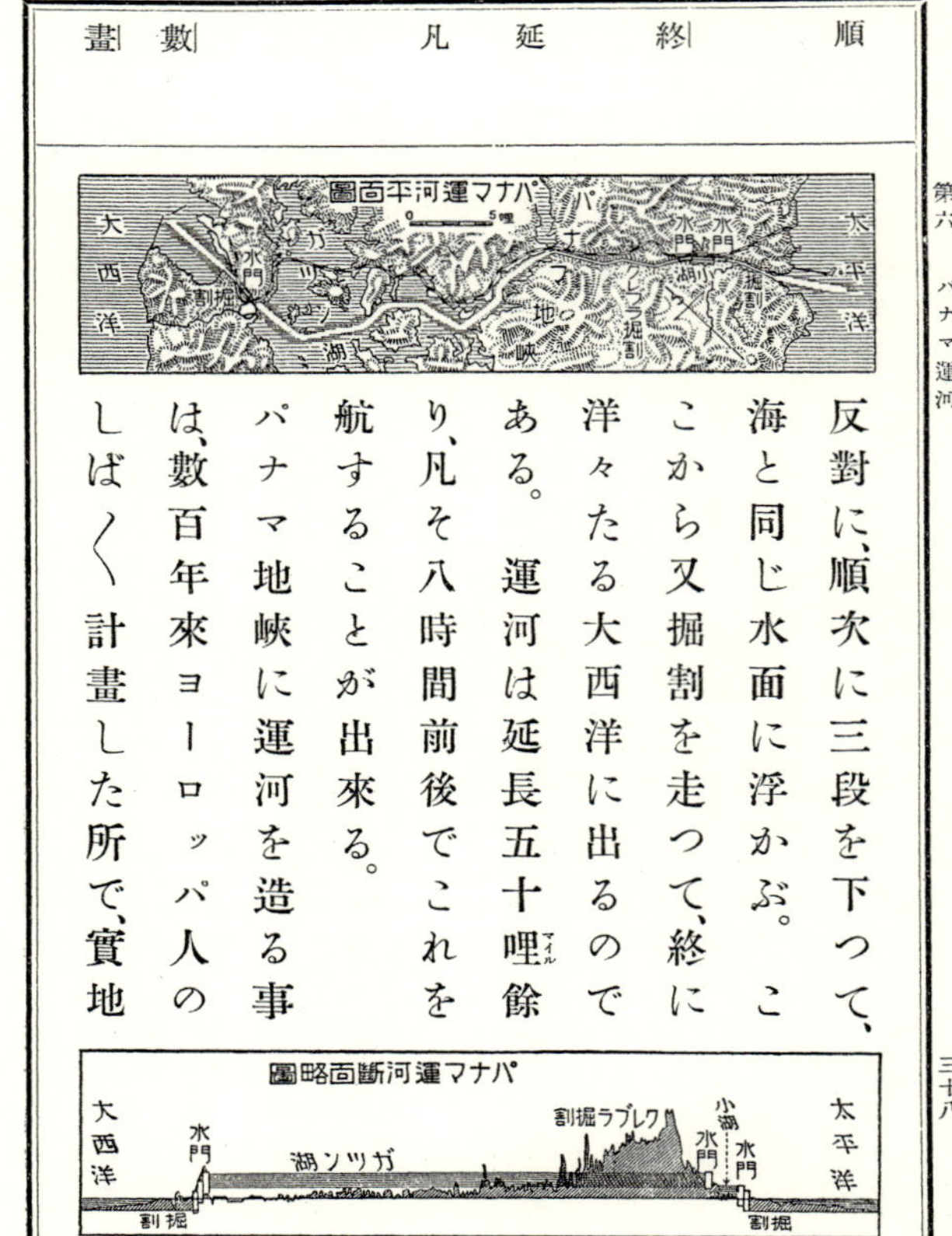

反對に、順次に三段を下つて、海と同じ水面に浮かぶ。こゝから又掘割を走つて、終に洋々たる大西洋に出るのである。運河は延長五十哩餘り、凡そ八時間前後でこれを航することが出來る。

パナマ地峽に運河を造る事は、數百年來ヨーロッパ人のしば〳〵計畫した所で、實地

成　着　費　米　應　設　備　從　文　利

に大仕掛の工事を行つた事もあつたが、成功を見るに至らなかつた。最後にアメリカ合衆國は、國家事業として此の工事に着手し、十年の歳月と八億圓の費用とを費して、紀元千九百十四年、遂にこれを造り上げたのである。

米國が此の運河を造るに成功したのは、主として、最新の學理を應用したからであつた。衛生の設備をよくして危險な病氣を根絕し、幾萬の從業員の健康をはかつた事や、ほとんどあらゆる文明の利器を運用して、山をくづし、地をうが

端　開　便

ち、河水をせき止めた事など、一としてそれならぬものは無い。

昔、太平・大西兩洋の間を往來する船は、はるか南アメリカの南端を大廻りしなければならなかつた。しかし、パナマ運河の開通以來は、此の不便が無くなり、したがつて、世界の航路に大きな變動を生じたのである。

初

第七　馬鈴薯王

大正十五年(一九二六年)三月二十七日、アメリカよりの通信は、いはゆる馬鈴薯王牛島謹爾君の死を傳へた。

アメリカの新天地を開拓した日本人中、彼は最も白人間に重きをなし、馬鈴薯王ジョージ、シマの名は、子供にも知られて居る。

彼の事業地スタックトンは、最初彼が旗あ

口　數　盛　注

げをした頃には、人口僅か五千にも滿たない所であつたが、其の後三十年、彼の力によつて次第に開けて行き、今では人口八萬を數へる盛大な土地となつた。

自分が彼を訪ねたのは、大正十年八月の事であつた。

サクラメント川とサン、オーキン川とが合して太平洋に注ぎ入らうとする所に、約四十方哩の三角洲がある。さうして、そこには五千アルケール乃至二萬アルケールぐらゐの島が六十幾

卽　屬

つ出來上つて居る。彼の事業地は卽ちこゝで、これらの島々の中、其の三分の二は、實に我が馬鈴薯王の勢力範圍に屬して居るものである。

自分たちの一行を乘せたモーターボートは、彼の名譽を記念して名づけられたといふシマ島やキング島などの間を、勢するどく、水を切つて進んで行つた。

たしか、ベーコン島といふ島に上つた時であつたと思ふ。馬鈴薯王は、軒を並べた倉庫に案内したが、見るとどの倉庫もどの倉庫も、皆玉ねぎ

相｜豐(豊)｜作｜休｜損｜得

の袋と馬鈴薯の袋とで一ばいになつて居る。

「戰時中は相場がうなぎ登りに上つても、皆、羽が生えて飛んで行つたものです。今では、値が下る一方ですが、それでも此の通り、一向はけないのです。御覽なさい、馬鈴薯もねぎも皆芽を出して居ます。やれ、豐作だ、凶作だ、それ、戰爭だ、休戰だなどと言つても、結局損も得も運ですね。人間は、やつぱり人間です。神樣ぢやないから。」

馬鈴薯王は、こんな事を言つて笑つた。

婦

自分が馬鈴薯王と會見したのは、後にも先にも、たゞ此のスタックトンにおける一回だけであつた。したがつて、もう此の外には、書きつけるほどの思出も無いが、或人の書いたものに、此の人についておもしろい逸話がある。

或日、ジョージ、シマと、スタックトンからバークレーの其の自宅まで、一しよに行つたことがある。バークレーの停車場に着くと、彼の自動車が待つて居た。私たちがそれに乘らうとすると、一人のみすぼらしいアメリカ婦人

が、大きなかばんをもてあまして居た。彼は、其の女に、どこへ行くのかと聞いた。女は、どこそこへ行くと答へた。すると、彼は「ぢや、これに乘りたまへ。」と言つて、自ら其のかばんを持ち、此のみすぼらしい女を自分の自動車に乘せてやつた。女は驚いて居たが、やがて粗末な自分の家の前に着くと、私に此の日本人は誰かと聞いた。私は、あの人はジョージ、シマだと言ふと、女は、「おゝ、馬鈴薯王か。」と言つて飛立つように喜び、「私は一生此の名譽ある同

乘｜廣｜農｜場｜勞｜働｜務

乘を忘れない。どうか、私の千べんのありがたうといふ言葉を受けて下さい。」と言つて、彼の手を握つた。かうした日本式の陰德を、彼は、方々で落して歩いた。廣大な農場を見廻りに歩く時でも、暑い日盛りに、勞働者たちが一生懸命働いて居るのを見て、其の中で、何かちよつと氣に入つた事でもあれば、「これで靴でも買へ。」と言つて、五ドル紙幣を投出すことなどもある。又毎日々々彼の事務所と自宅へは、いろ〳〵の寄附金取が押寄せるが、それ

久 朝

らに對しても、彼は毎年どれだけの金を投出したことかわからぬ。

彼の頭の振方一つで、アメリカの馬鈴薯相場が上下したのは言ふまでもなく、彼は在米日本人會長としては、我が同胞の中心人物となり、太つ腹な親分として推服せられ、又事業家・成功家として白人間にも重きをなして居たのであるが、久しぶりの歸朝間際に、六十二歳で世を去つた。思へば惜しい事である。 日本の爲にも、世界の爲にも。

荒

第八 廣瀨中佐

とゞろく砲音、飛來る彈丸。
荒波洗ふデッキの上に、
やみをつらぬく中佐の叫。
「杉野はいづこ、杉野は居ずや。」

波 失 旅

船内くま無く尋ぬる三度、
呼べど答へず、さがせど見えず、
船は次第に波間に沈み、
敵彈いよ〳〵あたりにしげし。

今はとボートに移れる中佐、
飛來るたまに忽ち失せて、
旅順港外、うらみぞ深き、
軍神廣瀨と其の名殘れど。

邊

第九 神風

博多の沖は、見渡す限り、元から押寄せた船でおほはれた。 十何萬といふ大軍である。 四國・九州の武士は、博多の濱に集つた。 元の兵は一人も上陸させぬといふ意氣ごみで、濱邊に石垣をきづいて守つた。

我が軍は、敵の攻寄せるのを待ちきれず、こつちから押寄せた。 敵は、高いやぐらのある大船、こつちは、釣舟のような小舟であつた。 けれども、

我が武士は、船の大小などは、少しも氣にしなかつた。草野次郎の如きは、夜、敵の船に押寄せて、首を二十一取つて、敵の船に火をかけて引上げた。敵は、此の勢に恐れて、鐵のくさりで船をつなぎ合はせた。まるで、

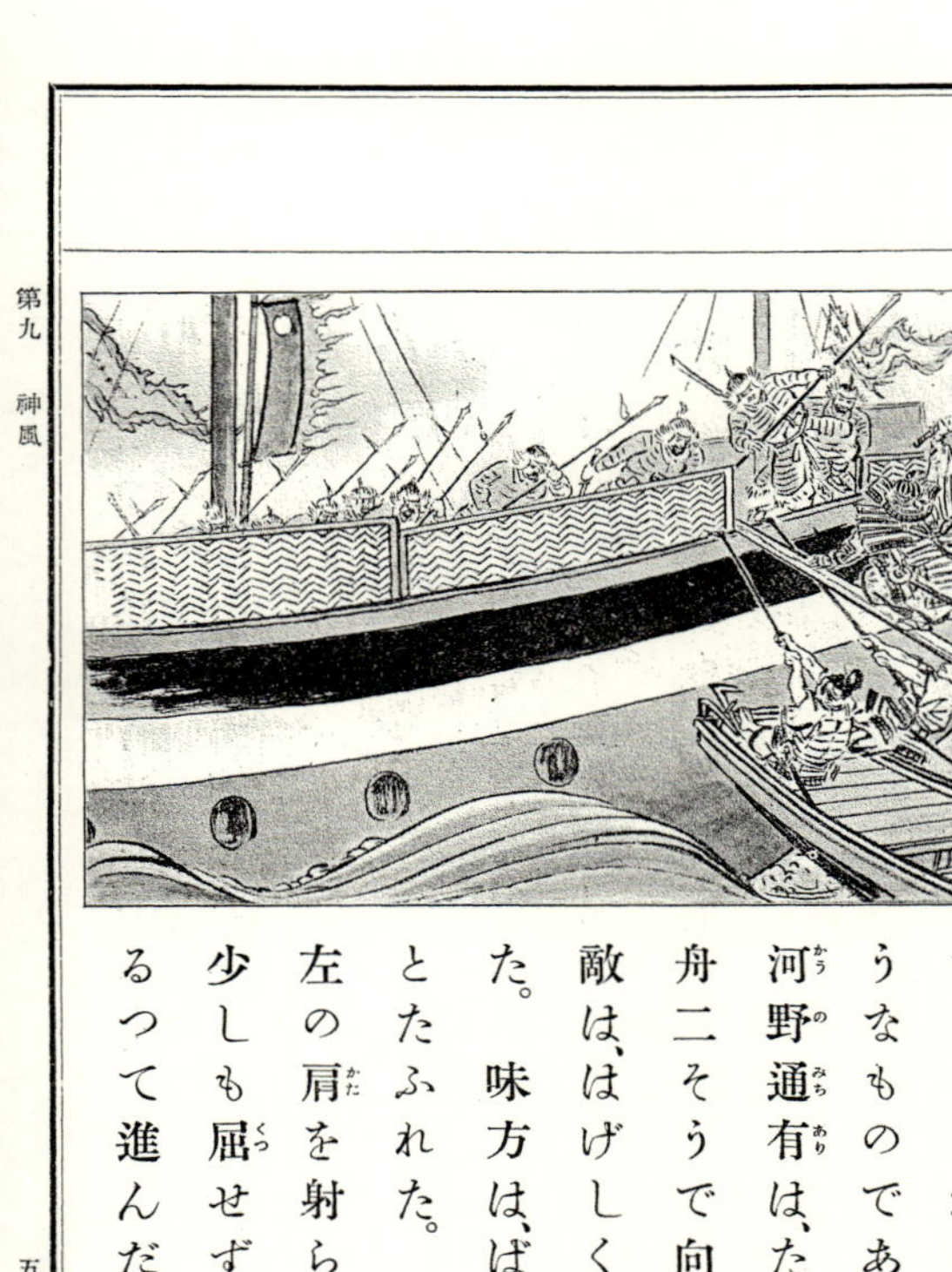

大きな島が出來たようなものである。

河野通有は、たつた小舟二そうで向かつた。敵は、はげしく射立てた。味方は、ばた〱とたふれた。通有も左の肩を射られたが、少しも屈せず、刀をふるつて進んだ。いよ

帆　退　明　以

いよ敵の船に押寄せたが、高くて、上ることが出來ない。通有は、帆柱をたふして、これをはしごにして、敵の船へをどり込んだ。味方は、後から後からと續いた。さん〲に切りまくつて、其の船の大將を生けどりにして引上げた。

其の後も、攻寄せる者が絶えないので、敵は、一先づ沖の方へ退いたが、又押寄せて來るのは明らかである。實に、我が國にとつては、これまでに無い大難であつた。

恐れ多くも、龜山上皇は、御身を以て國難に代ら

必　防　運　當

うとお祈りになつた。武士といふ武士は、必死のかくごで防いだ。百姓も、一生懸命で、兵糧を運んだ。全く、上下の者が心を一にして、國難に當つたのである。

此の眞心が、神のおぼしめしにかなつたのであらう、一夜、大風が起つて、海は湧返つた。敵の船は、こつぱみぢんにくだけて、敵兵は、海の底に沈んでしまつた。生きて歸つた者は、數へるほどしかなかつたといふ。

自修材料（一）

○二宮尊德（つゞき）

尊德は或時道ばたに捨ててあつた稲の苗を拾つて、「もつたいない事だ。」と思つて、こゝろみにそれを川べりのあき地に植ゑつけて置いた。さうして、おこたらず手入をして居たところが、秋になつて、見事に實のつた。ほんとうの田の稲にも負けない豐な穗であつた。彼はこれを刈取つて、始めて自分の米と名のつく米を得た。

次の年にも又次の年にも、彼は此の捨苗の利用を續けた。さうして、これによつて得た利益をたくはへ、それを持つて、二十歳の時、荒れはてた我が家に歸つた。母のさとにあづけてあつた弟二人も迎へ取つて、貧しいながらも、こゝに始めて獨立の生活をすることになつた。

彼は後年「小を積んで大を成す。」といふのを治産の道として教へたが、それは此の捨苗の利用の經驗から得た教訓であつたのである。

臺　夫

第十　燈臺守のむすめ

イギリスの東海岸に、ロングストーンといふ島がある。其の一角にそびえて居る燈臺に、年とつた燈臺守が、妻とむすめと三人で、わびしく其の日を送つて居た。波風の外には、友とするものも無い此の島で、老夫婦のなぐさめとなるものは、氣だてのやさしい一人むすめのグレース、ダーリングであつた。

尾　附　求　破

或秋の夜の事である。一そうの船が、にはかのあらしにおそはれて、此の島に近い岩に乗り上げた。船は二つにくだけて、船尾の方は、見る見る大波にさらはれてしまつた。岩の上に殘つた船體には、十人ばかりの船員がすがり附いて、聲を限りに救ひを求めたが、何のかひも無かつた。

夜がほの〲と明けた頃、荒狂ふ海上を見渡したグレース親子は、ふと、はるかの沖合に、かの難破船をみとめた。むすめは驚いて、

「まあ、かはいさうに。おとうさん、早く助けに行きませう。早く〱。」

「あの波を御覧。かはいさうだが、とても、人間わざでは救へない。」

「私は、とても、人の死ぬのをじつと見ては居られません。さあ、行きませう。命を捨ててかかつたら、救へないことはありますまい。」

此のけなげな言葉は、遂に父を動かした。二人は早速ボートを出す支度に取りかゝつた。

やがてボートは岸を離れた。打返す磯波にまき込まれたかと思へば、忽ち大波にゆり上げ、ゆ

盡　附　危　退

り下げられながら、沖へ〳〵と突進む。親子は死力を盡くして漕ぎに漕いだ。岩の附近は波がいよ〳〵荒狂ふ。打寄せる大波、打返すさか波、危く岩に打附けられ、忽ち死の口に呑まれようとする。一進一退、たゞ運を天にまかせて、二人はボートをあやつつた。

危　險　有　家

からうじて、ボートは、かの難破船にたどり着いた。生殘つた船員は、涙を流して喜んだ。親子は非常な危險ををかして、人々をボートに收容し、又有らん限りの力をオールに注いで、我が家へと向かつた。つかれ果てた人々も、親子の勇ましい働にはげまされて、我も〳〵と力をそへる。かくてボートは、再び荒波を切拔けて、燈臺に歸り着いたのである。二日たつて、天氣も晴れ、波もをさまつた。グレースの眞心こめた看護によつて、全く元氣を回

再　畫　店　頭

復した人々は、親子に厚く再生の恩を謝し、名殘を惜しんで此の島を去つた。

今まで人にも知られなかつた燈臺守のむすめグレース・ダーリングの名は、ほどなく國の內外に傳はつた。むすめの勇ましい行爲は、歌に歌はれ、其の肖像畫は到る處の店頭に飾られた。

第十一　參宮だより

昨日午後此方へ着いて、外宮へお參りし、今日は內宮へお參りしました。

宇治橋を渡つて、神苑に入り、しばらく行くと、千年もたつたかと思はれる大木が立ち並んで居て、何とも言へないありがたい感じがしました。

五十鈴川のきれいな水で、手を洗ひ口

をすゝいで、御門の前に進んで拜みました。神殿は外宮と同じように、お屋根をかやでふき棟にかつを木

千　切　白

を並べ、兩端に千木が附けてあります。一切白木造りで、金の金具がきら〳〵として居ますが、其の外には、何の飾もありません。まことに神々しくて、自然に頭が下りました。お參りをすましてから、方々を見物して二見に來ました。今夜はこゝでとまります。明日は、朝早く日の出を拜みそれから京都へ立

單驗　使　改良

ちます。お土産に貝細工を買つたから、樂しみにして待つてお出でなさい。

月　日　　父より

さち子殿

第十二　トマス、エヂソン

電燈の發明せられたのは、今から凡そ百十餘年前の事である。當時は單に理化學の實驗用として使用せられるのに過ぎなかつたが、次第に改良せられて、四五十年の後には、燈臺等にすゑ

類　適用　缺　希望　關

つけられるようになつた。けれども、これは今日のアーク燈に類するものであつて、公園・街路等の照明用としては適當であつたが、室内に用ひるものとしては、餘りに大仕掛であり、光力が強過ぎて、實用に適しなかつた。それで、これらの缺點の無い電燈が發明されることは、當時の人の最も希望する所であつた。かねて此の希望を滿たさうと思つて居たトマス、エヂソンは、すでに電話機に關する發明に成功したので、更に進んで新しい電燈の發明に從

試　失敗　研究　徒

事した。さうして、これもほとんど成功に近づいたが、ただ心の事になると、なか〳〵思ふように行かない。初め彼は、紙に炭素をぬつて試みたが、思はしい結果が得られなかつた。次には白金其の他の金屬の針金で様々の實驗をしてみたが、これも失敗に終つた。そこで、再び炭素線の研究に沒頭したが、徒らに多くの時と金とを費したに過ぎなかつた。

例

或日の事であつた。エヂソンは、例の如く實驗室に閉ぢこもつて、研究に餘念が無かつた。其の時、ふと彼の目に入つたのは、机の上に置いてあつた、形の珍しい一本の團扇であつた。

何心なく手に取つて、しばらくそれを眺めて居た彼の眼は、やがて異様にかゞやき始めた。彼の眺め入つたのは、繪でもない、紙でもない、實に其の團扇に用ひられて居た竹であつたのである。

彼は、すぐに竹で炭素線を作つて、實驗してみた。

好　採集　許

ところが豫想以上の好結果を得た。そこで彼は、人を世界の各地につかはして竹を採集させ、それについて一々綿密な研究をした。其の結果、日本の竹が最も適當であることがわかつたので、專らこれによつて心を製出し、其の電球は忽ち世界に廣まつた。

エヂソンは紀元千九百三十一年、八十五歳を以て歿したが、彼によつて發明せられたものは、電話・電燈・電信・電車・活動寫眞・蓄音機に關するものなどきはめて多く、アメリカで特許を得たものの

直接　起

だけでも、其の數は實に千餘に及んで居る。今日文明の利器といはれて居るもので、直接・間接に、彼の天才によらないものはほとんど無いといつてもよい。

第十三　鐵工場

工場の
高い天井、
其の下に
動く起重機は、

生きて居るように、
あらがねを
爐に持運ぶ。

夜も、晝も、
爐の火はもえて、
火の柱、
ほのほの柱。
流れ出る鐵は、
青白い

火花を散らす。
ものすごい
機械のひゞき、
其の中に、
働く人の
腕の太さよ、
筋肉の
たくましさよ。

自修材料 (三)

○二宮尊德 (つゞき)

或時、尊德は近所の家へ鍬を借りに行つた。ところが、あいにく其の家で種まきを始めて居て、「これがすんだら貸して上げます。」と言ふ。そこで、尊德は、

「今日は、どうせ鍬が借りられるまでは用の無い體です。鍬をお出しなさい、私がやつて上げませう。」

と言つて、鍬を取上げ、せつせと種まきを手傳つたので、わけなくすんでしまつた。近所の人は喜んで、

「やれ〳〵、御苦勞樣でした。鍬に限らず、何なりと御用の物はいつでも使つて下さい。」

と、快く鍬を貸してくれた。

尊德はこゝでも又一つの教訓を得た。「人は自分の爲にはかる心がある間は、結局、自分も利することは出來ない。人の爲を一途にはかると、自分も其のおかげを受けるものだ。

ちようど、たらひの水を手前へ手前へとすくへば、水はかへつて向かふへ向かふへと逃げるが、向かふへ向かふへと押しやると、水がかへつて手前へ寄つて來るようなものだ。」と、彼はこれを其の教の一箇條として、常に人にさとした。

第十四　豐田佐吉

明治二十三年(一八九〇年)東京に博覽會が開かれた時の事である。田舍者らしい一人の青年が、毎日々々機械館に來ては、そこに陳列してある機械の前にすわつて、じつとそれに見入つて居るのであつた。掛の人々は、とう〳〵彼を

調　産　語

怪しい者とにらんで取調べた。　調べてみると、氣ちがひでも何でもなかつた。非常な機械好きで、しかも愛國心の強い青年であつた。

彼はそこに並べてある機械を指さして、

「これは皆外國品ばかりではないか。こんな事で日本の將來をどうする。今に私は立派な國産品を作つて、きつと外國品を追拂つて見せる。」

と、堅い決心を語つた。　此の青年こそ、後に自動織機を發明して、世界の工業界に名をとゞろか

した豐田佐吉其の人であつた。

佐吉は靜岡縣の田舍に生まれた。　初め大工として働いて居たが、其のうちに織機の改良を思ひ立ち、暇さへあれば、方々の織場を見て歩いた。　時には、機械をこはしたと言つて叱られ、村の青年たちからは、男のくせに女のまねをするとあざけられた。　かうした苦心を重ねて、佐吉は木製の改造織機を作つたが、實驗してみると、失敗であつた。　それ見た事か

努

と、人々はあざけり笑つた。　しかし、佐吉は、何と言はれても、たゞだまつて研究を續けて行つた。博覽會を見に行つたのも、此の頃の事であつた。歸つてからの彼の努力は、一層目ざましかつた。さうして、其の年の秋、木製機械の改造に見事成功した。　二十四歳の時であつた。

其の後、佐吉は、更に動力を使用する機械の發明に成功して、それが廣く世間に使用されるようになつた。　或會社では、此の織機と外國製の織機とを、一年にわたつてためしてみたが、殘念に

比　的　轉

も佐吉の機械は、外國製に及ばなかつた。　佐吉は涙を流してくやしがつた。　更に三年の後、外國品にまさるものを、どうにか作り上げることが出來た。

しかし、此の成功に滿足してしまふ佐吉ではなかつた。　彼は、ほとんど其の一生を織機の改良にさゝげた。　大正十五年（一九二六年）、彼は遂に世界無比の自動織機を發明した。　それは、たて絲が切れゝば、自動的に運轉が止り、よこ絲が無くなれば、自動的にこれをおぎなふ仕掛にな

貧 困

つて居る機械で、一人で四五十臺を取扱ふことが出來る。彼が織機の研究を始めてから四十餘年、氣ちがひといはれ、貧苦と戰ひ、あらゆる困難に堪へて、遂に此の成功を見たのである。

發明に對する彼の熱心は、まことに驚くべきも

族　圖

のがあつた。朝は誰よりも早く起きて研究室に入り、夜もおそくまで閉ぢこもつて居るので、家族の人は、彼が何時寢たかも知らない事が多かつた。

こんな事もあつた。いつもの如く研究室にはいつた佐吉は、日が暮れても出て來ない、夜なか過ぎても出て來ない。遂に夜が明けて鷄が鳴いた。東の空に朝日が上つた。家族の者が心配して、研究室へ行つて見ると、とたんに佐吉は、圖面を片手に、勢よく飛出して來た。さうして、

際

一さんに工場へ走つて行つた。

「おい、誰も居ないか。」

と、佐吉は叫んだ。工場はがらんとして居る。後からついて行つた家族の者が、

「今日は元日でございます。」

と言つたので、

「はゝ、さうだつたか。」

と大笑ひした。

佐吉は、夜通し考へた事を實際に作らせようと思つて、元日とも知らず、飛込んだのであつた。

系 伯 展 故 成 量

第十五 ブラジルにおける日本人

今やブラジルには、二十萬近い日本人及びいはゆる日系伯人が居る。さうして彼等は、ブラジル國發展の爲にも、又故國日本の名譽の爲にも、一生懸命になつて働き、其の手に成つたものは、コーヒーにせよ、棉花にせよ、米にせよ、とうもろこしにせよ、馬鈴薯にせよ、或は蔬菜・柑橘にせよ、皆其の質のすぐれて居ることは、何人も認める所であり、其の量もまた決して少くない。

達　團　移

しかし、此の盛んな有様を見て、ブラジルにおける日本人の活動は、最初から、かういふ風であつたと思ふならば、誤である。成功は總べて努力の結果である。たゞかゞやかしい成功の場面ばかりを見て、こゝに達した苦心・努力の道中を忘れてはならぬ。

一體、日本の集團移民が、始めて、此のブラジル國へ來たのは、さう古いことではない。日本の歴史でいふならば、いはゆる日露戰爭の後であつて、明治四十一年約八百の移民が水野龍氏に率

渡　數　多　樂

ゐられ、笠戸丸によつて渡來したのが、其の初である。

其の後は、たとへ人數の多少はあつたにしても、とにかく毎年移民の渡來があり、それがだんだんふえ廣がつて、遂に今日の多數をなすに至つたのである。

コロニヤの生活は、今日でも決して樂なものではないが、初頃に來た移民たちの苦勞を思へば、今の人たちは仕合である。以前は在留邦人の數が少かつたために、何かにつけて不便が多く、

經　足　語　新　住　例　力

互に經驗が足りないために、思はぬ失敗をしたり、ポルトガル語を知らないために、思はぬ損をしたりすることが少くなかつた。新に移住地を作るにしても、全く命がけの仕事であつた。例へば平野植民地創設の時の如き、幾人の人がマレイタの犧牲となつて、命を捨てたことであらう。

しかし、いかなる困難にあつてもくじけないのが、日本人の特色である。日本には「艱難、汝を玉にす。」といふ言葉がある。又「思ふ念力、岩をも通

完　責

す。」といふ言葉がある。此の精神で進んで來たればこそ、ブラジルにおける日本人は、遂に今日あるを得るに至つたのである。けれども、彼等の仕事は、これで完成したのではない。いや、完成どころか、實は今やつと山のふもとへ着いたばかりである。山へはこれから登らなければならないのである。さうして此の山へ登る者は、これから大人となつて、世に出る諸君であることを知つたならば、諸君の責任がいかに重いかがわかるであらう。

限　存　害蟲　益蟲

ブラジルの土地は廣い。それと同じように、諸君の前途も廣大無邊である。諸君が今後此のブラジルにおいてなすべき仕事は、實際、無限無數に存するのである。

第十六　害蟲と益蟲

我々の周圍には、樣々の蟲が居るが、これらの蟲は、皆、我々人間と、いろ／＼の意味における交渉をもつて居る。例へば、蠅は、きたない物にでも平氣でとまるから、時に恐しい病毒を人に傳へ

痛　要　種

ることがあり、又蚊や蚤もむやみとさすから、ずいぶん人に苦痛を與へる。ところが、蜜蜂や蠶などは、これらと違つて、人間に必要なものをこしらへてくれるから、人間の爲に役に立つ蟲である。前者のように、人間に害をなすものを害蟲といひ、後者のように、人間の役に立つものを益蟲といふ。

害蟲・益蟲とも、其の種類は甚だ多いが、農作物に附く害蟲は、農家にとつて、最もにくむべき敵である。

實　寄　貴

コーヒーの實ををかすブローカといふ蟲がある。其の形きはめて小さく、粟粒ぐらゐの蟲であるが、此の蟲はコーヒーの實に穴をあけ、おびたゞしく繁殖する。しかも、これを驅除する方法がすこぶる困難であるから、かつて、ブラジル全土のコーヒー園は、これがために非常に困つたことがあつた。ところが不思議なもので、此のブローカに寄生してこれを食ふ蟲がある。名をウガンダ蜂といふ。ブラジルとしては甚だ貴

際

重なものであるから、近來盛んにこれを飼養し、其の效果を相當にあげることが出來るようになつて居る。これもごく小さい蟲である。

油蟲は廣く作物に附く害蟲であるが、これを最もよく退治する益蟲は、てんとう蟲である。

棉の害蟲には、根切蟲と尺とり蟲がある。根切蟲は、棉の根の太い部分や地際の莖に食入り、これを枯してしまふのである。

尺とり蟲は、棉の葉や枝などを食ふ。尺とり蟲

速　期　群

は特に繁殖が速いから、發生したら、初期のうちに驅除しなければならぬ。此の蟲の驅除法には、藥劑を用ひるのである。

蟻は大群をなして、複雜な社會生活をして居る蟲であるが、其の或者は、蟻がブラジルを殺すか、ブラジルが蟻を殺すか。」と言はれるほど、農作物には大害を與へる

營　屋

恐しいものである。　赤蟻の巣の大きなものには、深さ十米、廣さ十米平方にも達するものがあるといふ。　頭の大きい大型の赤蟻は蟻塚を作つてすみ、雨の降る時は大てい巣の中に居り、日中盛んに作物の葉や芽を食荒す。　白蟻は非常に大きな塔を作つて巣を營み、甘蔗・稻等の禾本科植物や、馬鈴薯・マンヂオカなどの根に附く。時には家屋の木材等をも食ふことがある。　蟻の驅除には、普通、藥劑を用ひて居るが、又燒いたり、其の巣を破壞したりすることもある。

他　何

とうもろこしには、穀象といふ蟲が附く。　これは米、其の他の穀類をもをかす害蟲である。　ガファニヨットは、日本でいふ「ばつた」であるが、これが大群をなして遠い所から飛んで來る時は、空も暗くなるといふことである。

右に擧げたものの外にも、いろ〱の害蟲がある。　これらは、何れも農作物ををかして人間に害を與へるものであるが、益蟲は、これら害蟲を退治する蟲であるから、大切にしなけ

馬

ればならぬ。　ウガンダ蜂てんとう蟲の外、草かげろふやとんぼは、やはり益蟲である。

第十七　千早城

楠木正成がたてこもつた千早城は、けはしい山にあるが、まことに小さい城で、軍勢も僅か千人ばかり。　これを圍んだ賊は、百萬といふ大軍で、城の附近一帶は、すつかり人馬でうづまつた。こんな山城一つ、何ほどの事があるものかと、賊が城の門まで攻上ると、城のやぐらから大きな

石を投落して、賊のさわぐ所をさん〲に射た。賊は、坂からころげ落ちて、忽ち五六千人も死んだ。

これにこりて、賊は城の水を絶して苦しめようとはかつた。先づ、谷川のほとりに、三千人の番兵を置いて、城兵が汲みに來られないようにした。城中には、十分、水の用意がしてあつた。二日たつても三日たつても、汲みに來ない。番兵がゆだんをして居ると、城兵が切込んで來て、旗をうばつて引上げた。

悪

正成は、此の旗を城門に立てて、さん〲に賊の悪口を言はせた。賊がこれを聞いて、くやしがつて攻寄せると、正成は高いがけの上から大木を落させた。さうして、これをよけようとして賊のさわぐ所を射させて、又々五千人餘りも殺した。

此の上は兵糧攻にしようと思つて、賊は攻寄せないことにした。

或朝、まだ暗いうちに、城中から討つて出て、どつとときの聲をあげた。賊は「それ、敵が出た。一

人ものがすな。」と押寄せた。城兵はさつと引上げ、たゞ、二三十人だけはふみとゞまつた。賊が四方からこれを目がけて押寄せると、城から大きな石を四五十、一度に落したので、又何百人か殺された。ふみとゞま

つて居たのはみんなわら人形であつた。

もう此の上は、何でもかでも攻落してしまへといふので、賊は大きなはしごを作り、これを城の前の谷に渡して橋にした。幅が五米、長さが五六十米、其の上を、賊が我先にと渡つた。今度こそは、千早城も危く見えた。すると、正成はいつの間に用意して置いたものか、澤山のたい

油

まつを出して、これに火をつけて、橋の上に投げさせた。さうして、其の上へ油を注がせた。橋は、眞中から燃切れて、谷底へどうと落ちた。又賊は何千人か死傷した。

賊が、千早城一つをもてあまして居ると、方々で、官軍が賊の兵糧の道をふさいだので、賊はすつかり弱つた。百人逃げ、二百人逃げして、初め百萬といつた賊も、しまひには十萬ばかりになつた。それが、又前後から官軍に討たれて、散り散りに逃げてしまつた。

和歌 代 路

第十八 和歌

君が代は千代に八千代にさゞれ石の
いはほとなりてこけのむすまで

しきしまのやまと心を人問はば
朝日ににほふ山ざくら花

急がずばぬれざらましを旅人の
後よりはるゝ野路のむらさめ

第十九 木下藤吉郎

豐臣秀吉がまだ木下藤吉郎といつて、織田信長の草履取をして居た時の事である。信長は、よく、夜明前から、馬場へ出て馬を乘りならした。毎朝玄關へ出て、

「誰か居るか。」

と呼ぶと、いつも藤吉郎が眞先に出て來た。

或大雪の朝、信長はいつもより早く起きて、

「誰か居るか。」

と呼ぶと、やはり藤吉郎が出て來た。

「そち一人か。」

「はい。」

「いつもより早いのに、よく參つて居つた。」

「いつも、人より一時前に參つて居ります。」

「一時も前に。」

と言つて、信長は驚いた。一時は今の二時

輕

間に當るのである。

「寒からうが。」

「少しも寒くはございません。」

「寒くはない。」

「はい。これが御奉公だと思ひますれば、少しも寒くはございません。」

信長は輕くうなづいたが、其の後間もなく、藤吉郎を草履取から引上げて役人の數に入れた。これがそもそも、藤吉郎出世のいとぐちである。

自修材料（四）

○二宮尊德（つゞき）

小田原の殿樣の家來に、服部といふ士があつた。借金が山ほどあつて、どうにもならなくなつたので、尊德の所へ、整理に當つてくれるようにと賴んで來た。

尊德はことわつたが、再三の招きに、よんどころなく、家業を捨てて、服部家へはいつた。

尊德は先づ、主人の決心のほどをたしかめた。主人は「自分の力に及ばないからこそお願ひしたのである。何もかも指圖通りにする。」と約した。「では、これから五年の間、食事は飯と汁だけ、着物は木綿物に限り、無用の事は一切してはならぬと、此の三箇條を守つて下さい。」と言ふと、「それくらゐの事は何でもない。」と言つて、守ることを約束した。

今度は、夫人に此の三箇條を申し渡した。夫人も「主人でさへ守られるのですから、私は勿論の事です。」と言つた。

次には家來・召使一同を呼出した。「諸君は、主人のお家がどんな難儀なことになつて居るか、よく承知して居るはずだ。どうしたら、これを元に返すことが出來るか、よいちえがあつたら言つてくれ。」と言ふと、一同「何もよい考はありません。どうか、先生の御敎を伺ひたいものです。」と言つた。そこで尊德は「御主人は、これから五年間、此のつまらぬ尊德の申す通りにすると仰せられた。ついては、もし諸君の中に、私の申す事に反對の人があつたら、さつそく暇を取つてもらひたい。」かういふと、一同「主家がこんな事になつたのは、みんな私どもの罪です。主家再興の爲には、どんな事でもいやとは申しません。」と答へた。

尊德は、次に一箇年の間の收入を計算し、主人の身分として、見えを飾らない、ぎりぎりの生活限度を定めた。さうして、殘つた金で、五年間に十分借金が返される見込が立つた。豫算は立派に出來ても、豫算通りに實行するといふことは

容易に出來ることではない。其のため、尊德は、家人に非常な決心をさせたのである。けれども、尊德の立てた生活限度といふのは、決して無理なものではなかつた。だらけた心を引きしめると、かへつて其の方が氣持がよいくらゐになつた。家人は尊德のえらさがわかつて、よく其の命に從つた。尊德は、一人で、下男ともなり、會計掛ともなり、書記ともなり、家庭敎師ともなつて、夜晝心をくだいた。

其のかひがあつて、五年の後には、大きな借金を返した上に、なほ澤山の金が餘つた。主人はこれをお禮として尊德に贈つたが、尊德は、よく自分の指圖を聞いてくれたからこそ殘つた金であると言つて、家來や召使等にそつくり分けてやつて、自分は體一つを土產に、家へ歸つた。

第二十　雪の夜

聞　靜

おとうさんは、火鉢にあたりながら、新聞を讀んで居られる。おかあさんは、寢て居る赤んぼうのそばで、着物を縫つて居られる。

誰もだまつて居るので、聞えるものは、かち〳〵といふ時計の音と、鐵瓶のしゆんしゆんといふ音だけである。

しばらくすると、おとうさんが、新聞を置いて、

「靜かな晩だなあ。」

と言はれる。おかあさんが、

「さうですねえ。」

積　調

と言はれる。

ほんとうに靜かな晩である。外は、もう、人通りが無いと見えて、ひつそりとして居る。

「今夜は、大分積るかも知れないぞ。」

とおとうさんが言はれた。夕方から雪が降出して居るのである。

「あしたは、雪合戰が出來るでせうか。」

と、私が言ふと、おとうさんが、

「大丈夫出來る。さつきのような調子で降續くと、朝までには、ずいぶん積るよ。けれども、

春雄、あんまり積つたら困るだらう、學校へ行くのに。」

「いゝえ、大丈夫です。どんなに積つても、僕は平氣です。」

「春雄は元氣だからね。」

と、おかあさんが笑はれた。

「おとうさん、もうどのくらゐ積つたでせう。」

「さあ、二階へ上つて、見て來るかな。どうだ、春雄。」

と言ひながら、おとうさんが立上られた。私も

立上つた。

部屋を出ると、急に寒い。

二階へ上つて、ガラス戸から外を見ると、全體が何だか、ぼんやりと明かるい氣がする。さうして、屋根も、木も、道も、皆眞白になつて居る。窓の前の電燈線が、白い太いひものようになつて居る。

もう十糎も積つたらうか。　雪は、まだひつきりなしに降續いて居る。

向かふの門燈の光の前だけ、降る雪が、黒く流れるように見えるのもおもしろい。

第二十一　心と心

軒下に腹ばへる黒き犬、
にくらしき黒と思へば、
黒もまた、意地悪き人と見るらん、
齒をむきて、「うゝ」とうなりて、

垣を出て行く。

えんがはにうづくまる三毛の猫、
愛らしき三毛と思へば、
三毛もまた、したはしき人と見るらん、
尾を立てて、のどを鳴らして、
我にすり寄る。

第二十二　人を招く手紙

（一）

達

來る十六日は私の誕生日で、ちようど日曜日ですから、母が私に、「お友達をお呼びなさい、何か御ちそうをして上げよう。」と申します。お呼びするのは、大てい近所の人で、あなたの知つていらつしやる方ばかりです。もし天氣がよかつたら、三郎さんを連れて、お晝前にいらつしやい。おもしろい事をして遊びませう。

亡

月　日　　春子

松子様

（二）

來る二十五日に、亡母の三回忌の法事を致します。まことに御苦勞様ですが、どうか同日午前十時頃までに、お出でを願ひたうございます。

月　日　　廣川連太郎

小山陽吉様

(三)

父が今年八十八になりましたので來る二十五日にお心やすい方にお出でを願つて、ほんの心ばかりの祝を致したいと存じます。同日午前十時までにどうぞ御來車を願ひます。又まことに申しかねますが、當日、祝の歌を一首いたゞきたうございます。これは年よりからのお願でございます。

月　日　野田國雄

原 勝五郎様

第二十三　修學旅行日記

六月二十日

今日から修學旅行だと思ふと、何だか嬉しくて、早くから目がさめてしまつた。で、四時に起きて、支度をして學校へ行く。みんなが揃つて學校を出たのは五時二十分、それから驛へ行くと、間もなく汽車が來た。川野先生始め、一同同じ

所に乘ることが出來た。六時發車。

廣い野原、コーヒー園、いろ〱の景色が次から次と、現れては又消えて行く。始めての長い汽車旅行なので、何もかも皆珍しい。

夕方、サン、パウロに着、日本人のホテルにとまる。

六月二十一日

朝のカフェーがすむと、一同、ホテルの前に整列し、徒歩で州政廳の前に行く。こゝで、先生から次のようなお話があつた。

「皆さんは、ジョゼ、デ、アンシェータといふ坊さん

を知つて居ますか。此の人の事については、後に又くはしくお話するつもりですが、此の人は、ブラジルの土人の爲に、始めて學校を建てた人です。其の學校が出來上つたのは、紀元千五百五十四年の一月二十五日の事でしたが、此の政廳は、其の學校の跡なのです。勿論建物は、昔のまゝではありません。此の學校の創立記念日は、一月二十五日でしたが、それが今日では、サン、パウロ市の創設記念日になつて居ます。」

橋

それから、キンゼ、デ、ノヴェンブロといふ通や、ヂレイタといふ通など、非常ににぎやかな所を通つて、アニャンガバウーといふ公園へ出た。此の公園は、少し低くなつて居て、其の上にはヴィアヅット、デ、シャーといふ長い陸橋がかゝつて居る。其の上を電車や人

食　紙

が通つて居る。サン、パウロに居る日本人たちは、cháといふ言葉から、これを日本風に、「お茶の水橋」と呼んで居るさうである。

ホテルへ歸つて晝食し、午後は新聞社へ見學に行く。活字を拾つて組んで居る所、其の組んだ活字を大きな機械にかけて紙に刷つて居る所、又其の刷つたものを取揃へて荷造して居る所など、いろ〳〵の所を見せてもらつた。毎日ただ何となく見て居た新聞も、かうして其の出來る所を見ると、一枚の新聞紙も、なか〳〵粗末に

は出來ないものだと思つた。

夕方ホテルへ歸つて、先生から分けていたゞいた繪葉書に今日の事を書いて、おとうさんに出す。

六月二十二日

今日は、電車で、先づイピランガの博物館へ行つた。博物館は小高いをかの上

繪

にあり、ブラジルの地理・歴史に關する繪畫や模型、又動植鑛物の標本など、いろ〳〵な物が陳列してある。

博物館を出て、獨立記念像の前で、先生に記念の寫眞をとつていたゞいた。前に學校で習つたドン、ペドロの「獨立か、死か。」は、こゝで叫ばれたものだといふが、其の時代

若　射　藥

にあつた建物が、今も一軒、當時のまゝで殘つて居る。

午後は、醫科大學とブタンタンの毒蛇研究所へ行く。大學はずいぶん大きなもので、本や模型が澤山あつた。日本人の學生も居た。毒蛇研究所では、先生が毒蛇について、いろ〳〵くはしい説明をして下さつた。若し毒蛇にかまれたら、すぐ注射をすればよいさうである。其の注射の藥も、こゝで作つて居るといふ。

六月二十三日

早　原

早朝ホテルを立つて、サントス行の汽車に乘る。空は明方から曇つて居たが、やがて山にかゝると、にはかに霧が起つて來て、あたりが薄暗くなつてしまつた。しかし、汽車が幾つかのトンネルをくゞり拔けて、山を下り、バナヽ畠の多いサントスの平原へ出ると、そこはもうきれいに晴れて居た。ふりかへると、今下りて來た汽車の道がはつきりと見える。此の山は非常にけはしく、普通では、とても汽車が登れないから、鐵の綱で引張り上げるようにしてあるのである。

サントス驛から港へ出ると、日の丸の旗をかゝげた日本の汽船が居た。さうして、白い服を着た船員が、僕たちを迎へてくれ、此の人の案内で、船内を見せてもらつた。船室も、食堂も、一等は實に立派なものである。

船を下り、又町へ出て、電車

に乘る。しばらく行くと、海が見えて、大勢の人が海水浴をして居た。

電車は海岸に沿うて走つて行つたが、やがて、サン、ヴィセンテといふ所に來た。こゝは四百年餘り前、ポルトガル人が、始めてサン、パウロ州へはいつて來た時の上陸地である。其の時彼等が汲んで飲んだといふ泉の清水は、今もなほ昔のまゝに湧出して居る。夕方近く、サントスのホテルに着いた。

六月二十四日

貿易

朝、ケーブルカーでセラット山に登る。こゝから見ると、サントスの全景は手に取るようだ。

「此のサントスは貿易港で、サン、パウロ州の産物は、大部分こゝから外國へ出されるのです。それから、あなた方のおとうさんやおかあさんも、日本から來られた時には、大

突然

ていこゝから上陸されたのです。」

先生がかうおつしやると、野田君が突然、

「先生、僕だつて、こゝから上陸したのですよ。」

と言つたので、みんながどつと笑つた。

自修材料（五）

○二宮尊德（つゞき）

今度は殿様から、其の領内の荒れはてた農村開發に骨を折つてくれとの賴みを受けた。尊德は又ことわりきれずに、これを引受けた。

或時、其の村の山野を開いて田にするために、多くの人夫を集めた。さうして、日々工事を見廻り、よく精を出す者には

ほうびを與へて一同をはげました。

或日、一人の若者が殊に人々に立ちまさつて働いて居るのが見受けられた。下役どもは、此の者がおほめを受けるに違ひないと思つたが、尊德はだまつて歸つてしまつた。

次の日、此の若者が、又尊德の目をひいた。若者は「えい、えい。」と聲を出して、一生懸命で鍬をふるつて居た。其の足下には、見る〳〵新しい土が廣がつて行つた。

ところが、尊德は一語も發せず、又そこを立去りもしなかつた。やがて若者のひたひからは汗が瀧のように流れ、息づかひは荒くなつて、今にもたふれさうになつた。尊德はそれを見て「此の橫着者。」と叱つた。若者は其の威に恐れて、ぺたりと地にすわつてしまつた。

其の日ほうびをいたゞいたのは、意外にも、年とつた人夫であつた。此の老人は、いつも木の根ばかり掘つて居た。木の根掘は、骨が折れる割に、仕事のあとが目だたない。それ

で、誰もかういふ仕事は好まないが、根掘が進まないと、開拓は進行しないのである。老人は、其の根掘を引受け、人が煙草をのみ、むだ話をして居る間も、こつ〳〵と仕事の手を休めなかつた。其のおかげで開拓も進行するのであつた。尊德はこれこそ勤勞第一だと言つて、澤山のほうびを與へた。

尊德は、幼い時から、自分で鍬をとつて働いただけあつて、一見して、人の働の裏と表がわかつたのである。かうして、農村開發も十數年で目的を達することが出來た。

…………………………

日本の子供は、小學校に行始めると、きつと先生から「二宮金次郎さんをお手本になさい。」と言つて教へられる。金次郎、大きくなつて尊德と名のり、今は報德二宮神社に、神としてまつられて居る。

〔新出〕

漢字表

制帶數式備加遂至衆當永久致
現由博愛陽王興祈更示歴史忠
低殊理續裏往復義必郷粗素妻
念候報精功官職禮(礼)層湖設法難
點在順延凡成應利端便卽屬豐(豊)
損婦農勞務失退臺附求盡危險
有單驗良類適缺希關試敗研究
例採接館調產語努轉貧族圖際

〔讀替〕

系伯展量達團經完責害益要種
貴速期群營他油和輕靜積修藥
貿易然
旗定無記表山野黃金形元合合赤白得色圓家興
南建暗示仰情現重品畫幼守途親末役女男殘每
致願會帶岩石連湖過散終數畫着費米設備從文
開初口數盛注相作休得乘廣場働久朝荒波旅邊
帆明以必防運當夫尾破附退危家再畫店頭千切
白使改用望失徒好集許直起比的困故成移渡數
多樂足語新住例力限存蟲痛實寄際屋何馬惡歌

〔假名附〕

代路閏調達亡首橋食紙繪若射早原突
徽章彩菱形藍秩序箇星染繁茂
聯邦斜筋縱平紋統支那隅肩紅
純益榮潔誠想峯湧畠壽姬源賴
朝鶴岡幡舞奉納翌唐曾義塚光
盛肌覺鎌倉陰日—向眺下押格—子
澤乃臆藩江薄粁輪泉岳寺墓詣
暖井端冷浴阪槍長—刀魂育誠艦
穗某尉惜戀目恥叱覽島威衞攻
擊格爲捨察握總河峽伏掘割掛

瀧込段米哩億絕健康鈴薯謹爾
拓僅訪角洲乃至範圍譽軒倉庫
袋値凶局逸停陰德懸靴幣振胞
腹推瀨佐砲彈丸杉忽博—多垣釣
河—野通屈絕龜姓兵糧救狂早—速
度磯漕呑收容看護厚謝名—殘爲
肯到處飾外宇苑鈴棟金具神—々
土—產細工街照炭沒机團—扇異豫
綿密專歿蓄才井爐腕筋豐田—舍
掛怪派拂堅纖縣暇纖扱堪熱何—

時 寢 鷄 棉 花 蔬 菜 柑 橘 認 誤 露 龍
氏 率 笠 留 平 創 犧 牲 艱 大—人 周 交
涉 蠅 蚊 蚤 蜜 蜂 蠶 違 甚 粟 殖 驅 除
思 議 飼 效 棉 尺 莖 枯 藥 劑 蟻 複 雜
巢 型 塔 甘—蔗 稻 禾 科 普 壞 穀 擧 楠
成 賊 絕 汲 討 幅 燃 傷 藤 豐—臣 秀 吉
織—田 信 草 履 玄 鉢 縫 瓶 階 部—屋 窓
糎 齒 猫 誕 忌 嬉 揃 驛 整 廳 坊 跡 勿
論 刷 枚 模 型 鑛 標 軒 醫 蛇 說 曇 霧
綱 浴 沿 泉 清—水

終

昭和十二年五月二十六日印刷
昭和十二年五月三十一日發行

著作兼發行者 ブラジル日本人教育普及會

印刷者 東京市下谷區二長町一番地 凸版印刷株式會社 井上源之丞

印刷所 東京市下谷區二長町一番地 凸版印刷株式會社

Made in Japan

日本語讀本

巻八

目録

第一 明治天皇御製……一
第二 太陽……四
第三 人と火……八
第四 日本の家庭……十一
第五 振子時計……十九
第六 水師營の會見……二十七
第七 リンカーンの苦學……三十二
第八 良澤と玄白……四十
第九 文字……四十九
第十 捕鯨船……五十六
第十一 瀬戸内海……六十
第十二 瀬戸内海の歌……六十四
第十三 日本海の海戰……六十六
第十四 ゴム……七十四
第十五 まかぬ種は生えぬ……八十二
第十六 野口英世……八十七
第十七 健康第一……百
第十八 瀧……百六
第十九 最後の授業……百九
第二十 アンシェータ……百二十
第二十一 ヨーロッパの旅……百二十六
第二十二 ブラジル開拓の歌……百三十五

日本語讀本 巻八

第一 明治天皇御製

淺みどりすみ渡りたる大空の
　廣きをおのが心ともがな

四方の海みなはらからと思ふ世に
　など波風の立ちさわぐらん

さわがしき風につけても外國に

民　學

出でて世渡る民をこそ思へ

大空にそびえて見ゆるたかねにも
登れば登る道はありけり

いちはやく進まんよりも怠るな
學びの道に立てるわらはべ

事しあらば火にも水にも入りなんと
思ふがやがてやまとだましひ

歩　清

母が手に引かれて歩むうなゐ子の
立ちとまりては菫つむなり

白波の寄せて洗ひしあと見えて
眞砂路清し夏の夜の月

むち打たば紅葉の枝にふれぬべし
駒をひかへんをか越えの道

熱　程係

海原はみどりに晴れて濱松の
こずゑさやかに降れる白雪

第二　太陽

地球上に存在するもので、太陽の影響を受けぬものは一つも無い。太陽の光と熱とが無くては、我々人間は勿論、あらゆる生物、一として生存することは出來ない。

これ程我々に重大な關係のある太陽とは、一體どんなものであらう。一口に言へば、白熱の情

態　即＝卽　容積　温　益　遠鏡

態にある一大火球で、これを形づくつて居るものは、液體に近い氣體であらうといふ。

さうして、其のさしわたしは百三十九萬粁、即ち地球の百九倍餘りに當り、其の容積は地球の百三十萬倍に當つて居る。温度は、表面で約六千度、内部に入るにしたがつて益高い。光の強さに至つては非常なもので、これを燭光でいへば、二三の下に零を二十六も附けて表はさねばならぬ。

望遠鏡で見ると、太陽の表面は、全部が一様にか

週増減

がやいて居るのではなく、光の強い部分もあれば弱い部分もあり、又所々に黒點といつて黒く見える所もある。　此の黒點は、多分表面に生ずるうづ巻であらうといふ。　さうして其の數や大きさは、凡そ十一年餘を週期として増減して居る。

ところが、此の大きな太陽も、夜の空に銀の砂を

星　速飛到

まいたように見える小さな星の一つと同じものだといふ。　つまり此の宇宙には、あの太陽の外に、これと同じようなものが、なほ、數限りも無く存在して居るが、たゞ其の距離の遠いために、あんなに小さく見えるのである。　しかも、我々に最も近いあの太陽でさへ、地球からは凡そ一億五千萬粁も離れて居る。　今かりに一時間三百粁の速度で飛ぶ飛行機に乗つて行つたとしても、太陽に到着するには五十七年かゝるのである。

落雷密　種　片

第三　人と火

「人は火を用ひる動物。」と言はれて居るように、火を使用するのは人類ばかりで、他の動物には見られない所である。

一體、人は、最初どうして火を得たであらうか。　思ふに、落雷のために樹木が燃えたり、密生した樹木の枝と枝とがすれ合つて起つたりした自然の火から、火種を取つたものであらう。　其のうちだんだん人智が發達するにつれて、木片と

極

木片をこすり合はせて、火を得る法をさとるようになつた。

それから少し進むと、石や金を打合はせて火を出す法を考へるようになつた。　此の方法は各國民の間に、廣く、又極めて長い間行はれて居たものであるが、マッチの使用が廣まるにつれて、廢つて來た。　マッチは、今から約百年前に發明されたものである。

火の熱は、初め主として食物を調理するのに用ひたもののようであるが、時代が進んで、燃料の

増　炭　暖　魚　獸　油

種類が増すにつれて、火の用途もだん〲廣くなつて來た。 木炭や石炭や石炭ガスの火は、部屋を暖めたり物を煮たりするに用ひられ、石炭の火は、木炭の火よりずつと熱度が高いので、汽車や、汽船や、工場の重い機械を動かすのに大切なものとなつて居る。

燈火としては、初め松の木や魚獸の油などをたいたのであつたが、其の後蠟燭や種油がともされ、石油ランプやガス燈がこれに代り、今は電氣を利用した電燈が使はれるようになつた。 かくして、人は、暗い世界から、だん〲明かるい世界へとみちびかれて來たのである。

工　庭

「必要は發明の母。」である。 人は生活上の必要から發火法を工夫し、燃料を研究し、熱と光とをあらゆる方面に利用することを考へて來た。 しかし、熱や光の作り方や利用の方法は、決してこれで完成したといふわけではあるまい。 將來は、又どんなものが發明されるかも知れない。

第四　日本の家庭

姉　妹　負　美　德

小さい兄や姉が、其の弟や妹を背負つて、道ばたで遊んで居るのは、日本ではよく見受ける事であるが、西洋では決して見られない事である。 かういふ有樣を始めて見た或西洋人が、

「何といふかはいらしい樣子であらう。 こゝに日本の美しい國風が見える。」

と言つて、感心したといふ事である。

すなほに親の言ひつけを守るのは、日本の子供の美德である。 兄や姉が、自分よりも小さい弟や妹をかはいがつて世話をするのも、日本の子供の美德である。 世話になつた弟や妹が、後に其の兄や姉を大切にするのも、日本の家庭の特色である。

兄　弟　友　認　確　西　富　差

此の西洋人は、まだくはしくは日本の家庭の內部を知らなかつたのであらうが、道ばたの子供を見て、日本の家庭の美德、「父母ニ孝ニ兄弟ニ友ニ」の一端を認め得たのは確である。

父母の子を愛する情は、東西共に變りは無いが、日本の家庭では、殊に子供を大切にする。 家の貧富・貴賤によつて、生活の上にはそれ〲の差

處

別があつても、子供を大切にする點に變りは無い。日本の家庭においては、子供は單に其の父母の寶(たから)といふだけではなく、全く家の寶として大切にされるのである。だから、子供が生まれれば、どこの家でも、これで先づ我が家のあとつぎが出來たと言つて喜び、其の家が益繁昌(はんじよう)して行くのを祝ひ、親族も朋友(ほうゆう)も、皆同じ心でこれを祝賀するのである。

さて子供が生まれると、七夜までのうちに名をつける。それから三十日目、又處によつては百

在　爲　形

日目に、「お宮參り」といつて、其の土地に在る神社へお參りして、無事に成長するよう、又立派(りつぱ)な人になつて、世の爲、人の爲に働くことが出來るようにとお祈りをする。

三月三日の雛祭(ひなまつり)は女の子の節供(せつく)、五月五日の端午は男の子の節供である。これらの日には、子供のある家々では、美しい雛人形を飾(かざ)つたり、勇ましい鯉(こひ)のぼりを立てたりして、子供を中心に、一家族寄り集つて喜び祝ふ。

日本の家庭には、おとうさんも、おかあさんも、お

ぢいさんも、おばあさんも、一しよに住んで居られる場合が多い。したがつて、日本の子供は、父母の慈愛(じあい)の外に、祖父や祖母の愛をも受ける。又家の中には、大てい神棚(だな)があつて、神をまつり、佛壇(ぶつだん)があつて、先祖以來の位牌(いはい)をまつつてある。日本の家は、先祖からの家であつて、たとへ人はなくなり、建物は變つても、此處(こゝ)に住む者は、先祖と一しよに住んで居る氣持であり、それを又、だんだんと子孫に傳へて行くのである。

家にそれぞれ其の家の紋(もん)があるのも、日本の家

貴

の特色である。

父母は我が家の神我が神と
心盡くしていつけ人の子

と、本居宣長(もとをりのりなが)がよんで居るが、父母の方では、子供たちを家の寶と思ひ、子供の方では又、父母を家の神とあがめる。これは日本古來の道で、全く親の親の其の又親の遠い昔から、長く傳へて來た道である。だから、親しい、なつかしい親愛の情の中に、貴い、ありがたい敬愛の情が湧(わ)いて、父母に對しては、自然(し)神に對するようなつゝまし

言　作　姉　妹　總　居　自　敬

やかな心持にもなるのである。さうして言語・動作の上にも、それが現れて來る。他國の家庭では、親子・夫婦・兄弟・姉妹の間の言葉づかひは、總べて對等であるが、先祖と同居して居る日本の家庭では、目上に對する言語と目下に對する言語とに、自ら差別がある。親に對する子供の言葉が違ふはもとより、親代りに世話をし、いたはつて下さる兄姉に對しても、尊敬の心持を含む言葉を使ふ。かうして親は子を思ひ、子は親を思ひ、又兄姉は弟妹を憐み慈み、弟妹は兄姉を敬

振　有　寺　院　薄

ひ愛し、こゝに美しい日本の家庭が成立つのである。故國日本を遠く離れて、世界の何處に住むとしても、此の美點は、永久に殘して置きたいものである。

第五　振子時計

イタリヤのピサの町に夕もやがこめて、日が靜かに落ちて行く頃でした。

ガリレオといふ學生が、此處の有名な大寺院へお參りをしました。寺院の中は、もう薄暗くな

つて居ました。ちようど今、番人が、ランプに火をつけたばかりの所でした。

天井からつるしてある此の大きなランプが、ふと、ガリレオの心をとらへました。

「おや。」

と思ひながら、彼は其處に立ちどまつて、じつと見つめました。

つるしたランプ

左　右　思　議　往

は、靜かに左右へ動いて居ます。それは、つい今しがた、番人が火をつけるために手に觸れたからです。ガリレオが不思議に思つたのは、其のランプの動き方でした。左から右へ、右から左へと、往つたり來たりするのに、其の一回々々の時間が、どうやら同じであるように思はれてなりません。

「何かでためして見る方法は無からうか。」

しばらく考へて居たガリレオは、やがて、自分の脈を取つてみました。

やつぱりさうでした。　ランプが一回動くのに、脈が二つ打つと、次の動きにも、脈は二つ打ちます。　驚いたことには、ランプの動きが次第に小さくなつて、後にはかすかにゆれるだけですが、それでも、一回の動きに、やはり脈は二つ打つといふぐあひでした。

ガリレオは、急いでうちへ歸りました。　さうして、絲におもりを附け、それをつるして、同じようなことを何べんとなくやつてみました。　おもりを絲でつるして、それを動かすと、おもりは左

右へ振ります。　其の絲を短くすれば振方が速く、長くすれば振方がおそくなります。　しかし、絲の長さを一米なら一米にきめて置くと、おもり其のものは重くても輕くても、又大きく動かしても小さく動かしても、振る時間は同じです。これを振子の等時性といひます。

十八歳の學生ガリレオは、此の事を發見したのでした。　今から三百六十年ばかり昔の事です。此の發見があつてから、七十年餘り過ぎて、オランダのホイヘンスといふ人が、今までに無い正

確な時計を發明しました。　それは全く、ガリレオの此の發見を應用したものです。　つまり時計の機械に振子を仕組んだもので、これが振子時計の始りです。

自修材料（一）

〇兄弟げんか

昔、或處に、兄弟の農夫がありました。　互に田地を爭つて、役所にうつたへ出ました。　長引いた爭のことで、兩方に味方する者が澤山ついて居て、なか〱めんどうな事件でした。が、泉仲愛といふ人が、此の裁判に當ることになりました。が、昔のことですから、特別な裁判所といふものはありません。

仲愛は、兄弟を自分の家へ呼出し、ぞろ〱ついて來た兩方の味方の者は、追返してしまひました。　さうして兩人を一間に入れたまゝ、「ちよつと急な用が出來た。　用事がすむまで待つて居るように。」と申し渡して去りました。

さて、二時間たつても、三時間たつても、主人は顔を出しません。　短い冬の日は、早くも暮れようと致します。　やがて、ねんごろな夕食が運ばれました。　どちらからともなく、箸を取りました。　主人は召使に、「まだ用事がすまないけれど、待つて居てくれ、今晩のうちにはさばきをつけるから。」と傳へさせました。

日は全く暮れました。　二人の間に火鉢が運ばれました。　互に物も言はず、にらみ合つて居た兄弟は、時が移るにつれ、たいくつして來るにつれ、さすがに幼かつた頃の事などが、しみ〲思ひ出されて來ました。　見ると、兄の頭には白髪

がふえ、弟の顏にはしわが深くなつて居ます。やがて、

「大そうおそくなるなあ。」

とつぶやくともなく、一人が言へば、

「まあ、火鉢にでも近く寄つたら。」

と一人が言ひ、それから互に火鉢に身を寄せて、昔の事など語り始めました。すると、兄弟の間で、こんな爭を起したことが恥づかしくなつて來ました。で、「どうだらう、あの田を二人のものといふことにして、一しよに作ることにしては。」と兄が言出すと、「にいさんさへ其の氣なら、私に異存はありません。」と弟が答へました。さうして仲愛の前に此の事を申し出ますと、

「さうか。そこに氣がついてくれたか。めでたい、めでたい。血を分けた兄弟は、さうなくてはならぬ。」

と、いろ〳〵に言聞かせて歸しました。

第六　水師營の會見

旅順開城約成りて、

彈丸

敵の將軍ステッセル、
乃木大將と會見の
所はいづこ、水師營。

庭に一本なつめの木、
彈丸あともいちじるく、
くづれ殘れる民屋に、
今ぞ相見る二將軍。

乃木大將はおごそかに、

謝　彼

御めぐみ深き大君の
大みことのり傳ふれば、
彼かしこみて謝しまつる。

昨日の敵は今日の友、
語る言葉も打ちとけて、
我はたゝへつ、彼の防備、
彼はたゝへつ、我が武勇。

容正して言出でぬ、

「此の方面の戰鬪に
二子をうしなひたまひつる
閣下の心いかにぞ。」と。

「二人の我が子それ〴〵に、
死所を得たるを喜べり。
これぞ武門の面目。」と、
大將答力あり。

兩將晝食共にして、

領受

なほも盡きせぬ物語。
「我に愛する良馬あり、
今日の記念に獻ずべし。」
「厚意謝するに餘りあり。
軍のおきてに從ひて、
他日我が手に受領せば、
長くいたはり養はん。」

「さらば。」と握手ねんごろに、

絶　統　貧

別れて行くや右左。
砲音絶えし砲臺に
ひらめき立てり、日の御旗。

第七 リンカーンの苦學

アメリカ合衆國第十六代の大統領リンカーンは、今から百年餘り前、ケンタッキー州の片田舎の貧しい家に生まれた。

リンカーンが七歳の時、一家はインヂアナ州に移つたが、さしあたり家が無くてはならないの

窓　雑草

で、父は、自分で木を切出して小さな家を造つた。それは三方が丸太の壁で、一方は明け放しになつて居て、戸も窓も床も無いものであつた。

家が出來てから、次に土地を開きにかゝつた。リンカーンは其の頃からもう父の手傳をしなければならなかつた。父が木を切れば、自分は雜草を刈取る、父が畠を打てば、自分は種をまくといふ風に、かひ〴〵しく働いて居た。

僅　識

一家の暮し向はまことにあはれなもので、食物なども自由には得られず、時には、生のじやがいもしか食はれないこともあつた。　かういふ有様であつたから、リンカーンは、十歳頃までは、本を讀むことなどはほとんど出來なかつた。　ただ通りがかりの旅人から珍しい話を聞いては、僅かに心をなぐさめて居た。

かうして居るうちに、知識を得たいといふ彼の欲望は益々強くなり、父に對して是非學校に入れてもらひたいと願つたけれども、父は學校へ行

算　術　練　炭

つて時間をつぶすよりも、畠に出て働いた方がよいと言つて、なか〳〵許してくれなかつた。ところが、母のとりなしで、終に學校に入ることが出來たので、リンカーンの喜は一通りでなかつた。　學校は四哩餘り離れて居たが、道の遠いのは少しも厭はず、毎日々々元氣よく通學した。

鉛筆や紙も自由には買へなかつたから、家で算術の練習をするには、木のシャベルと炭を用ひた。　シャベルが數字で眞黑になると、それをふいては、又書く。　大事なことは拾ひ集めた木片

留　掛

などに書留めて、忘れないようにして置く。　かういふ心掛であつたから、成績は何時も優等であつた。

しかし、せつかく始めた學校通ひも、家事の爲に僅か一年足らずで止めねばならなくなつた。　それからは又父の手助をしたり、人にやとはれたりすることになつたが、本を讀みたいといふ心は少しも變らなかつた。

書　圖　借

ところが、家に書物が無いばかりでなく、近くに圖書館も無いので、どうしても人から借りて讀む外はなかつた。　熱心なリンカーンは、書物を持つて居る人の所には、遠近を問はず借りに行つた。　さうして、其の本の内容がすつかりわかつてしまふまでは、何度でも讀む。　かうして、イソップ物語や、ロビンソン、クルーソーや、合衆國史等を讀んだ。

或時近邊の人からワシントン傳を借りたことがある。　リンカーンはかね〴〵此の偉人を非

就 燈 翌 貸

常にしたつて居たので、鬼の首でも取つた氣になつて、一心に讀續けた。 晝の仕事のあひ間に讀むのは勿論、夜は床に就いてから燈が盡きるまで讀む。 燈が盡きると、翌朝すぐ手に取れるように、まくらもとの壁際に置く。 ところが、或夜、夜中に激しい雨が降つたことがある。 リンカーンがふと目を覺した時は、もうおそかつた。壁のすき間をもつた雨のために、本がすつかりぬれて居たので、子供心にも大變心配して、其の晩はとう〳〵眠れなかつた。 翌朝、貸してくれ

述 任

た人の家へ行つて事情を述べ、

「辨償することが出來ませんから、其の代りに何か仕事をさせて下さい。」

と願つた。 其の人は別にとがめもせず、願に任せて三日間畠の草を取らせ、さうして本は其のまゝリンカーンに與へた。 リンカーンは其の本をていねいにかわかして、其の後何度も何度も讀返して居るうちに、此の偉人の品性に深く感化された。

リンカーンは、父の手助をして忠實に働くと共

萬 醫 斷

に、非常な熱心と努力とを以て勉强を續けた。 彼が、他日大統領となり、世界の偉人として萬人に仰がれるようになつたのは、實に此の少年時代の苦心の賜である。

第八　良澤と玄白

今から二百年ばかり前、江戸に前野良澤といふ醫者があつた。 或時、知人がオランダの書物の斷片を持つて來て、

文字 志

「これは、一體、讀めるものでせうか。」

と尋ねた。 良澤は、

「やはり人間の用ひて居る文字ですから、研究したら、讀めないことはありますまい。」

前野良澤

と答へた。 良澤がオランダ語の研究を思ひ立つたのは、此の時からだといはれて居る。

其の頃同じ江戸に住んで居た杉田玄白といふ醫者も、オランダ語の研究に志して、オランダの

說　位

使が江戸に來る度毎に、其の宿を訪ねて、教を受けて居た。良澤もよく其處に來るので、二人は懇意な間がらとなつた。

杉田玄白

玄白は、或時、オランダの解剖書を手に入れた。文章は讀めないながら、挿繪を見ると、從來の說とは、內臟の形や位置が非常に違つて居る事がわかる。玄白は、或人が「死體を解剖してみると、從來の醫書はとても信じられな

志

い。」と言つた事を思ひ合はせて、是非確めてみたいと思つた。

其の頃、千住の小塚原では、死刑になつた者の體を解剖する事があつた。其の日の來るのを待構へて居た玄白は、いよ〳〵解剖があると聞いて、非常に喜び、良澤其の他の同志をさそつて、一しよに見に行くことにした。

一同は小塚原へ行つて、解剖の始るのを待つて居た。すると、良澤はふところから一册のオランダの書物を取出して、

「これは解剖の書物です。先年長崎へ行つた時買つたのです。」

と言つた。玄白も例の解剖書を取出した。比べてみると、同じ物である。オランダの書物を手に入れる事はなか〳〵困難であつた當時の事であるから、「これは不思議だ。」と互に手をうつて感歎した。良澤は書中の解剖圖をさして、これは肺、これは心臟、これは胃などと、いろ〳〵說明したが、餘り目新しいので、一同は半信半疑で聞いて居た。

檢

いよ〳〵解剖が始つた。體內の諸器官を一々圖に引合はせて點檢すると、胃も心臟も肺も、形といひ位置といひ、全く圖の通りである。熱心に引合はせて見れば見る程、西洋人の精密な研究に驚かされる。一同は、感歎の餘り、聲も出なくなつた。

玄白は、良澤と連立つて歸途に就いた。

玄「いやしくも醫を以て立つ者が、大事な內臟の在り場所も知らないで居たのは、誠に面目無い次第です。私は恐しくて、もう治療をする

勇氣が無くなりました。」

良「全くさうです。どうかして體の組織を一通り研究して、醫者としての自信を得たいものですね。」

玄「どうでせう、此の解剖書を飜譯したら。我が國の醫術の上に、大變利益があると思ひますが。」

良「實は私も、年來其の望を持つて居ますが、同志が無いので、まだ着手せずに居ます。」

玄「それでは、明日から一しよに始めようではありませんか。」

二人はかう相談をきめて別れた。此の時良澤は四十九歳、玄白は三十九歳であつた。

翌日から、いよ〱解剖書の飜譯を始めた。ところが、たよるべき良い辭書は無いし、語學の知識は極めて淺いから、ほとんど手のつけようがなかつた。僅か一字の意味を考へる爲に、一日を費す事もある。一行を譯すのに、三日も四日もかゝる。それでも少しもたゆまず、毎月六七回會合して仕事に勵んだ。さうして居るうち

に、理解も次第によくなり、おもしろさも加つて、一年程後には、一日に十行ぐらゐは樂に譯せるようになつた。仕事のあひ間には、解剖を見に行くこともある。又オランダの使が江戸に來ると、不審を聞きに行くといふ風に、總べて研究の爲には勞力を惜しまなかつた。

全部の飜譯を終へるのに、四年の歳月を費した。其の間に草稿を書直すこと十二度。かうして出來上つたのが「解體新書」で、これは西洋醫書の日本で飜譯された初である。

第九　文字

我々が前の時代の事を知り、今の時代の情態を悟り、又廣く思想を社會に通じ、更にこれを後の世に傳へることの出來るのは、一に文字の賜である。文明が時代を追うて次第に進歩するのは、其の大半は、これを文字の功に歸しなければならぬ。

文字とは、思想を書き記す符號であつて、しかも多數の人の間に認められ、共通に用ひられるも

結　忘　供　主

のである。 太古、人は繩(なは)を結んで約束のしるしとしたことがある。 今でも野蠻人(やばんじん)の中には、木の枝を切つて種々の長さとし、通信・備忘の用に供する者がある。 しかし、これらはまだ文字と稱(しよう)することは出來ない。 文字として認むべきもので、最も早く發明せられたのは、漢字(かん)・エジプト文字等である。 漢字やエジプト文字は、其の後大いに發達・變化して、現今世界の主なる國に行はれる文字となつた。

漢字には、日・月・山・水・魚・鳥・木のように物の形にか

たどつて作つたものもあり、木の上に一畫を加へて末、下に一畫を加へて本の意味を表はしたようなものもある。 木を二つ合はせて林、三つ合はせて森とするが如き、又日と月を合はせて明とするが如きは、數字を合はせて一つの意味の文字を成すのである。 各に宇冠(うかんむり)又は木扁(きへん)を添(そ)へて、客・格(かくかく)とし、官

日	月	山	水	魚	鳥	木

各　殊　元　輸入

に竹冠又は食扁を添へて管(かん)・館とする如きは、各特殊の意義を示すけれども、其の音は元の各・官によつて示されて居る。 漢字の構造(こうぞう)は種々である。

日本は古く支那(しな)の漢字を輸入し、これを用ひて物事を記して居たが、後、假名(かな)文字を製作して、漢字と併(あは)せ用ひるようになつた。 片假名は漢字の一部分を

阿	加	散	多	奈
ア	カ	サ	タ	ナ

安	加	左	太	奈
あ	か	さ	た	な

平　由　著　遂　甚

割(さ)いて作つたものであり、平假名は漢字の草體から發達したものである。

漢字は、もと、物の形にかたどつて作つたものであるが、其の後、時代と共にいろ〳〵に發達・變化して、今では其の由來のわからないものが多く、字數も五萬を超(こ)えて居る。 エジプト文字も漢字と同じく、物にかたどつて作つたものであるが、其の後著しい發達を遂げなかつたため、終に繪畫の域(いき)を脱(だつ)するに至らなかつた。 しかし、其の影響(えいきよう)は甚だ大なるものがあつて、今日ヨーロ

象　身

ッパ及びアメリカ諸國で用ひるローマ字も、此のエジプト文字から變化したものである。

漢字やエジプト文字は、物の形にかたどつた文字であるから、象形文字といひ、又一字がそれぞれ意義を有するから意字ともいふ。　假名文字及びローマ字の如きは、もと象形文字から發達したものではあるが、音のみを表はす文字であるから、表音文字又は音字といふ。　音字はそれ自身には意味は無いが、これによつて言語を書表はすことが出來る。

自修材料（二）

○かんにん

或人が、文字を知らない人に向かつて「世の交は、他の事はいらず、たゞ堪忍の二字を守るのが第一ぢや。」と教へた。　其の人は頭をかたむけ「はて、かんにんとは、四字ではございませんか。」と、指で數へてみて「やつぱり四字のようですがね。」と言つた。　意見した人が「ばかな人だな。　堪忍は堪へ忍ぶとよんで、二字だよ。」と言ふ。　すると、其の人は又頭をかたむけ「たへしのぶならば又一字ふえました。　五字ではありませんか。」と問うた。　彼の人はおこり出して「さて〱文字を知らぬ者は仕方のないものぢや。　四字でも五字でも勝手にするがいゝ。」とのゝしつた。　其の人は平氣な顔で「はい〱、何と惡口されましても、私はかんにんの四字を心得て居ますから、腹は立てません。」と笑つて居た。

雨

第十　捕鯨船

昨日の風雨は名殘なくをさまつたが、海面にはまだ波のうねりが高い。　一そうの捕鯨船が、勇ましく波を切つて進んで行く。　マストの上の見張人が、不意に、

「鯨、鯨。」

と聲高く叫んで、北の方を指さした。

甲板に立つて居た船長を始め、十人ばかりの乘組員は、ひとしく目を其の方向に向けた。　はるかの彼方に、白い水煙が見える。

砲手の落着いた、力のこもつた號令に、船は早や方向を轉じた。　砲手は、此の時早く、船首の砲後に立つて、其の引金に手をかけた。　右に左に鯨を追ひつゝ、四五十米まで近づいた時、ねらひを定めて、ずどんと一發、破裂矢を仕掛けたもりを打つ。　もう〱と立ちこめる白煙の間から見ると、すさまじい波を起して、

底|

鯨は海底深く沈んだ。

「命中、々々。」

一同は歡呼の聲を上げた。もりが體內深くくひ込んで、破裂矢が見事に破裂したのであらう、もりに着けた長い綱はぐんぐん引張られて、三百米ばかりも繰出された。

やがて、鯨は、再びはるか彼方に浮上つた。今まで勢よく引出されて居た綱も、やゝゆるんで來た。綱を次第々々に繰戻すと、鯨は刻一刻船に近寄つて來る。しかし、まだなかなか勢が強い

延|

ので綱を巻いては延ばし、延ばしては巻いて、氣長くあしらつて居るうちに、さすがの鯨も次第に弱つて、船から五十米ぐらゐの處まで引寄せられた。其の時、二番もりが打出された。二十米もある大鯨が、今は全く息絶えて、小山のような體を水面に横たへる。

威

あたりには、流れ出る血に、紅の波がたゞよふ。

「萬歳、々々。」

船員は、手早く、鯨の尾を、くさりで船ばたにつないで、威勢よく根據地に引上げる。

第十一　瀬戸內海

本土の西、近く九州と相接せんとする處下關海峡あり。四國の西には佐田岬長く突出で、九州にせまりて、豐豫海峡を成す。淡路島の東端

島|　到

本土と相望む處、紀淡海峡となり、四國に近き處、鳴門海峡となる。此の四海峡に包まれたる細長き內海を瀬戸內海といふ。

瀬戸內海には到る處に岬あり、灣あり、大小無數の島々各所に散在す。船の其の間を行く時、島かと見れば岬なり。岬かと見れば島なり。一島未だ去らざるに、一島更に現れ、水路きは

まるが如くにして、又忽ち開く。かくして島轉じ、海廻りて、其の盡くる所を知らず。春は島山かすみに包まれて眠るが如く、夏は山海皆綠にして、目ざむるばかりあざやかなり。兩岸及び島々、見渡す限り田園よく開けて、毛氈を敷けるが如く、白壁の民家其の間に點在す。

海の靜かなることは鏡の如く、朝日・夕日を負うて、島がくれ行く白帆の影ものどかなり。月影のさゞなみにくだけ、漁火の波間に出沒する夜景も、また一段の趣あり。

瀬戸內海の沿岸には、大阪・神戸・尾の道・宇品・高松・多度津・高濱等良港多く、汽船絶えず通航して、遠く近く黑煙の青空にたなびくを見る。

內海の沿岸及び島々には名勝の地少からず。嚴島は、古より日本三景の一に數へられて殊に名高く、屋島・壇の浦は、源平の昔語に、人の感興を

動かすこと甚だ切なり。日本に遊べる西洋人は、此の瀬戸內海の風景を賞して、世界における海上の一大公園なりといへり。

第十二　瀬戸內海の歌

のどけき春の朝ぼらけ、
デッキに立ちて眺むれば、
朝日きらめく波の上、
おぼろにかすむ島山の
影おもむろに移り行く。

前より來る白帆影、
忽ち後に消え去りて、
遠くかすかに見えたりし
島影やがて近づけば、
又現るゝ島幾つ。

靜けき波に影うつす、
綠にまじる花櫻、
にほふ山邊もいつしかに、
眺は變るおもしろさ、

擧　經　擊　豫

瀬戸内海の船の旅。

第十三　日本海の海戰

露國が連敗の勢を回復せん爲、本國における海軍のほとんど全勢力を擧げて編成せる太平洋第二・第三艦隊は、朝鮮海峡を經てウラヂボストックに向かはんとす。我が海軍は、初より敵を近海に迎へ擊つの計を定め、豫め全力を朝鮮海峡に集中してこれを待つ。明治三十八年五月二十七日午前四時四十五分、我が哨艦信濃丸よ

報　告　直　廢

り、無線電信にて「敵艦見ゆ。」との報告あり。東郷司令長官は直ちに全軍に出動を命じ、先づ小巡洋艦をして敵艦隊を沖の島附近にいざなひ寄せしむ。

午後一時五十五分、我が旗艦三笠は、戰鬪旗をかかぐると共に、信號旗を以て令を各艦に下せり。いはく、

「皇國の興廢、此の一戰に在り。各員一層奮勵努力せよ。」

と。我が軍の士氣大いに振るふ。

始　擊

三笠に坐乘せる東郷司令長官は、六隻の主戰艦隊を率ゐて、上村艦隊と共に先頭なる敵の主力に當り、片岡・出羽・瓜生・東郷(正路)の諸隊は敵の後尾をつく。

敵の先頭部隊は直ちに砲火を開始せしが、我はこれに應ぜず、距離六千米に近づきて始めて應戰し、烈しく敵を砲擊せ

沈　續　路　逃　攻

しかば、敵の艦列忽ち亂れ、早くも戰列を離るゝものあり。

風叫び海怒りて、波は山の如くなれども、沈着にして熟練なる我が砲員の打出す砲彈は、よく敵艦に命中して、續々火災を起し、炎煙海をおほふ。

午後二時四十五分の頃ほひ、勝敗の數は既に定まれり。敵はかなはじと、にはかに路を變へて逃れ去らんとす。我は急に其の前路をさへぎりて攻擊せしかば、敵の諸艦皆多大の損害を受け、續いて、我が驅逐隊より二回の水雷攻擊を受

條

けて、敵の兩旗艦は遂に沈沒し、其の他の諸艦も相次いで沈沒せり。 夜に入りて、我が驅逐隊・水雷艇隊は砲火をくゞつて敵艦にせまり、無二無三に攻擊せしかば、敵艦隊は四分五裂の有樣となれり。

明くれば二十八日、天よく晴れて、海上波靜かなり。 我が艦隊は、東郷司令長官の命により、鬱陵島附近に集りて敵を待ちしが、忽ち東方に當りて、はるかに數條の黑煙を見る。 よりて、主戰艦隊及び巡洋艦隊は、直ちに東方に向かつて敵の

絕 包 圍 傷 追

進路をふさぎ、片岡・瓜生・東郷の諸隊は其の退路を絕ちて、午前十時十五分、全く敵を包圍せり。 敵將ネボガトフ少將、今は逃れぬところと覺悟したりけん、にはかに戰艦ニコライ一世以下の四隻を擧げて、其の部下と共に降服せり。

敵の司令長官ロジェストウェンスキー中將は、昨日の戰闘に傷を負ひ、幕僚と共に一驅逐艦に移りしが、我が漣・陽炎二隻の驅逐艦に追擊せられ、遂に捕らへらるゝに至れり。

此の兩日の戰に、敵艦の大部分は我が艦隊のた

傷 止 收 僅

めに、或は擊沈せられ、或は捕獲せられて、三十八隻の中、逃れ得たるもの巡洋艦以下數隻のみ。 敵の死傷及び捕虜は、司令長官以下一萬六百餘人。 我が軍の死傷甚だ少く、沈沒したるもの僅かに水雷艇三隻に止れり。

東郷司令長官の發せし戰況報告の末にいはく、

「我が聯合艦隊ガ、ヨク勝ヲ制シテ前記ノ如キ奇績ヲ收メ得タルモノハ、一ニ天皇陛下ノ御稜威ノ致ス所ニシテ、固ヨリ人爲ノヨクスベキニアラズ。 特ニ我ガ軍ノ損失・死傷ノ僅少

極

ナリシハ歷代神靈ノ加護ニ由ルモノト信仰スルノ外ナク、サキニ敵ニ對シ勇進敢戰シタル麾下將卒モ、皆此ノ成果ヲ見ルニ及ンデ、唯感激ノ極言フ所ヲ知ラザルモノノ如シ。」

と。 勝報上聞に達するや、司令長官に賜へる勅語の中に、

「朕ハ汝等ノ忠烈ニ依リ、祖宗ノ神靈ニ對フルヲ得ルヲ懌ブ。」

と仰せられたり。 將卒これを聞きて、感泣せざるはなかりき。

採　普

第十四　ゴム

自動車・自轉車のタイヤ、ゴムまり・ゴム人形・消しゴム・ゴム靴・ゴム管・ゴム風船など、數へてみるとゴムで造つたものは實に多い。一體、ゴムは何からどうして造るのであらうか。

ゴムは、熱帶地方に産する或植物から採る白色の液を原料として、製造したものである。此の液の取れる木を、普通にゴムの木といつて居る。これには種類が多く、一番良いのは、パラゴムと

英

いふのである。今日世界におけるゴムの大部分は、此の木から取つたものである。此の種のゴムが、昔、主としてブラジルのパラー州から産出したので、パラゴムの名が生じたわけである。ブラジル邊でゴムを製造するには、山野に自生するゴムの木から原料を採るのであるが、近年ゴムの需要が激増したために、英國人は、マレイ半島の領地にパラゴムの木を移植するに至つた。他の

栽　培　營　森林　付

國人もこれにならつて、南洋におけるゴムの栽培はすこぶる盛んになつた。南洋は一年中溫度が高く、雨量が多いので、ゴムの木の發育には最もよく適して居る。マレイ半島・蘭領東印度等には、日本人の經營して居るゴム園も澤山にある。

此の邊でゴムを栽培するには、先づ森林を燒拂つて、其の跡に種をまくか、又は苗木を植付けるのであるが、これが成長して、切付を行ふまでには五六年もかゝる。其の間、草を取つたり、虎や

皮

象の荒しに來るのを防いだり、苦心はなかなか一通りでない。

切付といふのは、ゴムの木から液を採る爲に、木の幹に小刀で傷をつけることをいふのである。切付には餘程熟練を要する。元來ゴム液は、幹の皮部と木質部との間にある乳管組織といふ所から出るのであるから、此の組織

除 薬 固

の所まで小刀がとゞいて、しかもそれより深くは傷のつかないようにしなければならぬ。此の傷から出て來るゴム液は、流れて下のコップにたまるのである。

ゴム園の人は、毎朝暗いうちに起きて、受持の木に此の切付をして廻る。それがすむと、今度はバケツを持つてコップにたまつた液を集めて歩くのである。集めた液は、これを工場に持つて行き、先づ、こして不純な物を取除き、次に、薬品を入れて固らせ、機械で薄くのして、かわかすの

加 筆

である。

こゝまでが原産地における仕事である。かうして出來たゴムは、各國の工場に運んで加硫法を行ふ。加硫法とは、ゴムに硫黄をまぜることで、かうすると、ゴムが非常に彈力を増して來る。これをそれ〴〵用途に應じて、更に加工するのである。

電氣の機械や、萬年筆の軸などに用ひるエボナイトといふものも、ゴムから造る。近來床の敷物や、道路にもゴムを用ひることが行はれて來

た。ゴムの用途は、年を逐うて益〻廣くなるばかりである。

自修材料（三）

○木村重成の妻

木村重成は、長らく立てこもつた大阪城も、もはや落城ときまつたので、明日は戰死と覺悟をきめ、死んでも見苦しくないように、前夜、體を清め、頭には香をたきこめた。

翌朝妻に向かひ、

「今日を限りの門出である。呼返す用事の無いように、言ふべき事は、今申せ。重成が家から火を出して城を燒いては、後世までの恥であるから、火の元を注意せよ。」

と申しつけた。妻は、

「はい。」

と答へて、平常の如く、むつまじく食事を共にした。さうして、

「お心殘りの無いように、御一しよに火の元を見ていたゞきます。」

と、共に火の有る所を消して廻つた。さていよ〳〵出陣といふので、見送つて出た門口で、妻が重成を呼びとめた。重成は、

「今申した事をもう忘れたか。いくさの門出に、後を振返らせる法があるか。」

と叱りつけた。妻は、

「いえ〳〵、これを見とゞけてから、あつぱれ勇ましく働いて下さい。」

と言ひさま、ふところ刀を以て我が胸を突いた。重成は其の最期を見て、心地よげに馬を戰場に走らせた。

第十五 まかぬ種は生えぬ

「まかぬ種は生えぬ。」といふことわざは、誰でも知つて居ることであるが、生物界の現象中には、ともすると、まかぬ種が生えるような考を起させることがある。それで、今でも世間には、往々、蚤(のみ)が湧(わ)くとか、しらみが湧くとか言つて居る人がある。もつとも、かういふ考は、日本ばかりでなく、何處(どこ)の國にもあつたのであるが、二三百年以前から、追ひ〱實物に就いて物を研究する風

が起り、又顯微鏡(けんびきょう)を用ひて細かい物を調べることが出來るようになつた結果、だん〱其の誤(あやまり)であることがわかつて來た。例へば、昔はうじといふものは、肉などが腐(くさ)ると自然(しぜん)に其處(そこ)に湧くものであると信じて居た。ところが、イタリヤのレヂといふ學者が、細かい金網(かなあみ)で肉をおほつて蠅(はへ)が附かないようにして置いたところが、幾日過ぎても、どんなに肉が腐つても、うじが一匹も生じなかつた。そこで、うじは決して腐つた肉から湧くものではなく、全く蠅が來て産み

つけた卵がかへつたのであるといふことが確になつた。かうして實物に就いてだん〱研究してみると、元は自然に湧くと思はれて居た蛔蟲(かいちゅう)やさなだ蟲も、種無しに生ずるものではないといふ事がわかつて來た。

又山間に新しく掘(ほ)つた池などに、鰻(うなぎ)が居たり、しじみが居たりすることがある。ちよつと考へると、鰻やしゞみがかういふ池に居るようになるのは、全く其の場所に湧いたとしか思はれない。しかし、よく調べてみると、やはり湧いたの

ではなく、外から來たのである。鰻は、元來、海中でかへるもので、初は透(とう)明な白魚のようなものであるが、だん〱體がしまり、色も次第に黒くなつて、いはゆる針鰻になる。此の針鰻は幾千も幾萬も群を成して川をさかのぼり、次第に細い溝(みぞ)などへ進み、雨でも降れば、路上や草の間の水たまりを傳はつて、何處までも進んで行く性質を持つて居る。であるから、鰻は山間の新しい池にでも達することが出來るのである。又しゞみのような貝類は、其の二枚の殼(から)で、がん・か

羽毛　消

もなどの羽毛や足に附着することがあるから、餘程へだたつた處までも運ばれて、其處で繁殖することは、決して珍しいことではない。

生物學上「まかぬ種は生えぬ」といふことがわかつたおかげで、人間の生活の上に大きな利益がもたらされた。近來發達した消毒法や、食物を罐詰にして長く保存する方法なども、全く此の理を實地に應用したものである。若し病氣や腐敗のもととなる微細な生物が、種が無くても自然に湧くものであつたら、かういふ方法は、何

の役にも立たないはずである。

第十六　野口英世

醫學界の偉人として、全世界に其の名を知られた野口英世、彼の名は永久に人類の恩人として世に傳はるであらうが、此の偉人も、決して初から萬人にすぐれて居たのではない。彼がかくなるに就いては、全く涙ぐましい、いろ〳〵の奮闘美談がある。

彼は明治九年、福島縣の片田舍、猪苗代湖畔の翁

程　幸　指　失

島村に生まれた。家は極めて貧しく、やうやく其の日の生活をさゝへて行く程度であつたが、しかも此の貧しい暮しの中に、又思ひもかけない不幸が起つた。それは當年やつと三歳になつたばかりの英世が、圍爐裏にころがり落ちて、左手に大やけどをした事である。母の夜の目も眠らぬ看護のかひがあつて、傷はやうやくなほつたが、五指が皆癒着し、其の上、手と腕とが一部分癒着して全く其の自由を失ひ、生まれもつかないかたはとなつた。

負　具

五六歳の頃、近所の子供たちと一しよに遊び、勝負をして英世が勝つと、負けた子供たちは、くやしまぎれに、「てんぼうやあい。」と英世の不具をあざけることもあつた。かう言はれると、英世の心も何となく暗くなつて、じつと自分の手を見つめては、「あゝ、笑はれても仕

察

方がないなあ。」と、我が身の不幸をかこちながら、すご〱と家に歸るのが常であつた。

やがて英世は、村の小學校へ通學するようになつたが、人から不具の手を笑はれるのを無念に思ひ、又母の苦勞を察して、幼心にも、「よし、笑はば笑へ。手は不自由でも、勉强してえらい人にならう。さうして母にも安心させよう。」かう考へた。さうして一生懸命で勉强したので、學業は日に〱進んだ。しかし、夜、本が讀みたくても、家が貧しいために、燈をともすことが出來ない。

賴　拔　幸　資

そこで隣のはたご屋に賴んで、風呂たきを手傳ひながら、本を讀ませてもらつたといふ。

かうして奮勵した結果、拔群の好成績で尋常小學校を卒業した。其の頃の尋常小學校は四箇年の課程であつたが、これを卒業すると、幸ひ、篤志家があつて、學資を出してくれたので、更に進んで高等小學校へはいつた。

彼は一心不亂に勉强したので、成績はずん〱進んで行つた。これを見た人々は、其の不具の手を何とかしてなほしてやりたいものと思ひ、

師　明

治療費を出し合つて、或醫師の手術を受けさせた。其の結果は極めて良く、癒着して居た手と腕は切離され、五指もそれ〲切離されて、どうにか自由に動くだけは動くようになつた。醫師が、最後に繃帶を取りのけて、始めて普通の人間の手らしくなつたのをはつきりと見せてくれた時には、英世は全く夢かとばかり驚き、狂喜したといふことである。

手術の成功によつて、前途に光明を望み、狂喜した英世は、深く醫術の恩惠を感ずると共に、將來

修　都　科

醫學を修めたいといふ志望を起した。そこで、世話になつた人々とも相談して、高等小學校を卒業すると、さきに手術を受けた醫師に賴んで、其所の書生として入門させてもらふこととなつた。

かうしていよ〱自分の志を達するのに都合のよい境遇になると、彼の勉强は、更に一段の烈しさを加へ、主人の手傳をする傍、中學校の主な學科は、僅か一箇年ばかりの間に獨修した。外國語の學習には特に力を用ひ、ドイツ語・英語・フ

版　試　格

ランス語を修め、其の進歩は又甚だ著しいものがあつた。やがて醫學に關する洋書を讀み得るばかりでなく、これを國語に飜譯・出版して人人を驚かした程であつた。

彼は、明治二十九年、二十一歳の時、醫術開業試驗を受ける爲に東京に出たが、それからは更に一層よく働き、一層よく學んで、翌年試驗に合格して醫師の資格を得た。

醫師となつた英世は、しばらく實地研究を重ねて種々の業績をあげたが、これに甘んじて居る

留　博　著述

彼ではなかつた。明治三十三年には、更に志を立ててアメリカ合衆國へ留學の途に上つた。もとより學資とてはほとんど無く、渡米後における辛苦は一通りでなかつたが、初一念を通して決して屈しなかつた。彼は先づペンシルヴァニヤ大學において蛇毒に關する研究に着手し、種々の實驗を試みると共に、一方博く諸國の文獻をあさり、夜を日についで勉强し、ねむくなれば其のまゝ眠り、水とパンで飢をしのぎ、刻苦五十餘日で、これを大きな著述にまとめ上げた。

凡　助　選

其の非凡な努力と、すぐれた業績とは、忽ち認められて、同大學の助手に擧げられ、やがてデンマークに留學させられて一層其の研究を深くし、歸米後は、ロックフェラー醫學研究所の助手となり、部員となり、遂には其の部長にまで進んだ。

其の間に毒蛇及び蛇毒に關する研究を始として、幾多醫學上有益な業績を次々と發表して、其の價値を學界に認められ、日本においても醫學博士・理學博士の學位を受け、帝國學士院會員に選ばれ、又諸國から名譽ある學位・勳章等を贈ら

福　終

れ、細菌學者として世界で最も卓越した學者の一人となるに至つた。

眞理の探究者としての英世は、又常に學理の力によつて世界人類の幸福の爲に貢獻することを念とした人である。彼は人命を奪ふ微細な病原菌を發見する爲に、終生倦まずたゆまず努力を續けた。殊に其の晩年十餘年間には、危險な熱帶傳染病を撲滅する爲に智能を盡くして奮鬪し、連年エクアドル・ブラジル・メキシコ・ペルー等に出張して、或は其の病原體を明らかにし、

流　説

或は其の治療・豫防の方法を講じたりして、顯著な功績をたてた。かように彼は單に研究室において實驗を試みるだけではなく、進んで自ら身を危險の境地にさらして少しも恐れなかつたのである。

しかも惜しいことには、昭和三年五月、アフリカ西海岸において、同地に流行する熱帶傳染病にをかされ、遂に研究の犧牲となつて、五十三年の生涯を終へたのである。彼はアフリカへ出發する時、其の行の危險を説いて注意してくれた

去　授

友人に對し、其の親切を感謝しながら、かう言つた。「私は少しも恐れる所は無い。私は此の世界に何事かを成さんが爲に生まれて來たのである。私はこれを完成したい。死ぬべき時が來れば、それに赴く外はない。」と。

英世死去の報が天聞に達するや、勳二等に叙し旭日重光章を授けられ、又内外ひとしく此の人類の恩人の功業をたゝへない者は無かつた。

簡

第十七　健康第一

將來どんな事業にたづさはるにしても、體が弱くては、だめである。殊にブラジルの奥地のように、ちよつと藥を買はうとしても、簡單には手に入らず、又病氣にかゝつたからとて、すぐ適當な醫師に見てもらふことが出來ないような處では、一層體の健康といふことに注意しなければならぬ。たとへ頭はいかによくても、體の健康がこれに伴なはなければ、最後の勝利はむづ

暴飲戒

かしい。何といつても、先づ第一に大切なものは體の健康である。

日本のことわざに、「病は口より入る。」といふ語がある。これは、勿論暴飲暴食を戒めたものであるが、ブラジルにおいては、今一つ、「病は皮膚より入る。」といふことをも考へなければならぬ。皮膚から入る病氣の中で、一番多く且恐しいのは、アマレロンとマレイタである。此の外、奥地の人々のかゝる病氣に、フェリダ、ブラバ・シャガス病・プラストミマージスなどいふものがある。

易

アマレロンは、うつかり屋外の土地を、はだして歩きなどして居るとかゝるもので、此の病氣にかゝつた人は、アマレロンの蟲に血を吸取られて、だん〳〵と元氣が無くなり、人によつては、目まひや耳鳴りがしたり、頭痛・胸痛・腹痛などがしたり、又いきゞれがしたり、口がかわいたりして、非常に疲れ易くなるものである。

マレイタは、此の病氣にかゝつて居る人の血を吸つたアノフェレスといふ蚊にさゝれるために起るもので、これにかゝると、急に寒けやふる

衰　弱

へが來て、熱を出し、大汗をかくようになる。さうして此の容態が何べんも繰返し繰返し起つて來ると、どんなに威勢のよい人でも、次第に衰弱して來て、遂には働けなくなつてしまふ。此のアノフェレスといふ蚊は、俗に「はまだら蚊」といひ、翅にまだらがあるもので、物に止る時には、尻をぴんと上げる習性を持つて居る。で、若し此の蚊を見つけたら、見つけ次第、必ず殺してしまふようにしなければならぬ。しかし、それよりもつと大事な事は、此の蚊になるぼうふら

の發生を防ぐことである。それには、適當な溝を作つて、水はけの良いようにし、住宅附近に不潔な水溜りの出來ないようにすることが必要である。又流のゆるやかな川や沼などの附近には、家を建てないようにしなければならぬ。

次に注意すべき病氣は、トラホームである。これは、此の病氣の患者が使つた手拭とかハンカチとかを使つたり、目を不潔にしたりするために起るもので、もし手當を怠ると、生まれもつかぬ盲となることがある。だから、此の病氣にか

區

かつた人は、一日も早く手當をしてなほさなければならぬは固より、自分の使ふ手拭などは、人のと區別し、他に傳染することを防がなければならぬ。

ブラジルには、なほ此の外にもいろ〳〵特殊な病氣があるが、在留日本人の男女を通じ、最も多くの人がかゝり、さうして最も困つて居るのは、右に述べたアマレロン・マレイタ・トラホームの三種である。だから、これらの病氣に對しては、平生特に注意をすることが肝要である。さう

して、何の病氣にせよ、もし不幸にしてかゝつた場合には、出來るだけ早く手當をして、重くならないうちになほさなければならぬ。

第十八 瀧

あへぎ登る山のかけ路に、
早や聞ゆるは瀧の音、
あたりにひゞく瀧の音。
木の下やみをぬけ出でて、
見上ぐれば、

目の前に、
荒野の吹雪さながらに、
落つるよ、落つるよ、眞白き流。
霧を含む風の冷たく、
さと吹來れば、夏の日の
暑さも知らぬ岩の上、
木の下かげにいこひつゝ、
見下せば、
足もとに、

幾百千の白龍の、
をどるよ、をどるよ、みどりの淵に。

自修材料（四）

○ことわざ

かせぐに追ひつく貧乏無し。
かはゆい子には旅させよ。
孝は百行の本。
猿も木から落ちる。
好きこそ物の上手なれ。
すき腹にまづい物無し。
短氣は損氣。
ちりも積れば山となる。
七度さがして人を疑へ。

第十九 最後の授業

いつもの通り、私は學校へ出かけて行つた。今朝は、天氣はぽか〱と暖いし、其の上、空はからりと晴れて居る。森の方では、おしやべりの黑鳥がさへづり、牧場では、木挽小屋の後の方で、プロシヤ兵が調練をして居る。

村役場の前を通りかゝると、小さな鐵柵のある掲示場の前に、大勢の人がたかつて居た。二年此の方、ありとある不吉の報知や敗戰の知らせや、徴發の事や、プロシヤの方のいろ〳〵の命令など、そんな厭なものが、みんな此處から來たのであつた。又何かあるんだなと思ひながら、足も止めず、私はアメル先生の小さな校庭へはいつて行つた。

あいて居る窓から見ると、私の仲間は、もうみんなめい〳〵の腰掛に並んで居て、先生は恐しい鐵の定木をかゝへ込みながら、其の前を往つたり來たりして居られる。私は、そつとはいつて、私の机の前にすわつた。

教　嚴　村

私は、先生が綠色の長い上衣を着て、參觀日か賞品授與式の時でなければ、かぶられることのないシルクハットをかぶつて居られるのに氣がついた。それればかりか、教場には、何か非常の事でもありさうで、嚴かな空氣が滿渡つて居た。しかし、一番私の驚いたのは、教場の奥の方の、いつも誰も居ない机の前に、村の人が、私等と同じくだまつてすわつて居る事であつた。其の人たちの中には、三角帽をかぶつたオーゼーぢいさん、前の村長さんなどが居た。さうして、此の

讀　嚴

人たちは、みんな悲しさうな顏をして居るのだ。オーゼーぢいさんは、緣のむしばんだ、古いABCの讀本を持つて來て、それを膝の上にのせ、大きな眼鏡を、開いた本の上に置いて居た。

私が驚いて居る間に、先生は教壇に上られた。さうしてやさしい、しかも嚴格な聲で、私等に言はれた。

「皆さん、これが皆さんに私の教へる最後の授業だ。ベルリンから命令が來て、アルサスとローレーンの小學校では、ドイツ語の外は教

へてはならぬと言つて來たのだ。新しいドイツの先生が、明日着くことになつて居る。今日は、フランス語の教へじまひだから、わたしは、皆さんに一生懸命に聽いてもらはなければならぬ。」

此の僅かな言葉が、私を「あつ」と動轉させてしまつた。「あゝ、何といふみじめな事だ。村役場の掲示は、其の事だつたのだ。」

私のフランス語の學びじまひ。其の私は、まだろく〳〵書くことさへも出來ないのだ。それ

だのに、もう二度とフランス語を習ふことが出來ないのだと思ふと、學校を休んで、鳥の巣をさがし廻つたり、川で氷すべりをして、むだに費した時間が、今更惜しく、うらめしくなつて來た。つい今の先まで、重がつて荷厄介にした教科書も、今となつては、別れのつらい舊友のような氣がする。

先生が取つておきの着物を着て來られたのも、此の最後の授業に敬意を表する爲だつたのだ。村の老人たちの樣子も、今まで度々此の學校へ

早

來なかつたことを悔むように見えた。　此の人たちの來たのは、四十年も此の小學校に居て、立派に職務を盡くしてくれた私等の先生に、感謝の意を表する爲でもあつたし、又失はれた祖國に對する義務を盡くす爲でもあつたらしく思はれた。

こんな事を考へて居る時、私は自分の名を呼ばれたのに氣がついた。　私の暗誦する番が來たのだ。　私は早速第一の言葉にまごついてしまつた。　胸が一ぱいにこみ上げて來て、顏を上げ

ることも出來ず、腰掛から立つたまゝ、だまつて居ると、先生の聲が聞えた。

「フランツや、わたしは、今日はお前を罰しはせぬ。　しかし、お前は罰せられるのがあたりまへだ。　お前などは、毎日おきまりに言つて居た事だ、『いつでも時間はある。　明日勉强すればよい。』と。　どうだな、今日といふ今日、其の結果がお前にわかつたらう。　全體アルサス人の教育を、いつも其の通りに明日に延ばして居たのが、アルサス州の何よりの不幸だつた

のだ。　今になると、敵國の人たちは言ふだらう、『何だ、お前たちは、それでもフランス人だと言ふのか。　フランス語が書けも讀めもしない癖に。』と。　それに對して、何と返事が出來るか。」

先生の言葉は、それからそれへと盡きなかつた。

先生は、「フランス語は、我々の先祖から持傳へた大事な言葉だから、我々は此の言葉をよく護つて、決して忘れてはならない。　たとへ一國民が奴隷の境遇に落ちようとも、其の國の言葉を護つて居る間は、ちようど、ろう屋の鍵を持つて居

臨

るようなものだ。」と說かれた。

さうして先生は、文典を取つて、私等に讀んで聞かせて下さつた。私は、それが不思議によくわかつて行くのに驚いた。先生の說明が實によく私の頭にはいつて行くのだ。私は、こんなによく先生の言はれる事を聞いて居たことも無ければ、先生も、こんなにしんぼうして、說明して下さつたことも無かつたであらう。此の氣の毒な先生は、此處を去るに臨んで、自分の知つて居るだけの事を、一度にみんな私等の頭に詰込

んで行かうとされるように思はれた。

それが終ると、今度は、書方のけいこに移つた。先生は、特別に私等に渡して下さる爲に、新しいお手本を用意して來られた。其のお手本には、美しい字で、Vive la France! と書かれてあつた。めい〳〵が、どんなに一生懸命に字を習つたか、見せたいようだつた。一番年の行かない生徒たちさへ、一心に、これもまたフランス語だといふ風に、脇目も振らず、線を引いて居た。

屋根の上では、鳩が低い聲で咽喉を鳴らして居

たが、私は、それを聞きながら、つく〴〵と考へた、「鳩もドイツ語で鳴くように教へられるのか知ら。」と。

第二十　アンシェータ

紀元千五百三十二年、マルチン、アフォンソ、デ、ソーザが、サントスの西方サン、ヴィセンテに始めてポルトガルの植民地を建設して以來、此の地方の植民事業は急速に進展し、やがて、ピラチニンガ高原に進出するにしたがつて、次第に土人

目　務

に接觸するようになつた。

彼等ポルトガルの植民者等が、人手の不足なために、土人を捕らへてこれを奴隷とするようになつてからは、兩者の間には絕えず反目・鬪爭があつた。さうして、宣教師たちは常に彼等の調停役を務めるのであつた。

ところが、此の鬪爭は次第に烈しくなり、千五百六十二年頃には、サン、パウロ地方の植民事業は、遂に重大な危機に直面するに至つた。

當時リオ、デ、ジャネイロに侵入して居たフラン

ス人は、ポルトガル人に對する敵愾心から、土人をおだて、遂に多數の種族をして一大聯盟を作らしめた。サントス・リオ間一帶に居住するタモイヨ族も、次第に一致團結して、ポルトガル人に對抗した。これが世に名高いタモイヨ聯盟である。

やがてサン、パウロ地方におけるポルトガル人の植民地は、土人のために襲擊された。サントス・サン、ヴィセンテの植民地も同樣であつた。かくてポルトガルの植民はこれら猛惡な土人の

ために次々と破壞され、農民たちは、家を捨て農場を捨てて、都會に避難するのやむなきに至つた。しかし、土人等はいよ〳〵結束を堅くし、ポルトガル人を皆殺しにして、其の植民地を全滅してしまはうと、着々戰備を進めて行つた。

當時、ジョゼ、デ、アンシェータ及びマノエル、デ、ノブレガといふ二人の僧侶があつた。二人は、身を捨てて此の危急を救はうと決心し、サンパウロからサントスを經、小さな一そうの丸木舟に乘つて、海路敵地に赴いた。さうして、あらゆる

求

困難と戰ひつゝ、遂に土人の頭目が居るウバッーバへ到着した。

眞心こめた彼等の努力によつて、間もなく休戰の約が成立した。さうして、ノブレガは、土人等が要求する和睦條件を携へ、相談の爲に、サン、ヴィセンテへ行くこととなり、其の間、アンシェータはたゞ一人人質として、恐しい敵地に殘つた。

それから二三箇月は過ぎた。しかし、待ちに待つノブレガは歸つて來ない。土人等は、だんだんと不審を抱き始め、興奮しかけて來た。かく

冷靜

て土人等の間には、再び戰備が整へられ、熱狂する土人等の叫び聲は、野山に滿ちた。

アンシェータの身邊には刻一刻と危險がせまつて來る。かうした中に在つてさへ、彼は少しも平生の冷靜な態度を失はず、身を天命に任せつゝ、日毎に濱邊に出て、白い砂の上に美しい詩をつゞつては暗誦して、己をなぐさめて居た。

やがて、ノブレガは、和議を成立せしめて、再び此

の地に歸つて來た。此の時なほアンシェータは、相變らず平然として詩を作つては、これを砂上に書きつけて居た。これが即ち世に名高い「ポエマ、アヴィルジェン」である。此の長い間、恐るべき野蠻人の間に在つて、遂に危難を免れた、此の奇蹟的事實は、全く天使の如く清く大なる彼の精神の賜であると、後日、これを知つた植民者たちは感歎したといふことである。

第二十一　ヨーロッパの旅

（一）ロンドンから

ロンドンは何といつても世界の大都會です。テームス川を飾るタワー橋・ロンドン橋を始め國會議事堂・大英博物館・ウエストミンスター寺院、其の他見る物、聞く物、たゞ

たゞ驚く外はありません。

昨日大英博物館を一覽しました。陳列品の多種多様で、しかも其の數量の數限りも無いのは、さすがに世界の大博物館といはれるだけあると思ひました。日本のよろひ・かぶと其の他の武器類も澤山集めてあります。

市街を見物して、私の特に感心したのは、市民が交通道德を重んずる事です。往來の頻繁な街上でも、よく警官の指揮に

從つて、混亂することがなく、地下鐵道・乘合自動車などの乘り降りにも、むやみに先を爭ふようなことはありません。

（二）パリーから

一昨日朝ロンドンを出發して、午後早くパリーに着きました。

此處はさすがに藝術の都として世界に聞えて居るだけあつて、建物なども、一般に壯麗です。

世界最美の街路といはれて居るシャン

樹　連

ゼリゼーの大通には、五六層もある美しい建物が道路の兩側に並び、車道と人道との間には、綠したたる街路樹が、目もはるかに連なつて居ます。有名な凱旋門は此の大通の起點に在ります。

賣　樂

ルーブル博物館も一覽しましたが、立派な繪畫・彫刻の多いことは恐らく世界第一であらうと思ひました。又エッフェル塔にも登つて見ました。此の塔は世界で有名な高塔で、高さが三百米もあるさうです。塔の中には賣店もあり、音樂堂・食堂なども設けられてあります。眺望臺で眺めると、道を往來して居る人間や自動車などは、まるで蟻のはふように見えるし、さしもの大きなパリー市もほと

んど一目に見えます。

（三）　ベルリンから

汽車でドイツの國內にはいつたのは、朝まだほの暗い頃でしたが、もう沿道の田畑には、農夫が鍬を振るつて居り、又工場といふ工場には、盛んに黑煙が上つて居ました。これはイギリスやフランスなどでは見られぬ光景で、私は今更ながらドイツ人の勤勉なのに驚きました。やがてベルリンにはいつて見ても、勤儉の

美風が市民の間にあふれて居て、彼等が大戰後における自國の疲弊を早く回復し得たのも、全く此の活動によるのだと感心しました。

（四）　ジュネーヴから

世界の公園といはれて居るスイスは、到

る處日本のように景色がよい。私は今ジュネーヴ市のモン、ブラン橋のてすりにもたれて、ジュネーヴ湖上の風光に見とれて居ます。瑠璃色の水に浮かぶルソー島、湖畔に連なる緑樹・白壁、はるかに紺青の空にそびえて雪をいただくアルプの連峯。久しく單調・平凡な景色にあきて居た私には、いかにも心地よく眺められます。

第二十二 ブラジル開拓の歌

大天地に照りわたる
朝日仰ぎて、今日もまた
誓ふ樂しさ、ほこらしさ。
日のごと、正しく、明らけく、
たゞましくらに進みなん。

家の爲、はた國の爲、
此の世の爲に、人の爲に。

ブラジル大野、風清く、
笑みて咲きたる草に木に、
花の樂しさ、ほこらしさ。
つちかひ、草取り、いつくしむ
我が眞心に實のるとて。
家の爲、はた國の爲、
此の世の爲に、人の爲に。

一日の務終りたる
夕日笑むごと、さとすごと、
はゆる樂しさ、ほこらしさ。
ふるさと遠くも渡り來て、
此の誓をば破らんや。
家の爲、はた國の爲、
此の世の爲に、人の爲に。

自修材料（五）

ロンドンは何と申しても世界の大都會に候。テームス川を飾るタワー橋・ロンドン橋を始め、國會議事堂・大英博物館・ウェストミンスター寺院、其の他見る物、聞く物、たゞ〳〵驚く外これなく候。

一昨日朝ロンドンを出發して、午後パ

リーに着き申し候。此處はさすがに藝術の都として世界に有名なるだけありて、建物なども一般に壯麗に候。世界最美の街路といはるゝシャンゼリゼーの大通には、五六層もある美しき建物道路の兩側に並び、車道と人道との間には、緑したゝる街路樹が目もはるに連なり居り候。有名なる凱旋門は此の大通の起點にこれあり候。

〔新出〕

漢字表

清熱程係態容溫週增減星到密
極炭暖姉妹德認確富處爲總振
寺院薄議短彈謝領絕統窓雜僅
識算術練留掛借就翌貸述醫斷
志說檢織談想輪著甚威賞學擊
豫告廢條傷收普英栽培付除幸
具察賴資師科版格選福授簡暴
戒衰區冷嚴臨交藝般樹

〔讀替〕

民學步積益遠鏡速飛落雷種片增魚獸油工庭負
美兄弟友西差在形貴言作姉妹居自敬有左右思
往確丸彼受貧草炭書圖燈任萬文-字位志組良行
終共結忘供主各殊元入平由遂象身雨底延到島
廻田勝古興經報直始擊沈續路逃攻絕包圍追傷
止僅極採營森林皮藥固加筆細產羽毛消程指失
負拔幸明修都試留博著述凡助終流說去飲易弱
授吉教村讀嚴早目務求冷靜降爭連賣樂綠笑

〔假名附〕

四-方（よも） 外（と） 怠（おこたる） 菫（すみれ） 眞-砂（まさご） 紅-葉（もみぢ） 駒（こま） 海（うな） 影（エイ） 響（キヨウ）

勿論液粁燭零宇宙距離億燃自
智廢燃部煮蠟燭賤寶繁昌朋派
雛祭節供飾鯉慈棚佛壇牌此處
紋本宣達含憐慈何—處井其—處觸
脈米乃容鬪閣目食獻厚握砲田
含壁床刈畠欲是哩厭鉛績何—時
優偉床激覺辨償賜澤玄江杉訪
懇解剖章挿臟塚刑構册崎歎肺
胃疑誠治療飜譯辭勵審惜稿悟
符繩彎稱漢冠扁添客管構支那

假併割超域脫捕鯨名—殘鯨甲板
彼—方裂歡呼込綱繰戻刻紅據瀨
下關峽佐岬豫淡淡門灣未忽氈
敷壁影漁沒段趣沿阪神—戶津嚴
浦源眺櫻露編艦鮮哨信—濃鄉司
巡笠奮勵坐隻率岡瓜—生亂烈怒
熟災炎既驅逐艇鬱陵覺悟幕僚
漣陽—炎捕獲虜況聯奇陛稜—威固
爲靈護由敢庵卒唯激賜勅朕烈
依宗對懌泣靴需育蘭印拂跡苗

虎幹乳純硫硫—黃軸逐蚤湧顯微
誤腐金網蠅蛔掘鰻透溝枚殼殖
罐詰保腐細英縣猪苗代畔翁爐
裏看癒腕懸隣風呂箇課篤亂繃
夢狂喜惠其—所境遇傍甘辛屈蛇
飢價値譽動贈菌卓越探貢奪倦
染撲滅能講昭犧牲涯赴敍旭健
康件膚且頭胸腹疲蚊汗俗翅尻
潔溜沼患拭盲肝瀧吹—雪霧龍淵
挽柵掲徵厭腰定机上—衣觀角緣

膝眼—鏡聽巢氷厄介舊悔誦罰癖
護奴隷典脇鳩咽—喉觸宣停侵愾
盟抗襲猛壞捨避堅僧侶睦件携
質抱整詩己免蹟覽街頻警揮混
壯麗側凱旋彫塔眺蟻畑鍬勤儉
疲弊瑠璃紺靑峯拓地照誓咲

終

漢字索引

一此の索引は、本書使用の漢字の音・訓を檢索するのに備へて、總畫數で引くように編したものである。

一いはゆる常用漢字中一度も本書に出なかつた字も、×印を附して序に之を掲げた。▲印は、常用漢字以外の字で本書に使用した字を示し、△印は、假名附として本書に使用したことを示す。

一片假名は音を、平假名は訓を示し、訓は文語體を以て示した。

一數字の上は卷を、下はページを示し、就中アラビヤ數字を用ひたのは、本文以外の箇所に出したことを示す。又數字に×印が附してあるのは、其の字をあてるはずの所を假名で出したことを示す。

一()印は讀みくせとしての特殊の發音を示し、(ナ)は主として名のりとしての讀方であることを示す。

一【】印の文字は日本で製したもので、したがつて音は無い。

一書寫體は普通に用ひられる行・草を掲げ、いはゆる變體假名として用ひられる草書は・印を附して之を示した。

一之は四畫に、廾(ソウ・コウ)廴(シンニユウ)も四畫に數へる例である。又乃は二畫で及は四畫、衣は六畫で衤(コロモヘン)は五畫に數へる。比・氏・卯・以・良・長等のレは皆一畫とする。活字では、會・曾・練(但し東の字は別である)・黑等は口の中を二點にするから、黄は上を廿に作るから、成は中を丁に作るから、又食扁は𩙿に作るから、それ〴〵一畫づつ多く數へられてゐる。其の他はなるべく書寫の筆畫に從つて數へることとした。

一畫

一 イツ一-二二 イチ一-二六 ひとつ一-二七 一人二-一六九
乙 オツ四-三四 オ(ト)

二畫

×丁 テイ チヨウ 〔用例〕壯丁・丁年・丁度・一丁目
七 シチ一-二六 なゝつ一-二七 なゝ 七夕
九 キユウ六-八六 ク一-二六 ・く こゝのつ一-二七 九重
×了 リヨウ をはり 〔用例〕完了・了解
二 ニ一-二二 ジ ・に ふたつ一-二七 二人二-一六三 二日七-一六 二十日三-一一九
人 ジン二-一三三 ニン三-七五 ひと一-四八 と(ナ) △七-二一 一人二-一六九 二人二-一六三 大人△七-八七
入 ニユウ八-五二 ジユ いる二-一三〇 一入
八 ハチ一-二六 ハツ ・は やつ一-二七 や △四-五〇 八百 八重 〔用例〕八方
刀 トウ かたな一-八二 太刀 長刀△七-一二四
力 リヨク五-二 リキ七-八六 ちから三-四五 つとむ
十 ジユウ一-二六 とを一-二七 と そ 〔用例〕十字架・三十一文字
▲又 ユウ また六-一五

三畫

万 萬(十三畫)ヲ見ヨ ・ま
丈 ヂヨウ五-一三 たけ六-一三三
三 サン一-二二 ・み みつつ一-二七 み サブ(ナ)△七-一八
上 ジヨウ五-八 うへ一-七九 かみ四-四九 のぼる四-七五 あがる三-七二 あぐ四-一四七 うは△八-一二一
下 カ六-五六 ゲ五-一九 した二-一四 しも△七-一六 くだす五-一九 くだる七-三七 さぐ五-五五 さがる五-二二 おろす七-三二 おる三-一 もと五-一
丸 ガン八-二八 たま まる一-六二
久 キユウ七-四 ク ・く ひさし七-四八 〔用例〕久遠
×乞 コツ こふ 〔用例〕乞食 暇乞
×也 ヤ ・や なり 〔用例〕金百圓也
亡 ボウ七-一五 モウ ほろぶ六-一〇 ほろぼす 〔用例〕滅亡 亡者
刃 ジン ニン やいば は四-一五五 〔用例〕自刃 刃傷
凡 ボン八-九六 ハン およそ七-三八 すべて
千 セン三-七〇 ・ち ち七-六五
口 コウ七-四二 ク くち二-一四 〔用例〕口傳

土 ド五-一四 ト五-四二 つち二-六一
士 シ五-六六 ジ△四-一 さむらひ△7-105
夕 セキ ゆふ二-六〇 ゆふべ 〔用例〕旦夕 朝夕
大 タイ二-四三 ダイ二-四九 おほき一-三七 おほ一-四四 おほいに八 一-六七 大人△七-八七 大和△六-一
女 ヂヨ六-二五 ニヨ をんな三-三八 め七-二六 〔用例〕女人
子 シ四-六四 (ス)四-三二 こ一-四八
寸 スン三-八二 ・す 〔用例〕寸前 寸分
小 シヨウ五-八 こ二-六五 ちひさし 二-二 こまし を△7-105
山 サン七-二 セン やま一-六六
川 セン かは一-六六 〔用例〕山川 河川
工 コウ五-一〇九 ク八-一一 たくみ
△己 キ コ ・こ おのれ八-一三五 おのが 〔用例〕克己 利己 自己
×干 カン かわかす をかす 〔用例〕干犯
弓 キユウ ゆみ四-七三
△才 サイ七-七一 〔用例〕才能

四畫

不 フ五-四六 ブ ・ふ 〔用例〕不安 不能 不用心 不調法
中 チユウ三-一三七 なか一-四一 うち六-一一九
×之 シ ・し の これ×八-六八 〔用例〕丸之内 無之×八-一三八 有之×八-一三九
互 ゴ たがひ五-七四 〔用例〕互助 相互
五 ゴ一-二六 いつつ一-二七
井 セイ シヨウ七-七一 ・ゐ ゐ五-九六
×仁 ジン ニン (ニ)(ナ) ・に 〔用例〕仁慈 仁義 智仁勇
×仇 キユウ あだ 〔用例〕仇敵 仇討
今 コン二-七六 キン いま二-九五 〔用例〕今日三-四二 朝四-二三 今年 四-一五 今上 古今和歌集
△介 カイ八-一二四 ・け すけ(ナ) 〔用例〕介抱 介在
元 ゲン四-九一 ガン七-二 もと八-五二
内 ナイ五-九七 ダイ六-九四 うち五-八七
公 コウ二-一九 ク おほやけ きみ き(ん)
六 ロク一-二六 リク ・む むつ一-二七

×冗 ジヨウ むだ 〔用例〕冗長
△凶 キヨウ七-四四 〔用例〕凶報 凶事
分 フン ブン三-五九 (ブ)五-一〇五 わく五-六一 わかつ 六-八五 わかる 分 〔用例〕分別 秒 分配
切 セツ五-五七 サイ七-六四 きる四-五四
化 カ六-八三 ケ ばく ばかす 〔用例〕化學
▲匹 ヒツ ヒキ四-二七 〔用例〕匹敵 馬匹 常用漢字ニハ「疋」ノ字ヲ用フ
△升 シヨウ 8-212
午 ゴ 五-五
△厄 ヤク八-一四 〔用例〕厄介 災厄
及 キユウ およぶ五-四八 およぼす 〔用例〕言及 及第
友 ユウ八-一三 とも三-五三 〔用例〕友好 親友
反 ハン五-七 ホン かへる かへす そむく 〔用例〕反省 謀反
×双 雙(十八畫)ニ同ジ
天 テン三-一六 ・て あま△四-一七 あめ△四-一七 〔用例〕天長地久
太 タイ六-一八 タ二-六九 ・た ふとし二-六五 はなはだ 〔用例〕太平
夫 フ五-三五 (フウ)七-五七 (ブ) をつと 〔用例〕夫人 人夫
少 シヨウ六-一七 すくなし六-一五六 すこし三-一六八 〔用例〕少量 減少
△尺 セキ シヤク七-九一 〔用例〕尺度 巻尺
×幻 ゲン まぼろし 〔用例〕幻影 夢幻
×弔 チヨウ とむらふ 〔用例〕弔電 慶弔
引 イン ひく四-一一六 〔用例〕引力 吸引
心 シン三-六三 こゝろ四-一一 心地六-一〇三 〔用例〕心中 中心
戸 コ と二-一六 〔用例〕戸口
手 シユ六-一七 て二-一〇 た△四-一三 〔用例〕「好(す)きこそ物(もの)の上手(じようず)なれ」「下手(へた)の横好(よこず)き」
△支 シ七-五 ・き さゝふ×八-八八 〔用例〕支柱 支出
文 ブン七-七一 モン六-六三 ふみ四-一 あや 文字八-一 〔用例〕文化
×斗 ト 〔用例〕北斗七星 科斗
×斤 キン
方 ホウ二-一六 かた二-六九 △八-一一 五七 四方△八-一 彼方 此方
日 ジツ五-一三 ニチ一-三九 ニ(ツ)一-七四 ・ひ ひ一-三五 今日三-四二 昨日五-一二 三日四-一〇 二十日三-一九 日向△五-六二 日向△七-一五

月 ゲツ四—一一九 ガツ四—六九 つき二—六八
木 ボク四—八〇 モク五—一一三 き二—八 （こ）六—九四 〔用例〕木綿七—一〇五
止 シ と・と とゞまる八—七二 とゞむ三—一三三 とまる三—一七八 やむ二—四一 〔用例〕止宿 中止
比 ヒ七—七九 ひ・ひ くらぶ五—七八 〔用例〕比例
毛 モウ八—八六 も・も け三—一二〇 〔用例〕毛髪 羽毛
△氏 シ六—八四 うぢ 〔用例〕「氏（うぢ）より育（そだ）ち」
水 スイ五—一一二 みづ一—六五 〔用例〕水上 水平（み）
火 カ六—一〇七 ひ二—一一〇 ほ△五—八九 〔用例〕火山 火災
×爪 ソウ つめ 〔用例〕爪彈
父 フ五—五一 ち△五—一四 〔用例〕嚴父 家父

片 ヘン八—一八 かた四—一三二 〔用例〕斷片 ペンニー
×牙 ガ きば 〔用例〕齒牙
牛 ギュウ うし二—八一 〔用例〕「角（つの）をためて牛（うし）を殺（ころ）す」
犬 ケン五—六四 いぬ一—一七二
王 オウ七—五 わ・わ きみ 〔用例〕「天（てん）に二日（じつ）無（な）く地（ち）に二王（わう）無し」
△勿 モチ△七—一一九 なかれ
▲刈 かる△八—一三三

五　畫

世 セイ六—五五 セ三—一三七 せ・せ よ五—一七四 〔用例〕世間 後世
×丙 ヘイ 〔用例〕甲乙丙丁
主 シュ二—一一三（ズ） あるじ ぬし二—一一三 おも八—一五〇 〔用例〕主張 主義 坊主

△乏 ボウ八—一〇八 モウ とぼし 〔用例〕缺乏 窮乏
仕 シ五—一二五 つかふ六—一 つかまつる
他 タ七—九四 〔用例〕「遠（とほ）い親類（しんるい）より近（ちか）い他人（たにん）」
付 フ つく八—一七六 〔用例〕付與 交付
代 ダイ五—一三五 タイ かはる四—一二一 かふ よ七—一〇一 しろ△八—一七 〔用例〕代金 交代
令 レイ五—一二 リョウ 〔用例〕令息 法令
以 イ六—一八 い・い もつて七—一五四 〔用例〕以外 以來
兄 ケイ八—一一三 キョウ五—一三二 あに四—一〇一 え△六—一 〔用例〕兄弟 「兄弟は兩手（りやうて）の如（ごと）し」
△册 サク サツ八—一四三
冬 トウ ふゆ二—一一三 〔用例〕冬眠 嚴冬

出 シュツ五—四一 スイ でる（口語）二—八 いづ五—一一二 だす（口語）二—七 いだす（ナ）四—四九 〔用例〕出雲 出納
×刊 カン 〔用例〕刊行
功 コウ七—三〇 ク いさを 〔用例〕功勞 功德
加 カ か・か くはゝる七—一三 くはふ七—一五 〔用例〕加減 加速度
包 ホウ八—七一 つゝまる四—一三七 つゝむ 〔用例〕包裝 小包
北 ホク五—一〇 きた六—一一八 〔用例〕北海 敗北
半 ハン六—五二 なかば 〔用例〕「百里（り）を行くは九十里を半（なかば）とす」
△占 セン しむ五—五五 うらなふ 〔用例〕占領 獨占
去 キョ八—九九 コ さる三—四七 〔用例〕過去 辭去
古 コ六—八〇 こ・こ ふるし三—一二三 いにしへ八—一六三 〔用例〕古典 倚古

句 ク六—六三 〔用例〕句讀點 言々句々
叫 キョウ さけぶ五—一三八 〔用例〕絶叫 叫聲
召 ショウ めす四—一〇六 〔用例〕召集 思召
×可 カ か・か べし 〔用例〕可能 可否 許可
史 シ七—七 〔用例〕史實 女史
右 ユウ八—一三 ウ△六—八六 みぎ二—一四〇 〔用例〕右傾 座右
△司 シ八—六七 つかさ つかさどる 〔用例〕司令官 司會者
×囚 シュウ とらはる めしうど 〔用例〕囚人
四 シ一—一二 よつ一—一二七 よ（よん） 四方△八—一
外 ガイ四—一〇六 ゲ△七—六二 ほか二—一六七 そと二—一三七 と△八—一一 はづす はづる そる そらす

央 オウ六—九八 なか 〔用例〕中央
失 シツ七—六八 うしなふ八—一八八 うす七—一五〇 〔用例〕失敗 過失
△奴 ド八—一一七 ヌ ぬ・ぬ やつこ やつ 〔用例〕黒奴
×尼 ジ ニ あま
左 サ八—一二 さ・さ ひだり二—一五二 〔用例〕左翼 左遷
×巧 コウ たくみ 〔用例〕巧拙 精巧
×巨 キョ コ 〔用例〕巨大 巨細
市 シ五—一〇七 いち△二—一九九 〔用例〕市價 市場
布 フ ふ・ふ ぬの五—一三七 しく×五—一三七 〔用例〕綿布 布令 公布
平 ヘイ四—一一七 ヒョウ（ビ）ョウ七—四 たひらぐ六—一三六 たひらか ひらたし たひら五—一三七 ひら△八—一五三 〔用例〕平和

幼 ヨウ七—一二〇 をさなし六—一八五 いとけなし 〔用例〕幼兒
必 ヒツ七—五五 かならず七—一二三 〔用例〕必要
打 ダ チョウ うつ三—九二 たゝく 〔用例〕打破
×斥 セキ しりぞく 〔用例〕排斥
×旦 タン あした 〔用例〕旦夕 元旦
△未 ミ いまだ八—一六一 〔用例〕未來
末 バツ マツ七—一二四 ま・ま すゑ四—一五九 〔用例〕末孫
本 ホン一—四二 ほ・ほ もと△八—一一七 もとづく 〔用例〕本末 本來
△札 サツ二—一二〇 ふだ 〔用例〕入札
正 セイ ショウ三—一〇九 たゞし五—一六 たゞす八—一二九 まさ四—五九 〔用例〕公正 正義

母 ボ七—一二四 モ も・も はゝ二—一八八 〔用例〕母國 慈母
民 ミン六—六三 たみ八—一二 〔用例〕民衆
△氷 ヒョウ こほり八—一一四 〔用例〕氷山
永 エイ七—一四 ながし 〔用例〕永久 永眠
△汁 ジュウ しる 7—105 〔用例〕汁粉 果汁
×犯 ハン をかす 〔用例〕犯人 犯罪
△玄 ゲン七—一〇二 くろし 〔用例〕玄米 玄妙
玉 ギョク たま三—一三六 〔用例〕玉碎 寶玉
×瓦 ガ かはら グラム 〔用例〕瓦解 「瓦（かはら）となつて全（まった）からんより玉（たま）となつて碎（くだ）けよ」
△甘 カン あまし五—一一九 〔用例〕甘言

生 セイ四—一四 ショウ四—一三五 いく三—一四四 いかす うまる二—一一三 うむ はゆ三—一〇四 はやす なま四—一一七 おふ四—一八〇 （ふ）△六—九三
用 ヨウ三—七〇 もちふ七—六七 〔用例〕用途 實用
田 デン八—六二 た三—一一三 田舍△七—五五
由 ユウ七—一四 ユ八—五三 ゆ・ゆ よる△八—一七三 よし 〔用例〕理由 由來
甲 コウ四—一三四 カン△六—一一八 よろひ 〔用例〕「甲乙（かふおつ）無（な）し」
申 シン まうす四—一二三 のぶ 〔用例〕上申 申告
×疋 ヒキ 四（四畫）ヲ見ヨ
白 ハク七—一三 ビャク しろ一—一六四 まうす しら（し）七—六四 〔用例〕敬白 黒白
皮 ヒ八—七七 かは四—一六二 〔用例〕皮相 外皮
皿 ベイ さら二—一一八

目 モク八—一二一 ボク△七—一二六 め一—一三七 〔用例〕目迎 目測
矢 シ や四—一七三 〔用例〕「光陰（くわういん）は矢（や）の如（ごと）し」
石 セキ七—一三三 シャク△六—一二 いし二—一八二 〔用例〕「石（いし）の上（うへ）にも三年（ねん）居（ゐ）れば暖（あたた）まる」
示 シ ジ七—七 しめす七—一六 〔用例〕示威 訓示
穴 ケツ あな三—一六一 〔用例〕穴居 墓穴
立 リツ六—一五五 リュウ たつ二—一四三 〔用例〕立脚地 建立 「はへば立（た）て立てば歩（あゆ）めの親心（おやごころ）我（わ）が身（み）に積（つも）る老（おい）も忘（わす）れて」
▲叱 シツ しかる△六—一七九
▲尻 コウ しり△八—一〇三
▲禾 カ△七—一九三
▲瓜 カ うり△八—一六八
▲且 ソ かつ△八—一〇一

六　畫

交 コウ八—一二八 まじはり△8—15 こもごも 〔用例〕悲喜交々
×亦 エキ また×八—一一九
仰 ギョウ コウ七—一七 あふぐ五—一八〇 おほせ六—一二四 〔用例〕仰臥 「仰（あふ）いで天には愧ぢず」
仲 チュウ なか四—一九五 〔用例〕仲兄 仲好 伯仲
△件 ケン八—一二四 くだり くだん 〔用例〕如レ件 事件
任 ニン六—一三一 まかす八—一三九 たふ△六—一六八 〔用例〕任意 任命
△伊 イ六—一三〇 い・い
△伏 フク七—一三三 ふす四—一八〇 〔用例〕伏線 伏勢
×伐 バツ うつ きる 〔用例〕征伐 伐採

休 キュウ七—一四四 やすむ三—一四六 やむ 〔用例〕休息 休暇
×充 ジュウ みたす みつ あつ 〔用例〕充滿 充實 充當
×兆 チョウ きざす 〔用例〕兆候 吉兆
×兇 キョウ 〔用例〕兇漢 兇徒
先 セン四—一五 さき四—一八六 まづ四—一六〇 〔用例〕「先（さき）んずれば人（ひと）を制（せい）す」
光 コウ五—一五三 ひかり二—一七三 みつ（ナ）△七—一一三 〔用例〕光榮
全 ゼン五—一二 まつたく四—一三三 〔用例〕全體 安全
共 キョウ八—一四九 とも六—一〇三 〔用例〕共有 共通
再 サイ七—一六二 ふたゝび五—一五五 〔用例〕再生 再起
△刑 ケイ八—一四三 〔用例〕刑罪 死刑囚

列 レツ六-九七 ならぶ つらぬ つらなる 〔用例〕列車 列國 排列
×劣 レツ おとる 〔用例〕劣等 拙劣 優劣
△印 イン五-四〇 しるし 〔用例〕印章 印象
危 キ七-六一 あやふし七-六〇 〔用例〕危急 安危
各 カク六-五七 おのおの八-五二 〔用例〕各自
合 ゴウ七-二 ガ(ッ)七-三 あふ三-五五 あはす四-三五 〔用例〕合意
吉 キチ六-五五 キツ八-一〇九 よし△七-一〇二 〔用例〕吉凶
同 ドウ五-七〇 おなじ二-六四 〔用例〕「同舟」相救(あひすく)ふ
名 メイ五-四二 ミョウ な二-六四 △八-五六 〔用例〕名残 名代 名聲
×后 コウ きさき のち 〔用例〕皇后 皇太后
×吏 リ 〔用例〕官吏
×吐 ト はく 〔用例〕吐露
向 コウ六-三四 キョウ むかふ二-九〇 むく三-一八 〔用例〕向背
回 カイ六-一〇九 まはる まはす めぐる めぐらす 〔用例〕回復
×因 イン よる 〔用例〕因果 原因
在 ザイ七-三七 あり八-一五 〔用例〕在留 存在
地 チ五-一 ヂ六-六〇 ・ち つち△八-一三五 〔用例〕天地 地方
多 タ七-八五 ・た おほし四-九五 〔用例〕「多勢(タゼイ)に無勢(ブゼイ)」
好 コウ七-七〇 すく三-五七 このむ よし よしみ 〔用例〕好調 好意
如 ジョ ニョ ごとし六-一一五 しく 〔用例〕如露 如實 不如意 如何
字 ジ四-一四 あざ あざな 〔用例〕字書 字典
存 ソン七-八八 ゾン四-三三 のこす のこる 〔用例〕生存
宅 タク六-一〇七 〔用例〕拙宅
守 シュ まもる六-一二五 もり七-一二 かみ 〔用例〕守備 留守
安 アン三-六三 ・あ やすし五-七四 安倍(ナ)六-六八
寺 ジ八-一九 てら
州 シュウ六-八六 くに
帆 ハン五-四一 ほ七-五四 〔用例〕出帆
年 ネン二-一三五 ・ね とし二-一二 〔用例〕年齢
式 シキ七-二 〔用例〕儀式
×忙 ボウ いそがし いそがはし 〔用例〕忙殺 多忙

收 シュウ△七-六二 をさまる×八-五六 をさむ八-七二 〔用例〕收入 收支
×旨 シ うまし むね 〔用例〕趣旨
早 ソウ七-一四 はやし二-七 〔用例〕早速 八-一一五 早晩
×旬 ジュン 〔用例〕上(中)(下)旬
△旭 キョク八-九九 あさひ
×曲 キョク まがる まぐ 〔用例〕曲折 曲解
有 ユウ八-一九 ウ ・う あり七-六一 たもつ 〔用例〕有難(ありがた)し 有望
△朱 シュ五-一一 あか 〔用例〕「朱(シュ)に交(まじ)はればあかくなる」
△机 キ つくゑ七-六九 〔用例〕机上 机下 玉机
次 シ六-二六 ジ六-五五 つぎ二-一二 〔用例〕順次 二次
冲 冲(七畫)ニ通用ス
此 シ この五-九五 これ 〔用例〕此處△八-一六 此所 此方六-四九
死 シ五-一 しぬ二-一二六 〔用例〕九死一生
△汗 カン あせ八-一〇三 〔用例〕汗顔 冷汗
×汚 オ けがる けがす 〔用例〕汚名 汚點
△江 コウ ・え え四-七九 〔用例〕入江
池 チ いけ三-一〇二
▲汝 ジョ なんぢ六-一二八 〔用例〕「汝(なんぢ)自(みづか)らを知(し)れ」
△灰 カイ はひ二-一一〇 〔用例〕石灰 木灰
百 ヒャク二-一二五 もゝ 百合△四-一〇五
礼 禮(十八畫)ニ同ジ ・れ
竹 チク たけ二-一〇〇 竹刀
米 ベイ七-三九 マイ こめ二-一〇二 よね △五-一二三 〔用例〕白米
糸 絲(十二畫)ノ略字トシテ用フ
×羊 ヨウ ひつじ 山羊×二-七三
羽 ウ八-八六 は四-六二 はね三- は(ワ)四-六二 四三
老 ロウ六-一七 おいる 〔用例〕老熟 老巧
考 コウ かんがふ三-三六 〔用例〕考案 參考
耳 ニジ ・に みゝ四-一二四 〔用例〕耳目 「寝耳(ねみみ)に水(みづ)」
肉 ニク三-五六 〔用例〕牛肉 肉親
自 ジ三-五九 シ△八-八 みづから六-五七 より おのづから八-一八 おのづと 〔用例〕自然 自信

至 シ△七-四二 いたる七-一三 〔用例〕必至 至極
×舌 ゼツ した 〔用例〕「舌(した)は禍(わざはひ)の根(ね)、口(くち)は禍(わざはひ)の門(もん)」
舟 シュウ ふね三-八五
色 ショク七-一四 シキ五-八 いろ三-一三七 〔用例〕色彩
虫 蟲(十八畫)ノ略字トシテ用フ
血 ケツ ち五-一 〔用例〕血行 出血
行 コウ五-四一 ギョウ八-四七 いく二-一五 ゆく六-一三 おこなふ六-八六 おこなひ 〔用例〕行動 決行
衣 イ六-八七 エ ・え ころも四-一二五 きぬ 〔用例〕上衣△八-一二三 衣文
西 セイ五-四二 サイ△六-一〇〇 (ザ)イ八-一一三 にし五-四〇 〔用例〕西洋 西班牙
▲【込】 こむ△五-四五
▲宇 ウ△六-八五 ・う
▲肌 キ はだ△七-一四

七畫

伯 ハク七-八三 〔用例〕伯父△八-二二 伯剌西爾
△伴 ハン バン とも八-一〇〇 ともなふ 〔用例〕接伴
△伺 シ うかゞふ七-一〇六 〔用例〕伺候
×伸 シン のぶ のばす 〔用例〕伸縮 伸長
似 ジ にる六-四三 にす 〔用例〕「君子(クンシ)は似(に)て非(ひ)なるものをにくむ」
位 イ八-四二 くらゐ五-五七 〔用例〕位置 方位
低 テイ ひくし七-一八 〔用例〕低下 低級 高低
住 ヂュウ七-八六 ヂュ△八-四三 すむ三-一三四 すまふ 〔用例〕住居 「住(す)めば都(みやこ)」
△佐 サ七-四九 ・さ 〔用例〕補佐
何 カ なに二-一二 いづれ 七-九四 なん二-四四 〔用例〕何時△七-一八一 何處八-一一九 何所 何方
△佛 ブツ八-一六 フツ ほとけ 〔用例〕佛教 佛事 佛像 佛國 「佛(ほとけ)作(つく)って魂(たましひ)入(い)れず」
作 サク七-八九 サ八-一八 つくる四-一九 なす おこす 〔用例〕製作 作業 作興
×余 ヨ ・よ われ
×克 コク かつ 〔用例〕克己 克服
△免 メン ・め まぬかる八-一二六 〔用例〕免許 御免
兵 ヘイ四-七一 ヒョウ△七-一五五 つはもの 〔用例〕兵備 兵力
冷 レイ八-一三五 つめたし八-一〇七 ひやゝか ひゆ ひやす 〔用例〕冷藏 冷却
初 ショ七-四一 はじめ六-一八 はじまる はつ うひ 〔用例〕初期 初耳 「初孫(うひまご)は子(こ)よりもかはい」

△判 ハン八-二一 〔用例〕判決 判斷 判然
別 ベツ三-七九 わかる四-七〇 わかつ わく 〔用例〕別離 特別 格別
利 リ七-三九 ・り とし 〔用例〕利息 利率 鋭利
助 ジョ八-九六 たすかる六-三五 たすく三-一二七 すけ(ナ) 〔用例〕「天(テン)は自(みづか)ら助(たす)くる者(もの)を助く」
△努 ド七-七八 ヌ ・ぬ つとむ 〔用例〕努力
△臣 シン六-五七 おみ 〔用例〕臣下 忠臣
×却 キャク しりぞく かへる かへって 〔用例〕退却 却下
卵 ラン たまご 〔用例〕產卵 卵黃
即(卽) ソク すなはち七-四三 つく 〔用例〕即位 即席
君 クン四-九 きみ二-八六 〔用例〕君子 貴君
×吟 ギン くちずさむ 〔用例〕吟味 吟詠 苦吟
×否 ヒ いな いなむ 〔用例〕否定 拒否
△含 ガン ふくむ八-一一八 〔用例〕含蓄 含有
×呈 テイ 〔用例〕進呈 贈呈
吸 キュウ すふ三-一三三 〔用例〕吸收 呼吸
吹 スイ ふく二-一五八 吹雪△八-一〇七
告 コク八-六七 つぐ 〔用例〕告示 忠告
困 コン七-八〇 こまる四-八六 くるしむ 〔用例〕困却 困難 困苦
坂 ハン さか二-一一七
×均 キン ひとし ならす 〔用例〕均一 平均
△坊 ボウ七-一二八 〔用例〕坊主
×坑 コウ 〔用例〕坑夫 炭坑
△壯 ソウ六-五三 さかん 〔用例〕壯大 壯烈 强壯
×妊 ニン はらむ 〔用例〕妊娠 妊婦
×妥 ダタ 〔用例〕妥當 妥協
×妙 ミョウ たへ 〔用例〕妙案 奇妙 巧妙
×妨 ボウ さまたぐ 〔用例〕妨害
孝 コウ六-四四 〔用例〕孝行 孝子 忠孝
完 カン七-八七 まつたし まつたらす 〔用例〕完了 完全
尾 ビ七-五八 を三-九八 〔用例〕尾行 首尾
×尿 ニョウ

△局 キョク七―四四 つぼね〔用例〕局所・當局・時局
△巡 ジュン八―六七 めぐる〔用例〕巡視・巡察
希 キ七―六七 け・こひねがふ〔用例〕希望
△床 ショウ ゆか八―三三 とこ八―三八〔用例〕起床
△序 ジョ七―一 ついで〔用例〕序文・順序
延 エン七―三八 のぶ のばす八―五九 ひく〔用例〕延長・延引・順延
△廷 テイ六―二四〔用例〕法廷
×弄 ロウ もてあそぶ〔用例〕玩弄
弟 テイ八―一三 ダイ五―三一 おとうと四―二四 おと△六―一〔用例〕弟子・門弟
形 ケイ七―二 ギョウ八―一五 かたち五―四六 かた△七―一〔用例〕形勢・圖形
役 エキ七―二五 ヤク三―一三九〔用例〕勞役・上役
△忌 キ七―一三五 いむ〔用例〕忌中・忌服
△忍 ニン8―55 しのぶ ×8―55〔用例〕忍耐・堅忍持久
志 シ八―四三 こころざす八―四一 こころざし〔用例〕志望・大志・寸志
忘 ボウ八―五〇 わする三―一二〇〔用例〕忘却・健忘症・年忘
△快 カイ五―五五 こころよし七―七四〔用例〕快晴・快活・全快
成 セイ七―三九 ジョウ なる七―八三 なす八―五一 しげ（ナ）△六―九四〔用例〕成立・成功・大成
我 ガ われ六―一七 わが五―六四〔用例〕無我・我（が）を張（は）る
×戒 カイ いましめ いましむ〔用例〕警戒・戒告
△扱 ソウ あつかふ七―八〇〔用例〕取扱
×扶 フ たすく〔用例〕扶助
×批 ヒ〔用例〕批評
×技 ギ わざ〔用例〕技術・妙技
×抑 ヨク おさふ そもそも〔用例〕抑壓・抑止
投 トウ なぐ六―六〇〔用例〕投票・投下
△抗 コウ八―一三〔用例〕抗爭・反抗
折 セツ をる四―一八 をり〔用例〕折角・屈折
改 カイ七―六六 あらたまる あらたむ六―四四〔用例〕改正・改善
攻 コウ八―六九 せむ四―一〇六〔用例〕攻撃・攻究
更 コウ さらに七―一五 あらたむ・ふく〔用例〕更生・更改・夜更

×朽 キュウ くつ〔用例〕不朽・腐朽
△杉 サン六―八九 すぎ七―四九
材 ザイ五―七六〔用例〕材料・人材・素材・木材
村 ソン八―一二 むら三―一三
束 ソク六―六四 たば たばぬ つか つかぬ〔用例〕束・束の間・束縛・束髪・約束
歩 ホ六―九七 ブ あるく三―六九 あゆむ八―三〔用例〕進歩・歩調
毎 マイ二―一九 つねに ごと七―二八
決 ケツ六―二一〔用例〕決定・解決
汽 キ三―一三〔用例〕汽車・汽船
×汰 タ〔用例〕沙汰
沈 チン八―七〇 しづむ五―八八〔用例〕沈勇・浮沈
△沒 ボツ七―六八〔用例〕沒却・出沒
沖 チュウ おき三―一三七
×沙 サ〔用例〕無沙汰
求 キュウ八―一二四 グ もとむ七―五八〔用例〕要求
災 サイ六―一〇一 わざはひ〔用例〕災難・天災地變
△狂 キョウ八―九二 くるふ七―五八
男 ダン七―二六 ナン五―一九 をとこ三―三八 を△四―二三〔用例〕長男
町 チョウ まち三―五三
△秀 シュウ ひいづ七―一〇二 ひで（ナ）〔用例〕秀才・優秀
私 シ わたくし二―六三〔用例〕私曲・私信・公私
究 キュウ七―六八 きはむ〔用例〕究極・探究
系 ケイ七―八三〔用例〕系統・系圖
△肖 ショウ七―六二〔用例〕肖像・不肖
△肝 カン八―一〇五 きも〔用例〕銘肝・肝膽
良 リョウ七―六六 （ラ）△六―四四 よし八―四七 まこと・ら〔用例〕良心・善良・良人
見 ケン五―九 みる二―四 みゆ二―三一 あらはる・まみゆ〔用例〕見解・見識
△角 カク六―九五 かど すみ〔用例〕「ものも言（い）ひようで角（かど）が立（た）つ」
言 ゲン八―一八 ゴン六―二二 いふ二―八九 こと〔用例〕「言葉（ことば）」は國（くに）の手形（てがた）
谷 コク たに四―五一 やつ や△二―一九
豆 トウ ヅ まめ五―一七〔用例〕大豆・小豆・豆腐
貝 バイ かひ三―一二九

赤 セキ七―三 シャク あか二―四二〔用例〕赤心・赤誠・赤銅
走 ソウ はしる二―七三 はす〔用例〕走馬燈・奔走・競走
足 ソク四―二八 あし二―六六 たる七―八六 たす〔用例〕「不自由（ふじゆう）を常（つね）と思（おも）へば不足（ふそく）無し」
身 シン八―五四 み四―一二〔用例〕立身・身代
車 シャ三―七四 くるま二―八一〔用例〕「横車（よこぐるま）を押（お）す」
△辛 シン八―九五 からし つらし〔用例〕「辛抱（しんぼう）が金（かね）」
△邦 ホウ七―二 くに
×邪 ジャ よこしま〔用例〕邪惡・正邪
里 リ三―一三 り・さと
防 ボウ六―一〇八 ふせぐ七―五五〔用例〕防止・豫防
▲汲 キュウ くむ△五―九七
▲那 ナ△五―六四 な
▲呂 ロ△八―九一 ろ
▲岐 キ また△四―五〇
▲坐 ザ△八―六八 すわる

八畫

並 ヘイ ならぶ四―四 なみ△六―六五〔用例〕並列
△乳 ニュウ八―七七 ち〔用例〕乳兒・母乳・乳母
事 ジ五―二八 こと五―一二五 つかふ〔用例〕「大事（だいじ）の前（まえ）の小事（しょうじ）」「一事（いちじ）が萬事（ばんじ）」
京 ケイ キョウ五―一〇六 みやこ〔用例〕帝京
使 シ七―六六 つかふ三―一二八 つかひ四―七二〔用例〕「はさみと人（ひと）は使（つか）ひようで切（き）れる」
×佳 カ よし〔用例〕佳良・絶佳
來 ライ五―一〇六 きたる五―一 き二―二〇 く二―一三五 こ三―一三 きたす〔用例〕「來年（らいねん）は來年はとて暮（く）れにけり」
例 レイ七―六九 たとへ七―八六〔用例〕例年・引例
×侍 ジ さむらひ はべる〔用例〕侍史
供 キョウ八―五〇 ク△八―一五 そなふ とも五―一六〔用例〕供給
△依 イ よる八―七三〔用例〕依賴
△併 ヘイ ならぶ しかし あはす八―五一〔用例〕併合・合併
×兒 ジ こ〔用例〕兒童
兩 リョウ二―一〇二 ふたつ〔用例〕「兩雄（りょうゆう）ならび立（た）たず」
具 グ八―八九 そなふ つぶさ〔用例〕具備・具體的・「下手（へた）の道具（どうぐ）えらび」

其 キ△六―九〇 その五―九五 それ 其處△八―二〇 其方△八―九三 其方 其所 土耳其
△典 テン八―一二八〔用例〕古典・文典
到 トウ八―七 いたる八―六一〔用例〕到達・想到
制 セイ七―一〔用例〕制度・法制・制止
△刷 サツ する七―一二一〔用例〕印刷
×券 ケン〔用例〕證券・株券
×刺 シ さす〔用例〕名刺・刺激
△刻 コク八―五八 きざむ〔用例〕彫刻・時刻
効 效（十畫）ニ同ジ
×卑 ヒ いやし ひくし〔用例〕自卑・卑賤
△卒 ソツ八―七三 シュツ をはる にはか〔用例〕卒去
△卓 タク五―四四〔用例〕卓絶
×協 キョウ あはす かなふ〔用例〕協力・協調
巻 ケン カン まき まく六―七三
×叔 シュク〔用例〕叔母・叔父
取 シュ とる三―七〇〔用例〕奪取・取得
受 ジュ八―三一 ズ うく三―一〇八〔用例〕授受・受信
△周 シュウ五―四七 めぐる まはり あまねし〔用例〕一周・世界一周
味 ミ六―六〇 あぢ六―四三 あぢはひ〔用例〕珍味・賞味・吟味
呼 コ△八―五八 よぶ三―一三六〔用例〕呼吸
命 メイ五―二 ミョウ いのち四―二八 みこと△五―八九〔用例〕死命・命令・身命
和 ワ七―一〇一 カ やはらぐ・わ〔用例〕調和・平和・大和・和樂
固 コ かたし六―六三 かたまる八―七八 もとより△八―七二〔用例〕固辭・固定
×垂 スイ たる なんなんとす〔用例〕垂直・下垂
夜 ヤ二―七六 よ二―五一 よる二―四二
△奇 キ八―七二〔用例〕奇妙・奇怪・奇人
△奉 ホウ七―一〇 ブ たてまつる〔用例〕奉公・奉行・奉仕
妹 マイ八―一八 いもうと八―一二 いも
妻 サイ つま七―一二六〔用例〕妻帯・妻子
姉 シ八―一八 あね八―一二

始 シ八-六八 はじむ三-五四 はじまり八-二四〔用例〕始終 創始 「始(はじ)め」が大事(ダイジ)
× 姑 コ しうとめ
姓 セイ ショウ△三-五三 〔用例〕姓名
× 委 イ まかす ゆだぬ〔用例〕委任 委細
× 季 キ すゑ〔用例〕季子 季節 冬季
× 孤 コ みなしご〔用例〕孤立 孤獨
△ 宗 ソウ八-七三 シユウ むね六-六八〔用例〕宗教 宗旨
官 カン七-三〇 つかさ〔用例〕官職 長官
定 テイ七-一 ヂヨウ△八-一一〇 さだむ六-一二〇〔用例〕一定 定期 定命
× 宜 ギ よろし むべ〔用例〕便宜

× 尙 シヨウ たつとぶ なほ〔用例〕好尙 高尙
居 キヨ八-一八 コ をる三-一三四 ゐる三-一三九
× 屆 カイ とゞく〔用例〕缺席屆
△ 屈 クツ七-五三 かゞむ まがる〔用例〕不屈 屈曲
△ 岡 コウ をか五-一〇六
岩 ガン七-三三 いは四-一七
△ 岳 ガク七-二二 たけ
岸 ガン五-二六 きし四-四九
幸 コウ八-八八 さいはひ八-九一 みゆき〔用例〕行幸 幸福
底 テイ八-五八 そこ四-二一〔用例〕到底
店 テン七-六二 みせ二-一〇二

府 フ六-五七〔用例〕政府
彼 ヒ かれ六-六一 かな八-二九 彼方△八-五七〔用例〕彼此
往 オウ七-二二 いく八-二一 ゆく〔用例〕既往
× 征 セイ うつ ゆく〔用例〕征伐 遠征
忠 チユウ七-七 たゞ(ナ)〔用例〕「忠臣(チユウシン)は孝子(コウシ)の門(モン)より出(い)づ」
念 ネン七-二八 おもふ〔用例〕念願 殘念
性 セイ六-七九 シヨウ△五-五九〔用例〕「人(ひと)の性(セイ)は善(ゼン)なり」
△ 怪 カイ あやし七-七六 あやしむ〔用例〕怪物 怪我 奇怪
× 怯 キヨウ〔用例〕卑怯
▲ 或 ワク あるひは六-九九 ある四-一九

△ 戾 レイ もどる五八 もどす八-一〔用例〕背戾
× 房 ボウ〔用例〕女房 官房
所 シヨ二-一三六 ところ二-一七〇 ・そ〔用例〕「所(ところ)變(かは)れば品(しな)變る」
△ 抱 ホウ八-三二 いだく八-一二四 だく かゝふ〔用例〕抱懷 介抱
× 披 ヒ ひらく〔用例〕披見 直披
承 シヨウ五-九一 うく うけたまはる五-六一〔用例〕承知 承認
× 抵 テイ いたる〔用例〕抵當 大抵 抵抗
△ 押 オウ おす七-一七 おさふ〔用例〕押收 押入
× 抽 チユウ ひく ぬく ぬきんづ〔用例〕抽斗 抽象的
△ 拂 フツ はらふ七-七六〔用例〕拂底

× 拍 ハク ヒヨウ うつ〔用例〕拍子 拍手
× 拒 キヨ こばむ〔用例〕拒絕
△ 拓 タク七-四一 ひらく〔用例〕開拓 拓殖
拔 バツ八-九一 ぬく四-九二〔用例〕拔群 選拔
× 拘 コウ かゝはる〔用例〕拘束 拘留
× 拙 セツ つたなし まづし〔用例〕拙劣 拙者
招 シヨウ まねく五-七三〔用例〕招致 招待
放 ホウ はなつ六-一二 はなす はなる六-一二四〔用例〕放任 奔放
× 昇 シヨウ のぼる のぼす〔用例〕昇降 昇天 昇給
△ 昌 シヨウ八-一四 さかん さかゆ〔用例〕隆昌 繁昌

明 メイ五-一〇七 ミヨウ八-九二 あきらか七-五四 あく あかす あかるし四-一八〔用例〕明日四-一三九
易 エキ七-一二八 イ△七-一〇七 かふ やすし八-一〇二〔用例〕交易 平易
昔 セキ シヤク むかし四-一〇六〔用例〕今昔 昔日
△ 朋 ホウ八-一四 とも〔用例〕朋友
服 フク五-六六〔用例〕征服 服從 服部 服裝△七-一〇一
東 トウ五-一一 ひがし三-四二 ・と〔用例〕極東 東洋
松 シヨウ まつ二-一〇七
板 ハン△六-一一八 バン いた六-一二
× 枕 チン まくら〔用例〕枕頭
林 リン八-七六 はやし三-一三〔用例〕林業 林立
△ 枚 マイ六-七五〔用例〕枚擧

果 カ六-二一 はたす はつ はたして五-九七〔用例〕果斷 果然 果物 果實
枝 シ えだ四-一二七〔用例〕枝葉末節
武 ブ六-三〇 ム△六-一 たけ(ナ)△六-一二四 たけし〔用例〕武力 武骨 武勇
毒 ドク三-五六〔用例〕毒舌 病毒 中毒
△ 河 カ七-三三 ガ六-三三 かは かう(ナ)△七-五三
× 沸 フツ わく わかす〔用例〕煮沸 沸騰
油 ユ八-一〇 ユウ あぶら七-一〇〇〔用例〕重油 「油斷六敵」
治 チ△八-四五 ヂ五-一〇七 をさむ五-五七 をさまる七-一六〔用例〕治安 全治
△ 沼 シヨウ ぬま八-一〇四〔用例〕沼澤 湖沼
△ 沿 エン八-六三 そふ七-一二七〔用例〕沿海 沿革

× 況 キヨウ いはんや まして〔用例〕狀況 近況
× 泊 ハク とまる〔用例〕宿泊 泊船
法 ホウ七-九〇 のり〔用例〕法律 司法
波 ハ七-五〇 ・は なみ四-一二五〔用例〕小波 波路
泣 キユウ△八-一七三 なく三-四八〔用例〕感泣
× 泥 デイ どろ なづむ〔用例〕泥路 拘泥
注 チユウ六-一七九 そゝぐ七-四二 つぐ〔用例〕注射 注意
泳 エイ およぐ六-一七〔用例〕水泳
炊 スイ かしぐ たく〔用例〕炊煙 自炊
△ 炎 エン ほのほ〔用例〕陽炎△八-一七一 炎煙 炎症

爭 ソウ六-九六 あらそふ八-一二九 いかで〔用例〕競爭 爭議
版 ハン八-九四〔用例〕版畫 出版
牧 ボク まき六-一五一〔用例〕牧畜 牧場
物 ブツ五-一九 モツ四-一三三 もの四-一三〔用例〕物質 物理學
× 狀 ジヨウ〔用例〕形狀 近狀 書狀
× 玩 ガン もてあそぶ〔用例〕玩具 珍玩
的 テキ七-七九 まと六-一一〇〔用例〕目的 的中
△ 盲 モウ めくら八-一〇四〔用例〕盲人 文盲
直 チヨク七-七一 ヂキ三-一〇九 なほ五-一五一 たゞちに八-六七 すぐ〔用例〕剛直 直立
知 チ五-九一 ・ち しる二-一六五 しらす〔用例〕知識 知己 告知 通知

社 シヤ五-一一 やしろ〔用例〕社會 會社
空 クウ三-七八 そら二-一六七 むなし〔用例〕空前 空想
× 股 コ もゝ また
× 肥 ヒ こゆ こやし〔用例〕肥料 肥大 肥滿
△ 肩 ケン かた七-一六〔用例〕双肩
△ 育 イク八-七六 そだつ七-一二四〔用例〕發育 育英
△ 舍 シヤ や おく〔用例〕田舍七-七五 校舍 宿舍
△ 芝 シ しば六-九三〔用例〕芝生六-九三
花 カ はな二-一七五〔用例〕「花(はな)より實(み)を取(と)れ」
芽 ガ め四-一六〇〔用例〕發芽 芽生

× 芳 ホウ かんばし よし(ナ)〔用例〕芳香 芳烈
△ 虎 コ とら四-一三〇〔用例〕「虎穴(コケツ)に入(い)らずんば虎兒(コジ)を得(え)ず」
表 ヒヨウ六-一二五 おもて五-一一二 あらはす七-一一二〔用例〕發表 表現 表情
迎 ゲイ むかふ六-一七〔用例〕歡迎 迎接 迎合
近 キン二-一三六 コン ちかし二-一〇〇〔用例〕近邊 近來
返 ヘン五-一二八 かへる かへす四-一二五〔用例〕返答 返報
× 邸 テイ やしき〔用例〕邸宅
金 キン三-一〇二 コン五-一六四 かね三-五三 かな△七-一六四〔用例〕金屬
長 チヨウ六-一七 ながし二-一三五 をさ とこしなへ七-一二四〔用例〕長刀 長短 特長
門 モン三-一二八 かど八-一八〇 と△八-一六一〔用例〕門人 家門 名門

附 フ七-六〇 つく七-五八〔用例〕附屬 添附
雨 ウ八-五六 あめ二-四一 ・さめ あ×七-一〇一〔用例〕春雨 五月雨 時雨 雨垂
青 セイ六-九六 シヨウ△八-一三五 ・あを二-四二〔用例〕青年 青春 綠青
非 ヒ五-七五 ・ひ あらず〔用例〕非難 是非
▲ 兎 ト うさぎ△四-九四
▲ 宙 チユウ△八-七
▲ 岬 コウ みさき△八-六〇
▲ 奈 ナ△六-四四 ・な
▲ 忽 コツ たちまち△七-五〇
▲ 昆 コン△六-七九 昆布
▲ 狐 コ きつね△六-六八
▲ 歿 ボツ△七-七〇 生歿ノ「歿」ノ字ニ「沒」ノ字ヲ通用スルコトアリ

▲芭 バ△六―六〇

九畫

×亭 テイ チン ・て 〔用例〕亭主 料亭
×侮 ブ あなどる 〔用例〕侮辱 輕侮 自(みづか)ら侮(あなど)りて然(しか)る後(のち)人これを侮る
×侯 コウ 〔用例〕諸侯 侯伯
修 修(十畫)ニ同ジ
△侵 シン八―一二 をかす 〔用例〕侵害 侵略
便 ベン七―四〇 ビン たより×五―一〇五 〔用例〕便利 便船 便通
係 ケイ八―四 かゝり かゝる かゝはる 〔用例〕係爭 關係
×促 ソク うながす 〔用例〕促進 催促
×俊 シュン とし(ナ) 〔用例〕俊敏 俊才
△俗 ゾク八―一〇三 〔用例〕風俗 通俗 俗惡
△保 ホ四―一二六 ・ほ たもつ 〔用例〕保護 保存 保守
×侠 キョウ 〔用例〕侠氣 義侠
信 シン六―八五 まこと△七―一〇二 のぶ(ナ) 〔用例〕通信 信用
△冠 カン かんむり八―五一
△則 ソク六―八二 のり のつとる すなはち 〔用例〕法則 規則
×削 サク けづる 〔用例〕添削 削除
前 ゼン五―一一 まへ二―三七 さき
△勅(敕) チョク六―二八 〔用例〕勅語
勇 ユウ四―四八 いさむ四―一一 いさまし五―三 〔用例〕「勇將(ユウショウ)の下(もと)に弱卒(ジャクソツ)無(な)し」
勉 ベン六―八〇 つとむ 〔用例〕勤勉 勉勵
南 ナン七―六 (ナ) ・な みなみ六―一八 〔用例〕南米 南氷洋
×厘 リン
△厚 コウ八―三一 あつし七―六二 〔用例〕厚遇 厚意
△叙(敍) ジョ八―九九 ついづ のぶ 〔用例〕叙述
△咽 イン のど八―一九 むせぶ 〔用例〕咽頭炎 咽泣
×哀 アイ あはれ かなし 〔用例〕哀愁 悲哀
品 ヒン七―一一 しな四―三八 〔用例〕品格 品位
△型 ケイ七―一三 かた△七―九三 〔用例〕鑄型 模型

×奏 ソウ かなづ 〔用例〕奏樂 奏上 演奏
×契 ケイ ちぎる 〔用例〕默契 契約
×奔 ホン はしる 〔用例〕出奔 奔走
×姪 テツ めひ
姻 イン 〔用例〕姻族 婚姻
姿 シ すがた三―五〇 〔用例〕風姿 姿勢
要 ヨウ七―八九 かなめ 〔用例〕要點 要領 要害
威 イ八―六〇 おどす 〔用例〕權威 稜威△八―七二 威嚴
客 カク△八―五一 キャク五―三四 〔用例〕乘客 客車
宣 セン八―一二 のぶ のたまふ のる八―一七 〔用例〕宣明 宣告
室 シツ六―七八 むろ
△封 フウ六―五九 ホウ 〔用例〕封(ふう)じ目(め) 密封 封度
屋 オク七―九三 ・や や三―九八
×【峠】 たうげ
帝 テイ六―五五 ・て みかど 〔用例〕帝王
△帥 スイ六―一〇三 〔用例〕統帥
度 ド二―九〇 タク△五―五九 ・と たび三―六四
建 ケン七―七 コン たつ五―七九 〔用例〕建築
廻 カイ△五―一一 エ めぐる八―六二 まはる五―五三 まはす五―四六
待 タイ まつ二―一四 〔用例〕待遇
△律 リツ五―六 リチ 〔用例〕法律 律義
後 コウ六―八三 ゴ五―五 のち四―一〇三 うしろ四―一二八 おくる六―一八 あと五―四五 しり 〔用例〕「人(ひと)皆(みな)事後(ゴジ)に賢(ケン)なり」
△怒 ド ヌ ・ぬ いかる八―六九 〔用例〕憤怒
思 シ八―二 おもふ三―六五 〔用例〕思召(おぼしめし) 沈思默考 思想
△怠 タイ おこたる八―二
急 キュウ三―四四 いそぐ二―一八 〔用例〕急激 急行
×恨 コン うらむ 〔用例〕遺恨
拜 ハイ六―九四 をがむ六―八八 〔用例〕再拜 拜見
×括 カツ くゝる 〔用例〕一括
拾 シュウ ジュウ ひろふ四―二九 とを 〔用例〕拾得 收拾
持 ヂ もつ二―一〇〇 〔用例〕所持 持病

指 シ八―八八 ゆび三―八二 ゆびさす 〔用例〕指紋 指定
政 セイ六―五七 ショウ△六―一〇六 まつりごと六―八六
故 コ七―八三 ・こ ゆゑ六―一一五 もと ことさら 〔用例〕故人 事故
×施 シ セ ほどこす 〔用例〕實施 施設
星 セイ ほし八―七
春 シュン ・す はる四―六九 〔用例〕陽春 春風
△映 エイ六―九八 うつる うつす はゆ 〔用例〕映寫 映畫
△昭 ショウ八―九八 あきらか 〔用例〕昭和
昨 サク五―一〇七 〔用例〕昨今 昨日(きのふ)五―一二三
△是 ゼ八―三四 これ 〔用例〕國是 是認
△枯 コ かる からす七―九一 〔用例〕冬枯 枯死
×架 カ かく 〔用例〕十字架 架橋
△柿 シ かき五―一九
×柄 ヘイ え つか から 〔用例〕國柄 身柄
△某 ボウ七―二五 それがし なにがし
△染 セン五―四二 そむ七―一一 そまる しむ 〔用例〕染色
×柔 ジュウ ニュウ やはらか 〔用例〕柔和 柔道
×査 サ しらぶ 〔用例〕檢査 査證 調査
×柩 キュウ ひつぎ
柱 チュウ はしら三―一二三 〔用例〕柱石
×柳 リュウ やなぎ 〔用例〕「柳(やなぎ)の枝(えだ)に風折(かぜをれ)無(な)し」
△段 ダン七―三六 タン
△泉 セン七―二二 いづみ七―一二七
洋 ヨウ五―四四 なだ
洗 セン あらふ三―一一七
△津 シン ・つ つ八―六三
×洪 コウ おほみづ
▲洲 シュウ六―一二八 ス△五―九 しま
活 カツ六―八二 いく いかす 〔用例〕活動 生活
△派 ハ七―七六 〔用例〕派遣 派出
炭 タン八―一〇 すみ八―三五

△牲 セイ七―八六 いけにへ
△狩 シュ かり五―九〇 かる
珍 チン めづらし四―一一四
甚 ジン△七―八九 はなはだ八―五三 〔用例〕深甚 劇甚
界 カイ三―一三七 さかひ 〔用例〕限界
×畏 イ おそる かしこし 〔用例〕畏多(おそれおほ)い
△【畑】 はた八―一二三 はたけ
×疫 エキ ヤク 〔用例〕惡疫 疫病
皆 カイ みな四―一二七 〔用例〕悉皆 皆無
皇 コウ六―五五 オウ (ノ)ウ五―五七 きみ すめらぎ 〔用例〕皇恩 皇室
×盆 ボン
相 ソウ七―四四 ショウ あひ五―五九 △七―三一 〔用例〕首相 相談 相逆 相模(さがみ)
×省 セイ ショウ かへりみる はぶく 〔用例〕官省 反省 省略
×眉 ビ ミ まゆ 〔用例〕眉間 眉毛
△看 カン七―六一 みる 〔用例〕看護婦
砂 サ六―一六 (シャ) すな五―一〇 △八―一三 〔用例〕砂金 眞砂(まさご)
研(硏) ケン六―六八 とぐ 〔用例〕研究
祈 キ いのる七―一五 〔用例〕祈願
秋 シュウ あき六―四七
科 カ八―九三 とが 〔用例〕理科 科學
×秒 ビョウ
突 トツ七―一二八 つく六―一二七 〔用例〕衝突 突如
×窃 セツ ひそか 〔用例〕竊取
△竿 カン さを六―一一〇
紀 キ五―四〇 〔用例〕風紀 紀元
約 ヤク六―六四 〔用例〕約束 條約
△紅 コウ グ くれなゐ七―一六 紅葉(もみぢ)△八―一三 〔用例〕紅茶
美 ビ八―一二 ミ△六―四二 ・み うつくし三―一〇六 〔用例〕美術 美風
者 シャ六―八五 ・は もの三―一六九
×耐 タイ たふ こらふ 〔用例〕耐火 耐久
△肺 ハイ八―四四
△胃 イ五―七〇

- 背 ハイ せ四―九六 そむく〔用例〕背任・違背
- 胎 タイ〔用例〕胎教・母胎
- △胞 ホウ七―四八〔用例〕同胞
- 致 チ七―四 いたす七―二九〔用例〕風致・合致
- ×臥 ガ ふす〔用例〕起臥
- △苑 エン七―六三 その〔用例〕花苑・林苑
- △苗 ビョウ なへ八―七六 苗代△八―八七 早苗
- 若 ジャク ニャク ニヤ わかし三―一〇 もし七―一三四〔用例〕老若・般若
- 苦 ク五―四五 くるし五―七二 にがし〔用例〕「樂(ラ)は苦(ク)の種(タネ)、苦は樂の種」
- 英 エイ八―七五 ひで(ナ)△六―八七〔用例〕英傑・英雄・英吉利
- △茂 モ七―二 しげる しげ(ナ)六―九四〔用例〕繁茂
- ×虐 ギャク しへたぐ〔用例〕虐待・慘虐
- ×訂 テイ たゞす〔用例〕訂正・改訂
- 計 ケイ五―四六・け はかる はかりごと〔用例〕「一年(ネン)の計(ハカリゴト)は元旦(ガンタン)に在(あ)り」
- ×貞 テイ たゞし さだ(ナ)〔用例〕貞女・貞節
- 負 フ八―八九 おふ八―一二 そむく まく四―五〔用例〕負擔
- △赴 フ おもむく八―五九〔用例〕赴任
- ×軌 キ〔用例〕軌道・軌跡
- 軍 グン四―九 いくさ〔用例〕軍備・軍港
- ×迫 ハク せまる×八―六〇〔用例〕迫害・切迫
- △述 ジユツ八―九六 のぶ八―三九〔用例〕著述
- 郊 コウ〔用例〕郊外
- 重 ヂユウ六―九三 チヨウ七―七 おもし四―一〇一 かさなる五―六六 しげ(ナ)八―八〇 へ 九重
- 降 コウ六―一〇 くだる五―六二 ふる六―四一 おりる(口語)八―一三九〔用例〕降雨
- 限 ゲン七―八八 かぎり六―一九〔用例〕限度・限定・限界
- 郎 ロウ二―六五
- 面 メン四―二四・め おもて つら おも〔用例〕面會・面白・面倒
- ×革 カク かは あらたまる なめしがは あらたむ〔用例〕改革・革新
- 音 オン六―九九 イン おと二―六八 ね六―一二〇〔用例〕音調・音色
- 風 フウ六―七 フ△八―九一 かぜ二―六八 かざ―〔用例〕風下・風流・風情・暴風

- 飛 ヒ八―七 ひ とぶ五―九一 とばす〔用例〕飛行機
- 食 ショク五―七一 ジキ七―一三 くふ四―一二四 くらふ 晝食八―三〇
- 首 シユ七―二六 くび二―一三 かしら はじめ〔用例〕頭首・首尾
- △香 コウ8―80 にほひ かをり〔用例〕香油・香水
- ▲栅 サク△八―一〇九
- ▲拭 ショク ぬぐふ△八―一〇四
- ▲侶 リヨ△八―一三
- ▲彥 ゲン ひこ△五―二六
- ▲虹 コウ にじ△五―六七
- ▲垣 エン かき△五―一〇
- ▲咲 ショウ さく△三―五四
- ▲柑 カン△七―八三
- ▲扁 ヘン△八―五一
- ▲【粁】 キロメートル△六―五一

十畫

- 乘 ジョウ七―四七 のる五―九 のす〔用例〕乘合・乘氣・乘除
- 修 シユウ七―一七 シユ をさむ八―九三〔用例〕修理・修養「修身齊家治國平天下」
- △俳 ハイ六―八九〔用例〕俳句・俳回
- ×俸 ホウ〔用例〕俸給・月俸
- △倉 ソウ七―四三 くら七―一五〔用例〕倉庫・倉卒
- ×個 コ〔用例〕個人・一個
- 倍 バイ六―一一五 ますく〔用例〕倍加
- ×倒 トウ たふる たふす さかさま〔用例〕倒閣・轉倒
- 候 コウ七―一二八 うかゞふ さふらふ〔用例〕時候・候補
- 借 シヤク シヤ かる八―三七〔用例〕借家・借用
- ×倫 リン〔用例〕倫理・人倫・絶倫
- ×兼 ケン かぬ〔用例〕兼任・兼用
- ×准 ジユン なぞらふ
- ×凌 リヨウ しのぐ×八―九五
- 凉 涼（十一畫）ニ同ジ
- ×凍 トウ こほる こゞゆ〔用例〕「精出(セイだ)せば凍(こほ)る間(ま)もなし水車(みづぐるま)」
- △剛 ゴウ五―六四 こはし つよし〔用例〕剛强・剛柔
- 原 ゲン七―一三五 はら四―一三五 もと もとづく たづぬ〔用例〕原理・原因

- 員 イン六―一七 かず〔用例〕人員
- ×哲 テツ〔用例〕哲學・哲人
- △唐 トウ・から七―一三
- ×埋 マイ うづむ うづまる〔用例〕埋藏・埋沒
- 城 ジョウ五―一三九 しろ四―一三 (き)△四―一五
- 夏 カ なつ四―一三七〔用例〕初夏・盛夏
- ×娘 チヨウ むすめ×一―四七
- ×娯 ゴ たのしむ〔用例〕娯樂
- ×娠 シン はらむ〔用例〕妊娠
- 孫 ソン五―五六 まご五―一〇〔用例〕子々孫々
- 宮 キユウ六―二四 グウ六―九四 みや六―一一二〔用例〕宮中・宮樣
- 害 ガイ七―八八 そこなふ〔用例〕「一利一害」
- △宴 エン六―八七〔用例〕宴會・酒宴
- 家 カ六―一〇五 ケ七―五 いへ三―九七 や八―一四
- 容 ヨウ八―五 いる かたち八―一二九〔用例〕美容・寬容
- 射 シヤ七―一二四 いる四―一〇七〔用例〕射擊・注射
- 展 テン七―八三 のぶ〔用例〕發展・親展
- △峯(峰) ホウ八―一三五 みね五―六二〔用例〕連峯・高峯
- 島 トウ八―六一 しま四―九四〔用例〕半島・列島・群島
- △峡 キヨウ七―三三 はざま〔用例〕海峡・峡灣
- 差 サ八―一〇 さす六―六 たがふ〔用例〕差額・差遣
- 師 シ八―九二〔用例〕教師・師範
- 席 セキ五―四三 むしろ〔用例〕臨席・席次
- △座 ザ六―二五〔用例〕座右銘・座席
- △庫 コ七―四三 くら〔用例〕寶庫・祕庫
- 庭 テイ八―一一 には四―一二五〔用例〕庭園・庭球
- 弱 ジヤク八―一〇三 よわし四―八二 よわる四―一二五〔用例〕病弱・弱肉强食
- ×徐 ジヨ しづか おもむろ〔用例〕徐々・徐行
- ×徑 ケイ こみち〔用例〕小徑
- 徒 ト四―四四 いたづら七―六八 かち〔用例〕徒步・徒然
- 恐 キヨウ おそろし五―五八 おそる五―六〇〔用例〕恐縮

- △恥 チ はぢ七―一二六〔用例〕恥辱・無恥
- 恩 オン六―八八 めぐみ〔用例〕「恩(オン)報(ホウ)じは出世(シユツセ)の相(ソウ)、恩(オン)知(シ)らずは乞食(コジキ)の相」
- ×恭 キヨウ うやくし〔用例〕恭敬・恭賀
- 息 ソク いき五―一〇〇 いこふ やむ〔用例〕息子・利息・息災
- △悔 カイ ゲ くやむ八―一一五 くい〔用例〕「後悔(コウカイ)先(さき)に立(た)たず」
- △悟 ゴ八―七一 さとる八―四九〔用例〕覺悟・悔悟「悟(さと)れば凡夫(ボンプ)も佛(ほとけ)」
- △扇 セン あふぎ六―七一 團扇(うちは)△七―六九〔用例〕扇子
- △挿(插) ソウ さす八―四二 さしはさむ〔用例〕挿繪・挿入
- 振 シン ふるふ ふる八―一九〔用例〕振興
- △捕 ホ八―五六 とらふ八―一三一〔用例〕捕獲
- △效(効) コウ七―九一 ならふ いたす きく〔用例〕效驗
- 料 リヨウ六―八一〔用例〕料金・材料
- 旅 リヨ七―五〇 たび四―三一〔用例〕「旅(たび)は道(みち)連(づ)れ世(よ)は情(なさけ)」
- 時 ジ三―二六 とき二―八一 時計五―四六〔用例〕何時
- 書 シヨ八―三七 かく三―五四
- △朕 チン八―七三
- ×栗 リツ くり
- 校 コウ三―二二
- ×株 シユ かぶ〔用例〕株式會社
- 根 コン六―八四 ね三―五五〔用例〕根氣・根據
- 格 カク八―一〇 コウ(△七―一八) たゞす〔用例〕格言・人格
- 栽 サイ八―六七 うゑる(口語)〔用例〕栽培
- △桃 トウ もゝ五―一一八
- 案 アン五―九九〔用例〕「案(アン)ずるより産(う)むがやすい」
- ×桐 トウ きり
- △桑 ソウ くは六―三六〔用例〕「何(なに)のその岩(いは)をも通(とほ)す桑(くは)の弓(ゆみ)」
- 殊 シユ八―五二 こと七―一一〔用例〕殊勳・特殊
- ×殉 ジユン〔用例〕殉國・殉死
- 氣 キ三―二六〔用例〕氣體・氣象
- 流 リユウ八―九八 ル ながる〔用例〕流行・氣流 ながす
- △浦 ホ うら三―一二三
- ×浪 ロウ なみ〔用例〕波浪・放浪

浮　フ　うかぶ五-八〇　うく四-一三八　〔用例〕浮草　浮浪

△浴　ヨク七-一二七　ゆあみ　あぶ　あびす七-一二一　〔用例〕浴場　浴室

海　カイ四-九　うみ三-一〇一　うな△八-一四　〔用例〕海運　海洋

×浸　シン　ひたす　〔用例〕浸水

消　ショウ八-八六　きゆ三-一〇五　けす五-一六〇　〔用例〕消失　消防

△涉　ショウ七-八八　わたる　〔用例〕干涉　交涉

×泰　タイ　やす　〔用例〕泰西　安泰

△烈　レツ八-七三　はげし八-一六八　〔用例〕烈女　熱烈

特　トク六-三一　〔用例〕特別　特質

×狹　キョウ　せまし　〔用例〕狹小　狹量

×珠　シュ　たま　〔用例〕珠玉

×班　ハン　わかつ　〔用例〕首班　一班

△畜　チク五-三一　やしなふ　〔用例〕畜生　牧畜

留　リユウ八-九五　る・る　とむ八-一三六　とゞむ　〔用造〕居留　留感

×畝　ホ　うね　あぜ　せ　〔用例〕田畝

△疲　ヒ八-一三　つかる八-一〇二　〔用例〕疲弊　疲勞

疾　シツ　やむ　やまひ　とく　〔用例〕疾走　疾病

病　ビヨウ三-四四　ヘイ　やまひ七-一三二　やむ　〔用例〕「病(やまひ)は氣(き)から」

×症　ショウ　〔用例〕重症　症狀

益　エキ七-八八　ヤク　ます　ますく八-一五　〔用例〕利益　益友

眞　シン五-一〇七　まこと　さね(ナ)六-八四　まん(ナ)七-一　三七　ま四-一三八　まつ(つ)五-一　〔用例〕眞情　眞理

眠　ミン　ねむる四-三五　〔用例〕不眠症

砲　ホウ五-一　つゝ△七-四九

破　ハ七-五八　やぶる三-七八　〔用例〕破棄　破裂　打破

×祕　ヒ　ひむ　かくす　〔用例〕神祕　祕密　祕露

祖　ソ五-六　〔用例〕祖訓　祖國

祝　シュク五-四三　シユ(ウ)　いはふ六-二五　〔用例〕祝言　祝福

神　シン五-五一　ジン五-一一　かみ四-一八　かうくし六-九五　〔用例〕神代　神經

×租　ソ　〔用例〕租稅

△秩　チツ七-一　〔用例〕秩父(ナ)、秩序

笑　ショウ△五-一四四　わらふ三-二六　ゑむ八-一三六　〔用例〕「笑(わら)ふ門(かど)には福(ふく)來(きた)る」

粉　フン　こ六-一六　こな　〔用例〕製粉　粉末

△紋　モン七-五　〔用例〕波紋　紋附

△納　ノウ七-一〇　トウ　いる　をさむ　〔用例〕出納　納稅

△純　ジュン七-六　〔用例〕單純　純粹

紙　シ七-一三　かみ五-一四　〔用例〕白紙　紙幣

×級　キユウ　〔用例〕等級　級友

×紛　フン　まぎる　まぎらす　〔用例〕內紛　紛爭

素　ソ七-二五　ス　もと　〔用例〕素手　素材

×紡　ボウ　つむぐ　〔用例〕紡織　紡績

×索　サク　もとむ　〔用例〕索引　搜索

缺　ケツ七-六七　かく　〔用例〕缺乏　缺席　不可缺

△翁　オウ　おきな八-八七

×耕　コウ　たがやす　たがへす　〔用例〕農耕　耕作　耕地

×胴　ドウ

×脅　キョウ　おびやかす　おどす　〔用例〕脅迫

胸　キョウ△八-一〇二　むね六-一一　〔用例〕度胸　胸中

△能　ノウ八-九七　よく　あたふ　の　〔用例〕才能　能力

△脈　ミヤク八-二二　〔用例〕動脈　脈動　靜脈

×脊　セキ　せ　〔用例〕脊柱

×臭　シユウ　くさし　〔用例〕臭氣　「臭(くさ)い者(もの)、身(み)知(し)らず」

航　コウ五-四〇　〔用例〕航海　航路

般　ハン八-一二九　〔用例〕全般　一般

茶　チヤ四-一一　サ△六-八九

草　ソウ八-三三　くさ三-五五　〔用例〕草案　草花

荒　コウ　あらし七-四九　ある五-三四　すさむ　〔用例〕荒涼　荒廢

△蚊　ブン　か七-八八

衰　スイ八-一〇三　おとろふ　〔用例〕盛衰　衰亡

×袖　シユウ　そで　〔用例〕「袖(そで)振(ふ)り合(あ)ふも他生(たしやう)の緣(えん)」

×被　ヒ　かうむる　かぶる　おほふ　〔用例〕被害　被告　被服

△討　トウ　うつ七-九七　たづぬ　〔用例〕討議　征討

△訓　クン7-74　をしへ　〔用例〕敎訓　訓戒

×託　タク　〔用例〕委託　託送

記　キ五-一二　しるす七-一二　〔用例〕速記　記述

×財　ザイ　たから　〔用例〕財政　財產

起　キ七-七一　き　おく四-六〇　おこす四-九二　たつ　〔用例〕起原　起居

△軒　ケン七-一三　のき五-一二

×辱　ジヨク　ニク　はづかしめ　かたじけなし　〔用例〕辱知　屈辱

迷　メイ　まよふ四-八六　〔用例〕迷惑　迷信

追　ツイ八-七一　おふ四-七二　〔用例〕追想　追究

退　タイ七-六〇　しりぞく七-五四　〔用例〕進退　退步

送　ソウ　おくる五-七二　〔用例〕運送　送迎

逃　トウ　にぐ四-三一　にがす四-三二　のがる八-六九　〔用例〕逃避　逃亡

×逆　ギヤク　ゲキ　さからふ　さかさま　〔用例〕順逆　逆境

△郡　グン6-67　こほり

×酌　シヤク　くむ

配　ハイ四-七九　くばる　〔用例〕分配　配布

酒　シュ　さけ四-五二　さか四-八七　〔用例〕麥酒　酒宴

×釜　フ　かま

針　シン六-八二　はり三-八五　〔用例〕方針　針路

△陛　ヘイ六-六三　〔用例〕陛下

院　イン八-一九　〔用例〕病院　議院

△陣　ヂン五-六五　〔用例〕出陣　陣刀

除　ヂョ七-九〇　のぞく八-七八　〔用例〕除草　掃除

△隻　セキ八-六八　〔用例〕隻手　隻脚

馬　バ七-九五　マ　うま四-一四〇　〔用例〕乘馬　馬脚

骨　コツ　ほね五-七三　〔用例〕骨肉　骨子

高　コウ六-八三　たかし三-八三　〔用例〕高級　高原

鬼　キ　おに四-七九　〔用例〕「渡(わた)る世間(せけん)に鬼(おに)は無(な)い」

▲烏　ウ　からす△六-一

▲翅　シ　はね△八-一〇三

▲【畠】　はたけ△三-一三　はた

▲貢　コウ△八-九七　みつぎ

▲釘　テイ　くぎ△六-一四

▲剖　ボウ△八-四二　さく

▲挽　バン　ひく△八-一〇九

▲蚤　ソウ　のみ△七-八八

▲畔　ハン△八-八七

▲脇　キヨウ　わき△八-一一九

▲倭　ワ　やまと△六-三一

▲宰　サイ△六-八六

▲値　チ△八-九六　ね△七-四四

▲【哩】　マイル　△七-三八

十一畫

△假　カ八-五二　かり×八-七　〔用例〕假面　假定

△偉　イ八-三七　〔用例〕偉大　偉人

×偏　ヘン　かたよる　ひとへに　〔用例〕偏重　偏見

△停　テイ七-四五　とゞむ　〔用例〕停車　停止

△健　ケン七-三九　すこやか　〔用例〕壯健　健全

△側　ソク　そば　かは八-一三〇　かたはら　〔用例〕側面

×偶　グウ　たまく　〔用例〕偶像　偶數

×副　フク　そへ　〔用例〕副長　副業

動　ドウ三-七四　うごく三-八一　うごかす三-四三　やゝもすれば

×勘　カン　〔用例〕勘定

務　ム七-四七　つとめ八-一二　つとむ　〔用例〕任務

區　ク八-一〇五　〔用例〕區別

參　サン六-一〇　みつつ　まゐる六-一三　〔用例〕參加

△唱　ショウ二-六二　となふ　〔用例〕唱歌

△唯　イ　たゞ八-七三

商　ショウ四-三一　あきなふ　〔用例〕商賣

問　モン六-八五　とふ五-六一　〔用例〕問答

×啓　ケイ　ひらく　〔用例〕啓發　拜啓

國　コク四-一〇六　くに三-一三八　〔用例〕國交　國運

△域　イキ八-五三　〔用例〕地域　區域

×執　シツ　シユウ　とる　〔用例〕執着　執務

培　バイ八-七六　つちかふ　〔用例〕培養

記號	漢字	音	訓・用例
×	基	キ	もとゐ もと〔用例〕基礎
△	堀	クツ	ほり六-九三
	堂	ドウ五-七一	〔用例〕正々堂々
△	姫	キ	ひめ六-三一
×	婚	コン	〔用例〕結婚 婚約
	婦	フ七-四五	・ふ〔用例〕主婦 婦道
	宿	シユク六-九七	やど五-八八 やどる〔用例〕宿題 宿意
	寄	キ七-九〇	よる四-一〇五 よす四-一〇六〔用例〕寄留 寄生
	密	ミツ八-八	ひそか〔用例〕密接不離
	將	シヨウ四-八	まさに〔用例〕將來
△	專	セン	もつぱら七-七〇〔用例〕專門
△	尉	イ七-二六	
×	崇	(スウ)	あがむ〔用例〕崇拜 崇祖
△	崎	キ	さき八-四四
×	崩	ホウ	くづる くづす〔用例〕崩壞 崩御
△	巢	ソウ	す五-二一
×	帳	チヨウ	とばり〔用例〕帳簿
	帶	タイ七-三三	おび七-一 おぶ
	常	ジヨウ五-七五	つね三-一三八〔用例〕常識
△	康	コウ七-三九	やす(ナ)〔用例〕健康
	張	チヨウ	はる五-一二五〔用例〕緊張
△	彩	サイ七-一	いろどる いろどり〔用例〕水彩畫
△	彫	チヨウ八-一三一	ほる〔用例〕彫刻
	得	トク七-四四	う七-三 え六-八二〔用例〕得失
	從	ジユウ七-三九	したがふ六-一二四〔用例〕從來
	御	ギヨ六-八七 ゴ四-一〇	おん四-四八 お み五-五七〔用例〕制御 御者
△	患	カン八-一〇四	うれふ〔用例〕患部 疾患
×	悼	トウ	いたむ〔用例〕哀悼 追悼
	情	ジヨウ七-七	なさけ五-四八〔用例〕「情(なさけ)は人の爲(ため)ならず」
△	惜	セキ	をし七-二六 をしむ〔用例〕惜別 可惜
×	捧	ホウ	さゝぐ
△	捨	シヤ	すつ七-二八〔用例〕四捨五入 切捨 「身(み)を捨(す)ててこそ浮(う)かぶ瀨(せ)もあれ」

記號	漢字	音	訓・用例
×	掃	ソウ	はらふ はく〔用例〕掃除
	授	ジユ八-一〇九	さづく八-九九〔用例〕授受
×	排	ハイ	〔用例〕排水 排列
△	掛	(ケ)	かゝり七-七五 かく八-三六〔用例〕心掛
	採	サイ七-七〇	とる八-七四〔用例〕採決
△	探	タン六-八一	さぐる さがす〔用例〕探檢
	接	セツ七-七一	まじはる〔用例〕應接
×	控	コウ	ひかふ〔用例〕控除
	推	スイ七-四八	おす〔用例〕推進
	敍	敍(九畫)ニ同ジ	
	敎	キヨウ八-一二	をしふ五-九五〔用例〕敎化
×	敏	ビン	とし(ナ)〔用例〕敏感 過敏
△	救	キユウ	すくふ六-一九〔用例〕救濟 救急
	敗	ハイ七-六八	やぶる〔用例〕敗北
△	斜	シヤ	なゝめ七-三〔用例〕傾斜
×	斬	ザン	きる〔用例〕斬新
△	旋	セン八-一三〇	めぐる かへす〔用例〕周旋
	族	ゾク七-八一	やから〔用例〕家族
△	既	キ	すでに八-六九〔用例〕既往 既成
	晝	チユウ七-一四	ひる四-八〇
×	曹	ソウ	〔用例〕侍曹 曹達
×	朗	ロウ	ほがらか〔用例〕明朗
	望	ボウ七-六七 モウ	のぞみ六-六二 もち〔用例〕望鄕 望月 大望
×	梅	バイ	うめ
	條	ヂヨウ八-七〇	くだり えだ〔用例〕條約 條件
×	梨	リ	なし
	械	カイ五-八七	〔用例〕機械
△	欲	ヨク八-三四	ほつす〔用例〕欲望 制欲
×	欵	款(十二畫)ノ俗字	
	殺	サツ セツ	ころす四-八四 そぐ〔用例〕相殺 殺生
	涼(凉)	リヨウ	すゞし六-一二〇〔用例〕涼味 淸涼
△	液	エキ六-八一	〔用例〕血液 粘液
×	淑	シユク	〔用例〕淑女 貞淑

記號	漢字	音	訓・用例
	涙	ルイ	なみだ六-四八〔用例〕落涙
△	淡	タン八-六一	あはし八-六〇 うすし〔用例〕淡水
×	淨	ジヨウ	きよし〔用例〕淨化
	深	シン	ふかし三-一〇二〔用例〕深謀
△	混	コン八-一二九	まじる〔用例〕混雜
	淸	セイ	きよし八-三 淸水△七-一二七 きよ(ナ)六-一〇一
	淺	セン	あさし四-四一〔用例〕淺慮
△	添	テン	そふ八-五一〔用例〕添附
△	猛	モウ八-一二三	たけし〔用例〕猛烈
△	率	リツ ソツ	ひきゐる(口語)六-五八〔用例〕利率 輕率
	現	ゲン七-四	あらはす あらはる七-七〔用例〕現在 現象
	球	キユウ六-一二五	たま六-一二五〔用例〕圓球 野球
	理	リ七-一三	・り をさむ〔用例〕理想 道理
△	瓶	ヘイ ビン五-一八	かめ〔用例〕釣瓶 水瓶
	產	サン七-七六	うむ八-八三 土產△七-六六〔用例〕產業 物產
×	略(畧)	リヤク	はぶく ほゞ〔用例〕侵略 省略
△	異	イ五-六九	ことなる〔用例〕異常
	眼	ガン ゲン	まなこ六-一一 眼鏡△八-一二三〔用例〕眼光
×	票	ヒヨウ	〔用例〕投票 傳票
△	祭	サイ	まつり八-一五 まつる〔用例〕祭禮
	移	イ七-九四	うつる六-三五 うつす ・い〔用例〕移植 推移
	窓	ソウ	まど八-一三三〔用例〕窓掛 同窓
△	章	シヨウ五-六七	〔用例〕文章
×	笛	テキ	ふえ〔用例〕汽笛
△	符	フ八-四九	〔用例〕符合 切符
	第	ダイ五-一〇九	
	粒	リユウ	つぶ四-一二三〔用例〕粒々辛苦
×	粘	ネン	ねばる〔用例〕粘着 粘土
	粗	ソ七-二四	あらし〔用例〕粗衣 粗食
×	紫	シ	むらさき〔用例〕紫外線
×	累	ルイ	かさぬ わづらひ〔用例〕係累 累代

記號	漢字	音	訓・用例
	細	サイ七-六六	ほそし三-六七 こまかし八-八三〔用例〕細密 微細
×	紳	シン	〔用例〕紳士
△	紺	コン八-一三五	〔用例〕紺青 紺屋
	終	シユウ八-九七	をはる六-二九 をふ八-四八 つひに七-三八〔用例〕終始 終止
	組	ソ八-四六	くみ四-四四〔用例〕組合
	翌	ヨク八-三八	
	習	シユウ六-七九	ならふ六-五二〔用例〕「習(なら)ふより慣(な)れよ」
△	脚	キヤク	あし五-五〇〔用例〕立脚地
△	脫	ダツ八-五三	ぬぐ ぬく〔用例〕脫出 脫俗
×	舵	ダ	かぢ〔用例〕舵手
×	舶	ハク	ふね〔用例〕船舶
	船	セン六-一七	ふね三-一三八〔用例〕船客 船脚
	荷	カ	に四-一三三 になふ〔用例〕出荷 重荷
×	莊	ソウ シヨウ	〔用例〕莊重
	處	シヨ	・そ ところ八-一四 此處△八-一六 其處△八-一二〇 何處△八-一九 何處〔用例〕處分 處置
△	蛇	ジヤ四-五〇 ダ	へび六-七三〔用例〕蛇足
	術	ジユツ八-三五	すべ〔用例〕技術 術策
△	袋	タイ	ふくろ六-三一・〔用例〕狀袋
△	規	キ五-六	〔用例〕規則 規定
×	訟	シヨウ	〔用例〕訴訟
△	訪	ホウ	とふ おとづる たづぬ七-四二〔用例〕訪問 來訪
	設	セツ七-三九	まうく七-三五〔用例〕設置
	許	キヨ七-七〇	ゆるす六-一四 もと ばかり〔用例〕許可
×	豚	トン	ぶた〔用例〕豚兒
	貧	ヒン ビン七-八〇	まづし八-三二〔用例〕貧乏
×	貨	カ	〔用例〕貨物 物貨
×	販	ハン	〔用例〕販賣 販途
×	貫	カン	つらぬく〔用例〕貫徹 一貫
	責	セキ七-八七	せむ〔用例〕責任 責務
×	軟	ナン	やはらか〔用例〕軟弱
△	透	トウ八-八五	すく すかす とほす とほる〔用例〕透明
△	逐	チク八-六九	おふ八-八〇〔用例〕逐次

- 途 ト五-一〇六 ツ | みち七-一二二 〔用例〕途中 用途
- 通 ツウ六-四八 | とほる三-九一 とほす三-一二九 かよふ五-五二 みち(ナ)△七-五三 〔用例〕通路 通貨
- 速 ソク八-七 | すみやか はやし七-九二 〔用例〕速力 高速度
- 造 ゾウ五-七二 | つくる五-七五 〔用例〕造物主 製造
- 連 レン七-三五 | ・れ つらなる八-一三〇 つらぬ つれ四-一三 〔用例〕連絡 連結
- 部 ブ六-一二九 ヘ△七-一二一 | 〔用例〕部分 部署
- ×郵 ユウ | 〔用例〕郵便
- 野 ヤ七-二 | ・の の四-八六 〔用例〕野心
- 釣 チョウ | つる五-九〇 つり五-九〇 〔用例〕釣錢
- 閉 ヘイ | とづ六-七三 とざす しむ 〔用例〕閉止 閉會
- 陳 チン六-九七 | つらぬ ならぶ のぶ ふるし 〔用例〕陳列 陳腐 陳述
- △陰 イン七-四七 オン | かげ七-一五 くもる ひそかに 〔用例〕陰影 陰氣
- △陵 リョウ八-七〇 | みさゝぎ 〔用例〕山陵 御陵
- ×陶 トウ | 〔用例〕陶磁器
- ×陷 カン | おちいる おとしいる 〔用例〕陷落 缺陷
- 陸 リク四-九四 ロク | くが をか 〔用例〕大陸 着陸
- △雀 ジャク | すゞめ六-四〇 〔用例〕雀躍
- 雪 セツ | ゆき四-一二 すゝぐ 吹雪八-一〇七 〔用例〕雪辱
- 頂 チョウ | いたゞき いたゞく 〔用例〕頂戴 頂上
- ▲頃 ケイ | ころ五-一一二 〔用例〕頃日
- △飢 キ | うう八-九五
- 魚 ギョ八-一〇 | うを五-八九
- 鳥 チョウ四-二四 | とり三-四七
- △鹿 ロク | しか五-一〇
- 麥 バク | むぎ三-五四
- ×麻 マ | あさ
- 黑 黑(十二畫)ニ同ジ
- 黃 黃(十二畫)ニ同ジ
- ▲笠 リュウ | かさ△七-八五
- ▲莖 ケイ | くき△五-三三
- ▲隅 グウ | すみ△六-一〇一
- ▲菫 キン | すみれ△八-一三
- ▲眺 チョウ△八-一三一 | ながめ△五-一二一

- ▲掘 クツ | ほる△七-三四
- ▲涯 ガイ△八-九八

十二畫

- △傍 ボウ | かたはら八-九三 〔用例〕傍聽 路傍
- ×傑 ケツ | 〔用例〕傑作 豪傑
- 備 ビ七-三九 | そなふ七-一二 そなはる 〔用例〕備品 豫備
- △割 カツ | わる六-八二 さく八-一五二 〔用例〕分割 割腹
- ×剩 ジョウ | あます あまつさへ 〔用例〕剩餘 過剩
- △創 ソウ七-八六 | きず はじむ 〔用例〕創作 獨創
- 勝 ショウ八-六三 | かつ四-一〇八 まさる すぐる 〔用例〕優勝 勝利
- 勞 ロウ七-四七 | つかる いたはる 〔用例〕勞働 功勞
- 博 ハク七-四 ハ(カ)△七-五一 | ひろし八-九五 〔用例〕博識 博士
- ×善 ゼン | よし 〔用例〕善惡 善良
- ×喫 キツ | のむ 〔用例〕喫茶 喫煙
- △喉 コウ | のど八-一一九 〔用例〕「喉(のど)元(もと)過(す)ぎれば熱(あつ)さを忘(わす)れる」
- 喜 キ△八-九二 | よろこぶ四-八三 〔用例〕歡喜 喜劇
- ×喪 ソウ | うしなふ×八-一三〇 も 〔用例〕喪失 喪中
- 單 タン七-六六 | ひとへ ひとり 〔用例〕單物 單獨
- 圍 イ八-七一 | かこむ六-一三三 かこひ 〔用例〕周圍 胸圍
- ×堤 テイ | つゝみ どて 〔用例〕堤防 防波堤
- 堅 ケン | かたし七-七六 〔用例〕堅固 堅忍不拔
- △堪 カン八-五五 | たふ七-八〇 〔用例〕「ならぬ堪忍(カンニン)するが堪忍」
- 報 ホウ八-六七 | むくう七-二八 〔用例〕「恩(オン)報(ホウ)じは出世(シュッセ)の相(ソウ)」
- 場 ヂョウ七-四七 | ば四-一三九 には 〔用例〕場合 相場
- ×壹 イツ イチ | ひとつ
- ×奢 シャ | おごる 〔用例〕華奢
- ×婿 セイ | むこ
- ×媒 バイ | なかだち 〔用例〕媒介 媒酌
- 富 フ八-一三 フウ | とむ 〔用例〕富貴 巨富
- 寒 カン | さむし六-四六 〔用例〕寒帶
- 尊 ソン六-六四 | たつとぶ たふとし みこと△六-一二四 〔用例〕尊重 自尊

- 尋 ジン | たづぬ四-三八 ひろ ついで 〔用例〕千尋 尋常
- 就 シュウ△六-九六 ジュ | つく八-三八 なる 〔用例〕就職 成就
- 帽 ボウ六-六〇
- △幅 フク | はゞ七-九九
- 幾 キ | ・き いく五-六五 〔用例〕幾何 幾許
- 强 キョウ六-八〇 | つよし四-一一 あながち しひて 〔用例〕强力 强制
- 復 フク七-二二 | かへる また ふたゝび 〔用例〕拜復 復命
- 悲 ヒ | ・ひ かなし四-一三一 〔用例〕悲哀 慈悲
- ×惑 ワク | まどふ 〔用例〕迷惑 惑星
- △惠 ケイ八-九三 エ | ・ゑ めぐみ 〔用例〕恩惠 智惠
- 惡 アク七-九七 オ | わるし五-一〇四 あし にくむ 〔用例〕善惡 惡化 惡寒
- ×惰 ダ | おこたる 〔用例〕怠惰 惰力
- ×惱 ノウ | なやむ なやます 〔用例〕苦惱 惱殺
- △愉 ユ五-五五 | 〔用例〕愉快
- ×提 テイ | さぐ ひつさぐ 〔用例〕提出 前提 提案
- ×描 ビョウ | ゑがく 〔用例〕素描 描寫
- △揚 ヨウ六-八一 | あがる あぐ 〔用例〕揚々 發揚
- ×換 カン | かふ かはる 〔用例〕換氣 交換
- △握 アク八-一二 | にぎる六-六三 〔用例〕握手
- △揭 ケイ八-一〇九 | かゝぐ 〔用例〕前揭 揭揚
- △揮 キ八-一二八 | ふるふ 〔用例〕指揮 揮毫
- ×援 エン | たすく 〔用例〕救援 援軍
- ×掌 ショウ | たなごころ つかさどる 〔用例〕職掌 掌握
- △敢 カン八-七三 | あへて 〔用例〕勇敢 不二取敢一
- 散 サン七-三七 | ・さ ちる五-三八 ちらす 〔用例〕放散 散歩
- ×斯 シ | この かく 〔用例〕如レ斯 斯道
- 晚 バン四-六九 | おそし おくる 〔用例〕「大器(タイキ)は晚成(バンセイ)す」
- 普 フ八-七四 | あまねし 〔用例〕普及 普通
- 景 ケイ五-八 (ケ)五-八 | かげ 〔用例〕光景 景氣
- 晴 セイ | はる四-一三八 はらす 〔用例〕晴雨 晴曇

- ×晶 ショウ | 〔用例〕水晶 結晶
- △智 チ五-六四 | 〔用例〕「智者(チシャ)は惑(まど)はず」 智利
- △曾 ソウ (ソ)七-一三 | ・そ かつて 〔用例〕未曾有
- ×替 タイ | かふ かはる 〔用例〕交替 爲替
- 最 サイ六-四六 | もつとも六-四六 も 〔用例〕最早 最近
- 朝 チョウ七-四八 | あさ三-一二 あした 今朝七-一〇 〔用例〕朝廷 早朝
- 期 キ七-九二 ゴ△六-九 | 〔用例〕豫期 期限
- ×棄 キ | すつ 〔用例〕廢棄 棄權
- △棒 ボウ五-四六
- △棟 トウ | むね七-六四 むな(ー)
- 森 シン八-七六 | もり三-一〇三 〔用例〕森嚴 森林
- ×棺 カン | ひつぎ 〔用例〕納棺
- 植 ショク六-七八 | うう 〔用例〕扶植
- ×款 カン | 〔用例〕款項
- ×欺 キ | あざむく 〔用例〕詐欺
- △殖 ショク七-九〇 | ふゆ ふやす 〔用例〕殖產 增殖
- 殘 ザン七-二八 | のこる四-四二 のこす 名殘△八-五六 〔用例〕殘存 殘忍
- 減 ゲン八-六 | へる へらす 〔用例〕減額 激減
- 渡 ト七-八五 | わたる四-八一 〔用例〕渡渉 過渡期
- ×測 ソク | はかる 〔用例〕觀測 測定
- 港 コウ五-一二 | みなと五-四〇 〔用例〕良港 入港
- ×渴 カツ | かわく 〔用例〕飢渴 渴望
- 湖 コ七-三六 | みづうみ七-三五 〔用例〕江湖 湖水
- △湧 ユウ | わく七-八 〔用例〕湧出
- △淵 エン | ふち八-一〇八 〔用例〕深淵 淵源
- ×湯 トウ | ゆ 〔用例〕湯藥 熱湯
- 無 ム六-二二 ブ六-一〇六 | ・む なし七-一 〔用例〕無爲
- ×滋 ジ | しげし 〔用例〕滋味 滋養
- 然 ゼン七-二八 ネン | しかり しかれども しからば 〔用例〕天然 余然
- 爲 イ△七-六二 | ため八-一五 なす 〔用例〕有爲 行爲
- △牌 ハイ八-一六 | 〔用例〕金牌 賞牌

△猫 ビョウ ねこ七-一一三
×猶 ユウ七-一一三 なほ 〔用例〕猶豫 「過ぎたるは猶(なほ)及(およ)ばざるが如し」
×琴 キン こと 〔用例〕提琴 彈琴
×甥 セイ をひ
番 バン四-八六 つがひ 〔用例〕番組 番地
畫 ガ七-六二 カク七-三八 ゑ ゑがく 〔用例〕畫家 畫策
×疎 ソ うとし まばら 〔用例〕疎略 疎遠
×痘 トウ 〔用例〕種痘 天然痘
痛 ツウ七-八九 いたむ いたし四-九九 〔用例〕痛切 心痛
×痢 リ 〔用例〕疫痢 赤痢 下痢
登 トウ ト のぼる 〔用例〕登山 登錄

發 ハツ五-三九 ホツ あばく 〔用例〕發表 發起
盛 セイ七-四二 さかり六-五三 さかん五-一〇九 もる△七-一一三 〔用例〕盛運 盛大
×盜 トウ ぬすむ 〔用例〕盜難 强盜
着 チャク七-三九 きる四-一三 つく五-一四 〔用例〕着々 着實
短 タン八-一〇八 みじかし八-一二三 〔用例〕短期 短慮
×硬 コウ かたし こはし 〔用例〕强硬 硬骨
×硯 ケン すゞり 〔用例〕硯北 筆硯
△税 ゼイ二-五七 〔用例〕課税 税率
程 テイ八-八八 ほど八-一四 〔用例〕程度 過程
×童 ドウ わらは わらべ 〔用例〕童心 兒童

筆 ヒツ八-七九 ふで五-一六八 〔用例〕筆致 加筆
等 トウ六-八三 ら五-一七〇 ひとし 〔用例〕等閑 均等
△筋 キン七-七三 すぢ七-一三 〔用例〕筋骨 鐵筋
×筒 トウ つゝ 〔用例〕圓筒
答 トウ こたふ三-一一九 〔用例〕答解 回答
×策 サク 〔用例〕祕策 策略
結 ケツ六-一三 むすぶ八-一五九 ゆふ 〔用例〕要結 結婚
絶 ゼツ△七-一三九 たゆ八-一三二 たやす△七-一九六 たつ八-一七一 〔用例〕絶對
×絡 ラク まとふ 〔用例〕脈絡
統 トウ八-一三二 すぶ 〔用例〕統御 統制 統治
絲(糸) シ四-一〇五 いと三-一六七 〔用例〕生糸

△給 キュウ六-一二一 たまはる たまふ 〔用例〕給料 給仕
△腕 ワン うで七-七三 〔用例〕腕力
×菊 キク
△菌 キン八-九七 きのこ 〔用例〕細菌
菓 カ四-六四 〔用例〕菓子 珍菓
△菜 サイ二-一〇一 な 8-32 〔用例〕野菜 菜食
×華 カ はな 〔用例〕華美 精華
×虛 キョ むなし 〔用例〕空虛 虛言
△蛙 ア かへる三-一三〇 かはづ 〔用例〕「井(ゐ)の中(なか)の蛙(かはづ)大海(たいかい)を知(し)らず」
衆 シュウ七-一三 おほし 〔用例〕衆議 民衆

△街 ガイ七-六七 ちまた 〔用例〕街頭 市街
△裁 サイ 8-24 たつ さばく 〔用例〕裁判 裁縫
×補 ホ おぎなふ 〔用例〕補助 補缺
×裕 ユウ ゆたか 〔用例〕餘裕 裕福
△裂 レツ八-五七 さく 〔用例〕破裂 決裂
×視 シ みる 〔用例〕視察 監視
×訴 ソ うつたふ ×8-24 〔用例〕告訴 控訴
×診 シン みる 〔用例〕診察 回診
×詐 サ いつはる 〔用例〕詐欺 詐取
×詔 シヨウ みことのり 〔用例〕詔勅

×評 ヒョウ 〔用例〕評議 評判
×詞 シ ことば 〔用例〕祝詞 歌詞
×詠 エイ よむ×八-一一七 〔用例〕詠歌 詠嘆
象 ショウ八-一五四 ゾウ六-一七三 かたどる 〔用例〕象徵 表象
×貯 チョ たくはふ 〔用例〕貯金
×貳 ジ ニ ふたつ 〔用例〕副貳的
貴 キ-七-九〇 たふとし八-一一七 たつとぶ 〔用例〕貴族 貴重
買 バイ かふ三-一二五 〔用例〕買收
貸 タイ かす八-一三八 〔用例〕貸付 貸與
費 ヒ七-三九 ついやす六-一八三 つひゆ 〔用例〕費消 費用

貿 ボウ七-一二八 〔用例〕貿易
賀 ガ五-四三 〔用例〕賀詞 賀狀
△超 チョウ こゆ八-一五三 〔用例〕超過 超越
越 エツ△八-九七 こゆ五-一八七 こす・を七-一三六 〔用例〕越年 引越
△距 キョ八-七 へだつ 〔用例〕距離
△軸 ヂク五-七六 〔用例〕中軸
週 シュウ八-六 めぐり 〔用例〕週間
進 シン六-一 すゝむ四-一二一 〔用例〕進歩
△逸 イツ七-四五 イチ 〔用例〕逸話 散逸
都 ト五-一〇六 ツ八-九三 みやこ三-一八四 すべて 〔用例〕都會 都度
×酢 サク す

量 リョウ七-八三 はかる 〔用例〕度量 分量
×鈍 ドン にぶし にぶる 〔用例〕遲鈍
開 カイ七-四〇 ひらく四-一二五 〔用例〕開業 展開
△閑 カン ひま しづか 〔用例〕閑暇 長閑×八-一六三
間 カン三-四六 ケン四-六七 (ゲン)四-八二 あひだ二-一六六 ひま しづか まニ-一七九
陽 ヨウ七-四 ひ 〔用例〕陽炎△八-一七一 陽氣 夕陽
×隆 リュウ たかし さかん 〔用例〕興隆 隆盛
隊 タイ六-一二四
△階 カイ七-一一〇 きざはし 〔用例〕段階
雄 ユウ を四-一五九 〔用例〕雄健 英雄

×雅 ガ 〔用例〕高雅 風雅
集 シュウ七-一七〇 あつまる三-一一三 あつむ四-一一〇 つどふ 〔用例〕集合 集散
×雇 コ やとふ
雲 ウン くも四-一
×項 コウ 〔用例〕項目 事項
順 ジュン七-一三八 したがふ 〔用例〕從順 順序
黃 コウ オウ七-二 き三-一二八 〔用例〕硫黃八-一七九
黑 コク五-一 くろ四-一
▲猪 チョ ゐ△八-一六七
▲凱 ガイ△八-一三〇
▲殼 カク から△六-一七八
▲閏 ジュン△五-一一三 うるふ
▲菅 カン すが△六-一八四

▲棚 ホウ たな△五-一四七
▲棉 メン△七-一八三 わた△七-一九一
▲菱 リョウ ひし△七-一一
▲蛔 カイ△八-一八四
▲須 シュ ス△六-一一二 す

十三畫

△亂 ラン八-一九一 みだる八-一六九 みだす 〔用例〕亂暴 戰亂
×催 サイ もよほす 〔用例〕催促 開催
傳 デン五-六四 つたはる五-一二四 つたふ 〔用例〕傳記 手傳
×債 サイ 〔用例〕債務 負債 債權 國債
傷 ショウ八-一七二 きず八-一七一 いたむ きずつく 〔用例〕負傷 愁傷

×傾 ケイ かたむく 〔用例〕傾向 傾斜
僅 キン八-一七二 わづか八-一三四 〔用例〕僅少
働 ドウ七-四七 はたらく五-一七〇 〔用例〕「勞働(ロウドウ)は神聖(シンセイ)なり」
×募 ボ つのる 〔用例〕募集 應募
勢 セイ六-一 セ△六-一三〇 いきほひ六-一三三 〔用例〕勢力
△勤 キン八-一一三 つとむ 〔用例〕勤勞 勤勉
×嗣 シ つぐ 〔用例〕嗣子 後嗣
園 エン五-一〇八 その 〔用例〕花園 園藝
圓 エン七-三九 まるし四-一三四 〔用例〕圓滿
△塔 トウ七-九三

×塗 ト ぬる 〔用例〕塗料
奧 オウ オク四-四九 〔用例〕深奧 奧樣
×嫁 カ よめ とつぐ 〔用例〕許嫁
×嫌 ケン きらふ 〔用例〕嫌疑 嫌惡
△幹 カン みき八-一七七 〔用例〕材幹 幹部
×廉 レン かど 〔用例〕廉賣 廉恥心
△廊 ロウ五-一一 〔用例〕廊下
△微 ビ八-一八三 ミ かすか 〔用例〕微塵 微力
想 ソウ八-一四九 おもひ 〔用例〕想像
愼 シン六-一八七 つゝしむ 〔用例〕愼重 謹愼

× 愁 シュウ うれひ 〔用例〕愁眉 愁歎
意 イ四－五三 ・い こゝろ 〔用例〕意見 意志
× 愚 グ おろか 〔用例〕愚鈍 愚考
愛 アイ七－四 〔用例〕愛情 愛國
感 カン五－二五 〔用例〕感激 感情
△ 慈 ジ八－一六 いつくしむ八－一八 〔用例〕慈悲
損 ソン七－四四 そこなふ 〔用例〕損害 缺損
× 搖 ヨウ ゆる ゆする 〔用例〕動搖
× 搜 ソウ さがす 〔用例〕搜索
△ 携 ケイ たづさふ八－一二四 〔用例〕携帶
敬 ケイ六－六四 キョウ うやまふ八－一八 〔用例〕愛敬 敬白
新 シン五－四〇 ・し あらた七－八六 あたらし五－一三三 にひ 〔用例〕新奇 革新
△ 暇 カ いとま ひま六－八三 〔用例〕閑暇 暇乞 休暇
暖 ダン あたゝか八－一〇九 あたゝむ八－一〇 〔用例〕溫暖 春暖
暗 アン七－七 くらし四－一八 やみ そらんず 〔用例〕暗示 明暗
暑 ショ あつし五－一四 〔用例〕寒暑 暑中
會 カイ四－一二五 エ あふ五－一三〇 〔用例〕會合 總會
△ 楠 ナン くすのき くす六－九四
業 ギョウ五－七四 ゴウ わざ 〔用例〕業務 事業 非業
極 キョク八－七三 ゴク きはめて八－一九 きはまる 〔用例〕極力 極樂
歳 サイ六－七八 セイ△五－六五 とし 〔用例〕歳入 歳暮
殿 デン五－一一 テン五－一七 との どの五－一八 しんがり 〔用例〕殿下 貴殿
× 毀 キ こぼつ やぶる そしる 〔用例〕毀損 破毀
△ 源 ゲン六－一一〇 みなもと七－一〇 〔用例〕水源 源流
× 準 ジュン なずらふ 〔用例〕準備 水準
× 溢 イツ あふる 〔用例〕溢美
× 溶 ヨウ とく とかす 〔用例〕溶解
× 溺 デキ おぼる 〔用例〕溺沒
△ 滅 メツ八－九七 ほろぶ ほろぼす 〔用例〕滅亡 全滅
× 滑 カツ コツ すべる なめらか 〔用例〕氷滑 圓滑

溫 オン八－五 あたゝか あたゝむ 〔用例〕氣溫 溫情
× 煉 レン ねる 〔用例〕煉瓦 試煉
△ 煮 シャ にる八－一〇 にゆ 〔用例〕煮沸
煙 エン六－一二 けむり五－一〇九 けぶり 〔用例〕煙草△七－一三一 「火(ひ)の無(な)い所(ところ)に煙(けむり)は立(た)たぬ」
△ 照 ショウ七－六七 てる八－一三五 てらす四－一七 〔用例〕照明 小照
× 煩 ハン わづらふ わづらはし 〔用例〕煩雜 煩惱
當 トウ七－三 あたる七－五五 あつ まさに 〔用例〕當直 當然
△ 盟 メイ八－一二三 ちかふ 〔用例〕同盟 盟約
× 塩 エン しほ 〔用例〕食塩 塩梅
× 睡 スイ ねむる ねむし 〔用例〕睡眠 睡氣
△ 督 トク五－四一 〔用例〕督勵 監督
× 碎 サイ くだく 〔用例〕玉碎 粉碎
△ 碑 ヒ六－六三 いしぶみ 〔用例〕墓碑 碑文
× 禁 キン とどむ 〔用例〕禁止 禁制
× 稚 チ をさなし わかし 〔用例〕幼稚 稚兒
△ 絹 ケン きぬ五－六八 〔用例〕絹布 絹絲
經 ケイ七－八六 ふ八－六六 △六－一二一 つね(ナ) 〔用例〕經驗 經濟
罪 ザイ つみ六－八九 〔用例〕罪人 犯罪
置 チ六－一〇七 おく五－四六 〔用例〕位置 配置
羣(群) グン七－九二 むれ むらがる 〔用例〕群衆 羣青色
義 ギ七－二二 よし(ナ)△六－六八 〔用例〕義理 義齒
× 聖 セイ ショウ ひじり 〔用例〕聖人 聖賢
× 肅 シュク つゝしむ 〔用例〕靜肅 肅正
× 腦 ノウ 〔用例〕首腦部 頭腦
△ 腰 ヨウ こし六－一一二 〔用例〕強腰 弱腰
× 腸 チョウ はらわた 〔用例〕大腸 小腸
△ 腹 フク八－一〇三 はら七－四八 〔用例〕空腹 「腹(はら)八合(ガフ)に病(やまひ)無(な)し」
萬(万) バン八－四〇 マン四－一二四 ・ま よろづ ま 〔用例〕萬事 千萬
落 ラク八－八 おつ三－九六 おとす三－一〇四 〔用例〕落葉
葉 ヨウ は四－一二一 紅葉△八－一三〇

著 チャク チョ八－九六 あらはす あらはる いちじるし八－一五三 きる 〔用例〕著名 顯著
× 葬 ソウ とぶ(む)らふ はふむる 〔用例〕葬式 葬送
號 ゴウ六－四四 さけぶ 〔用例〕符號 怒號
△ 蜂 ホウ はち七－八九 〔用例〕蜂起
裏 リ△八－八八 うら七－一一六 うち 〔用例〕裏面 表裏
× 裝 ソウ ショウ よそほふ 〔用例〕服裝 裝束
× 裸 ラ はだか 〔用例〕赤裸々
△ 解 カイ八－四二 とく 〔用例〕分解 理解 解散
試 シ八－九四 こゝろむ△七－六八 ためす 〔用例〕試驗 試問
△ 詩 シ六－八七 〔用例〕詩人 詩趣
△ 詰 キツ なじる つむ八－八六 つまる 〔用例〕詰問 詰責
話 ワ四－七〇 はなし二－九三 はなす 〔用例〕談話
× 詳 ショウ くはし 〔用例〕詳細
× 誇 コ ほこる ほこり 〔用例〕誇張
豊 豐(十八畫)ニ同ジ
× 賃 チン 〔用例〕賃銀 無賃
× 賄 ワイ まかなひ まひなふ 〔用例〕收賄
資 シ八－九一 〔用例〕資本 出資
△ 賊 ゾク七－九五 そこなふ 〔用例〕盜賊 怪賊
△ 跡 セキ あと七－一一九 〔用例〕追跡 事跡
路 ロ五－四〇 ・ろ みち八－六九 ぢ七－一〇一 〔用例〕路傍
× 較 カク コウ くらぶ 〔用例〕比較
× 載 サイ のす とし 〔用例〕記載 積載
農 ノウ七－四七 ・の 〔用例〕農業 農民
遂 スイ とぐ八－五三 つひに七－一三 〔用例〕遂行
△ 遇 グウ八－九三 あふ 〔用例〕千載一遇 不遇
遊 ユウ ・ゆ あそぶ五－七九 〔用例〕遊學 外遊
運 ウン六－三〇 はこぶ七－五五 めぐらす 〔用例〕運命 幸運
過 カ七－三七 すぐ六－八七 あやまち 〔用例〕過度 通過
道 ドウ六－九五 みち二－七九 〔用例〕道程
△ 違 イ ちがふ八－一二八 たがふ 〔用例〕相違

達 タツ七－八四 (タチ)七－一二四 〔用例〕發達 到達 達磨
鄉 キョウ七－一二四 ゴウ六－一〇〇 さと 〔用例〕鄉里 故鄉 「鄉(ゴウ)に入(い)つては鄉(ゴウ)に從(したが)へ」
× 酬 シュウ むくいる(口語) 〔用例〕報酬
△ 鈴 レイ七－四一 リン六－一二〇 すゞ七－六三
△ 鉛 エン八－三五 なまり
△ 鉢 ハツ ハチ七－一〇七
× 隔 カク へだつ へだたる 〔用例〕隔離 遠隔
× 隙 ゲキ すき ひま 〔用例〕隙間 間隙
× 雌 シ めす めん 〔用例〕雌雄 雌伏
△ 零 レイ八－五 こぼる 〔用例〕零下 零落
雷 ライ八－八 かみなり五－八八 いかづち 〔用例〕雷鳴
電 デン五－八六 いなづま 〔用例〕返電
△ 靴 カ くつ七－四七
× 頓 トン にはか とみ 〔用例〕頓智 頓首 頓服
× 預 ヨ あづく あづかる 〔用例〕預金
× 頑 ガン かたくな 〔用例〕頑固
飮 イン のむ六－二六 〔用例〕飲食 飲料
△ 飯 ハン×二－九四 めし 7－105 いひ
× 馳 チ はす 〔用例〕馳走×一－四四
△ 鳩 キュウ はと八－一一九
× 鼓 コ つゞみ 〔用例〕鼓吹
▲ 靖 やす△六－九五
▲ 猿 エン さる△五－六二 「猿(さる)の人まね」「猿(さる)の淺智惠」
▲ 詣 ケイ まうづ△七－一二二
▲ 塚 チョウ つか△七－一一三
▲ 艇 テイ△八－七〇
▲ 虜 リョ△八－七二 とりこ
▲ 稜 リョウ 御稜威△八－七三
▲ 溝 コウ みぞ△八－八五
▲ 溜 リュウ たまる△八－一〇四 蒸溜
▲ 慨 ガイ△八－一二四
▲ 睦 ボク△八－一二四 むつまじ

十四畫

像 ゾウ六-九四 像 〔用例〕想像
▲僕 ボク五-七〇 僕 〔用例〕從僕
△僚 リョウ八-七一 僚
×僞 ギ 僞 いつはる 〔用例〕僞造 僞善
△僧 ソウ八-一三 僧 〔用例〕僧尼
×嘉 カ 嘉 よみす 〔用例〕嘉納 嘉言
嘆 歎(十五畫)ニ同ジ
圖 ト八-一四 ヅ七-八一 圖 はかる ×8-74 〔用例〕圖畫 雄圖
團 ダン七-八四 團 かたまる 團扇(うちは)△七-六九 〔用例〕團體 團結
×塵 チン 塵 ちり 〔用例〕「塵(ちり)も積(つも)れば山(やま)となる」
△境 キョウ八-九三 ケイ六-九四 境 さかひ 〔用例〕境遇 境內
△墓 ボ 墓 はか五-一六 〔用例〕墓參
△壽 ジュ七-一〇 壽 ことぶく 〔用例〕聖壽
△夢 ム六-一九 夢 ゆめ八-九二 〔用例〕夢中
△奪 ダツ 奪 うばふ八-九七 〔用例〕爭奪 略奪
×奬 ショウ 奬 すゝむ 〔用例〕奬勵
×嫡 チャク テキ 嫡 〔用例〕嫡子
察 サツ八-九〇 察 〔用例〕觀察 推察
△寢 シン五-三四 寢 ねる七-八一 〔用例〕寢食 假寢(うたゝね)
實 ジツ五-六七 實 まこと みのる み七-九〇 〔用例〕誠實 結實
對 タイ六-五六 ツイ 對 こたふ△八-七三 〔用例〕一對 相對 絕對
△幕 バク八-七一 マク 幕 〔用例〕幕府
態 タイ八-五 態 わざ〳〵 〔用例〕態度 情態
×慘 サン 慘 むごし 〔用例〕慘狀 悲慘
×慢 マン 慢 あなどる 〔用例〕慢性 自慢
×慣 カン 慣 なる ならはし 〔用例〕「習慣(シュウカン)は第二(ダイニ)の天性(テンセイ)」
×慨 ガイ 慨 なげく 〔用例〕憤慨 慨歎
×摘 テキ 摘 つむ つまむ 〔用例〕摘發 指摘
旗 キ七-一 旗 はた四-一四 〔用例〕旗下
△榮 エイ六-六三 榮 〔用例〕榮轉 榮譽
△構 コウ八-五二 構 かまふ八-四三 〔用例〕構造 結構
歌 カ七-一〇五 歌 うたふ四-一〇九 うた五-三四 〔用例〕歌道 短歌

△滯 タイ五-一〇五 滯 とゞこほる 〔用例〕滯在 停滯
×滴 テキ 滴 したゝる×八-一三〇 〔用例〕「點滴(テンテキ)、石(いし)をうがつ」
滿 マン四-一一九 滿・ま みつ五-一一 みたす 〔用例〕滿足 未滿
△漁 ギョ八-六三 漁 すなどる あさる いざる 〔用例〕漁夫 漁火(いさりび)
×漂 ヒョウ 漂 たゞよふ 〔用例〕漂白 漂流
×漆 シツ 漆 うるし 〔用例〕漆器
×漏 ロウ ロ 漏 もる もらす 〔用例〕疎漏 遺漏
×演 エン 演 のぶ 〔用例〕演說 講演
×漠 バク 漠 〔用例〕漠然 砂漠×四-三一
△漢 カン八-五〇 漢 から 〔用例〕漢文 巨漢
×漫 マン 漫 みだりに そゞろに 〔用例〕漫然 漫畫
×漸 ゼン 漸 やうやく×七-一五 〔用例〕漸次 漸進
△爾 ジ七-四一 ニ 爾・に なんぢ 〔用例〕爾來 「爾(なんぢ)に出(い)づるものは爾(なんぢ)に反(かへ)る」
×獄 ゴク 獄 〔用例〕地獄 出獄
△疑 ギ八-四四 疑 うたがふ 8-108 〔用例〕疑問 懷疑
盡 ジン 盡 つく つくす五-六〇 ことゞゝく 〔用例〕盡力 無盡藏
△磁 ジ六-一二 磁 〔用例〕磁氣
×禍 カ 禍 わざはひ 〔用例〕禍福 禍根
福 フク八-九七 福 さいはひ 〔用例〕福運 幸福
種 シュ七-八九 種 たね八-八 うう 〔用例〕種子 種類
△稱 ショウ八-五〇 稱 となふ たゝふ 〔用例〕稱贊 自稱
端 タン七-四〇 端 はし はた△七-一二 は△六-四〇 〔用例〕端正 先端
算 サン八-三五 算 かぞふ 〔用例〕算術 計算
△管 カン八-五二 管 くだ六-七六 〔用例〕管理 所管
×粹 スイ 粹 〔用例〕純粹
精 セイ七-二九 ショウ 精 くはし 〔用例〕「精神一到(セイシンイットウ)、何事(なにごと)か成(な)らざらん」
綠 リョク八-一三四 ロク 綠 みどり六-五一 〔用例〕新綠 綠靑
×維 イ 維 つなぐ これ 〔用例〕維新
△綱 コウ 綱 つな七-一三五 〔用例〕綱領 大綱
△網 モウ 網 あみ八-八三 〔用例〕網羅

×綴 セツ テイ 綴 つゞる とづ 〔用例〕綴方(つゞりかた) 點綴
×綻 タン 綻 ほころび 〔用例〕破綻
△綿 メン七-七〇 綿 わた 〔用例〕綿密
△罰 バツ八-一一六 罰 〔用例〕嚴罰 刑罰
×署 ショ 署 〔用例〕署名 官署
聞 ブン七-一〇七 モン 聞 きく五-一二八 きこゆ五-一五一 〔用例〕「百聞(ヒャクブン)は一見(イッケン)に如(し)かず」
△腐 フ八-八六 腐 くさる八-八三 〔用例〕腐敗 腐心
臺 ダイ七-五七 タイ 臺 うてな 〔用例〕臺所 舞臺 老臺
與(与) ヨ△六-六三 與・よ あたふ六-六三 くみす とも 〔用例〕あづかる
△舞 ブ 舞・む まふ七-一二〇 〔用例〕見舞
×蒙 モウ 蒙 かうむる
×蒸 ジョウ 蒸 むす 〔用例〕水蒸氣
△蓄 チク七-七〇 蓄 たくはふ 〔用例〕貯蓄 蓄積
號 ゴウ六-四四 號 さけぶ 〔用例〕怒號 番號
△蜜 ミツ七-八九 蜜
製 セイ五-七二 製 つくる 〔用例〕製造 粗製
△複 フク七-九二 複 〔用例〕重複 複數
△誌 シ五-一五 誌 しるす 〔用例〕日誌
△誠 セイ七-二五 誠 まこと八-四五 〔用例〕至誠 誠忠
認 ニン 認 みとむ八-一三 したゝむ 〔用例〕承認 認可
△誓 セイ 誓 ちかふ八-一三五 〔用例〕誓約
△誕 タン五-一三 誕 〔用例〕誕生
×誘 ユウ 誘 さそふ いざなふ 〔用例〕誘惑
語 ゴ七-八六 語 かたる七-七六 〔用例〕語句 物語
△誤 ゴ 誤 あやまる七-八四 〔用例〕誤解 誤謬
說 セツ八-四二 說 とく 〔用例〕說明
×豪 ゴウ 豪 〔用例〕豪傑 富豪
×賦 フ 賦 〔用例〕賦課 月賦
×賓 ヒン 賓 まろうど 〔用例〕來賓
×踊 ヨウ 踊 をどる 〔用例〕舞踊
輕 ケイ 輕 かるし七-一〇四 かろし六-六六 かろんず 〔用例〕輕薄 輕率

×遙 ヨウ 遙 はるか×八-五六 〔用例〕遙拜
×遞 テイ 遞 〔用例〕遞送 遞信省
遠 エン八-五 オン (ヲ)五-八九 遠・を とほし三-八九 をち 〔用例〕遠方 遠足
×遣 ケン 遣・け つかふ やる つかはす 〔用例〕派遣
×酷 コク 酷 きびし むごし 〔用例〕慘酷 酷評
×酸 サン 酸 す 〔用例〕酸素 辛酸
銀 ギン三-六七 銀 しろがね
×銃 ジュウ 銃 つゝ
銅 ドウ六-一五 銅 あかゞね
×銘 メイ 銘 〔用例〕肝銘 感銘
△閣 カク五-一〇九 閣 〔用例〕內閣 閣下
際 サイ六-五一 際 きは七-九一 〔用例〕際限 交際
×障 ショウ 障 さはる 〔用例〕障子 支障
△需 ジュ八-七五 需 もとむ 〔用例〕需要 必需品
領 リョウ八-一四 領 〔用例〕要領 領地
△飾 ショク 飾 かざる七-六五 〔用例〕裝飾
×駁 バク 駁 〔用例〕反駁
×駄 ダ 駄 〔用例〕駄賃
△魂 コン 魂 たましひ七-一二四 〔用例〕「三つ兒(ご)の魂(たましひ)百まで」
鳴 メイ 鳴 なる三-一〇一 ならす三-一〇一 なく四-一一〇 〔用例〕鳴動 悲鳴
鼻 ビ 鼻 はな五-一五八
▲熊 ユウ くま△六-一二四
▲漕 ソウ こぐ△七-一六〇
▲飼 シ かふ△七-一九一
▲箇 カ△八-一九一 コ△七-一二
▲厭 エン いとふ△八-一三五
▲緋 ヒ△五-一一八
▲誦 ショウ△八-一一五

十五畫

△價 カ八-九六 價 あたひ五-一七四 〔用例〕價格 安價
△儀 ギ五-一一六 儀 〔用例〕儀式
△億 オク七-一三九 億
△儉 ケン八-一五五 儉 〔用例〕儉約 「儉(ケン)より奢(シャ)に入(い)るは易(やす)く、奢より儉に入るは難(かた)し」
×劇 ゲキ 劇 はげし 〔用例〕劇務 演劇

劍 劒（十六畫）ニ同ジ
×噴 フン ふく はく〔用例〕噴出 噴霧器
增 ゾウ八-六 ます八-一〇〔用例〕增大 增額
×墨 ボク すみ〔用例〕墨畫
×墮 ダ おつ おとす〔用例〕墮落
△審 シン八-四八 つまびらか〔用例〕審査 審判
寫 シャ五-一〇七 うつす うつる〔用例〕寫生
×寬 カン ひろし くつろぐ〔用例〕寬大
層 ソウ七-三三〔用例〕大層
△履 リ七-一〇二 はく ふむ〔用例〕履行 履歴 履物
△幣 ヘイ七-四七 ぬさ〔用例〕貨幣

廢 ハイ八-六七 すたる△八-一九 やぶる〔用例〕廢止 廢物
廣 コウ七-四七 ひろし四-一五〔用例〕廣告
△弊 ヘイ八-一三 ・へ やぶる〔用例〕弊害
△彈 ダン八-二八 ひく はじく たま〔用例〕彈丸 指彈
△影 エイ六-一〇七 かげ八-六二〔用例〕陰影 面影
△徵 チョウ八-一〇 しるし めす〔用例〕徵兵 特徵
德 トク八-一二〔用例〕道德
×徹 テツ とほる〔用例〕徹底
×慕 ボ したふ〔用例〕敬慕
×慮 リョ おもんぱかる〔用例〕「遠(とほ)き慮(おもんぱかり)無(な)ければ必(かなら)ず近(ちか)き憂(うれひ)有(あ)り」

×慰 イ なぐさむ×八-一二五〔用例〕慰安 慰勞
×慶 ケイ よろこび〔用例〕慶賀 大慶
×慾 ヨク〔用例〕「大慾(タイヨク)は無慾(ムヨク)に似(に)たり」
×憂 ユウ うれふ〔用例〕憂慮
△憐 レン あはれむ八-一一八〔用例〕可憐
×憚 タン はゞかる〔用例〕忌憚
×憤 フン いきどほる〔用例〕憤慨
×摩 マ 摩する こする
×撫 ブ なづ〔用例〕愛撫
敵 テキ五-六四 かたき〔用例〕敵視

△敷 フ しく六-二五〔用例〕敷設
數 スウ七-七一 ス（ズ）七-八五 ・す かず七-一二 かぞふ七-四二〔用例〕數學
△整 セイ七-一二八 とゝのふ八-一二五〔用例〕整理 整頓
暮 ボ くる六-一二〇 くらす八-一三四〔用例〕歲暮
暴 ボウ八-一〇一 バク あらし あばる さらす〔用例〕暴利 暴露
×概 ガイ おほむね あらまし〔用例〕概要 大概
樂 ラク七-八五 ガク八-一三一 たのしむ たのし五-一〇〇〔用例〕樂觀 樂天 樂器
×樓 ロウ ・ろ〔用例〕樓閣
△標 ヒョウ七-一三 しるし〔用例〕標準
×樞 スウ〔用例〕樞要 中樞
△模 モ七-一三〔用例〕模樣

樣 ヨウ四-三一 さま三-一一六
△歎（嘆） タン八-四四 なげく〔用例〕歎息 感歎
×歐 オウ〔用例〕歐洲
×潛 セン ひそむ くゞる×八-七〇〔用例〕潛水艦 潛伏
△潔 ケツ七-七 きよし いさぎよし〔用例〕潔白 淸潔
×潮 チョウ うしほ しほ〔用例〕潮流 滿潮
△熟 ジュク八-六九〔用例〕未熟
熱 ネツ八-四 あつし〔用例〕熱心 熱湯
×監 カン〔用例〕監督
×盤 バン ・は〔用例〕地盤
確 カク八-二四 たしか八-一一三 たしかむ八-四三〔用例〕確實

△稻 トウ いね七-九三 早稻(わせ)
△稿 コウ八-四八〔用例〕原稿
△穀 コク二-一〇一〔用例〕穀物
×窮 キュウ きはまる×八-六一 きはむ〔用例〕困窮
箱 ショウ はこ三-一三
△節 セツ八-一五 ふし〔用例〕節約 折節
△範 ハン七-四三〔用例〕模範
×緊 キン〔用例〕緊急
×緖 ショ いとぐち を〔用例〕緖論
線 セン五-五三〔用例〕線路
×締 テイ しむ しまる〔用例〕締結 取締

△緣 エン よる たよる ふち八-一二
△編 ヘン八-六六 あむ〔用例〕編制
×緩 カン ゆるし ゆるむ〔用例〕緩急
×緯 イ よこいと×七-七九〔用例〕緯度
練 レン八-三五 ねる〔用例〕練習
×罵 バ のゝしる〔用例〕惡罵
×罷 ヒ やむ まかる〔用例〕罷在 罷業
△膚 フ八-一〇一 はだ はだへ〔用例〕皮膚
×膜 マク〔用例〕骨膜
△膝 シツ ひざ八-一一二〔用例〕膝下 「膝(ひざ)とも談合(ダンゴウ)」
×蔓 マン つる はびこる かづら〔用例〕蔓延

×衝 ショウ つく×八-六八〔用例〕衝突 折衝
×褒 ホウ ほむ〔用例〕褒美
△課 カ八-九一〔用例〕課題
調 チョウ七-一〇九 しらぶ七-七六 とゝのふ〔用例〕調査 調製
▲誰 スイ だれ五-四二 たれ
談 ダン八-四七 はなし〔用例〕談話
×請 セイ シヨウ こふ うく〔用例〕請願
△論 ロン六-八四 あげつらふ〔用例〕論說
△賜 シ たまふ たまはる八-七三 たまもの八-四〇〔用例〕下賜 恩賜
賞 ショウ八-六四 ほむ〔用例〕賞揚

賣 バイ八-一二八 うる三-一二五〔用例〕賣買
△賤 セン八-一三 いやし いやしむ〔用例〕貧賤
質 シツ六-八一 シチ△八-一二四 たゞす〔用例〕質問
×贊 サン たすく たゝふ〔用例〕贊成
△趣 シュ六-七八 おもむき八-六三 おもむく〔用例〕趣味
×輩 ハイ ともがら〔用例〕先輩
△輪 リン わ七-一二〔用例〕車輪
適 テキ七-六七 かなふ〔用例〕「適材適所」
×遭 ソウ あふ〔用例〕遭遇
×醉 スイ よふ〔用例〕心醉

×銳 エイ するどし〔用例〕銳利
×鋒 ホウ ほこ きつさき〔用例〕銳鋒
×閱 エツ けみす〔用例〕檢閱
△隣 リン となり六-五〇〔用例〕「汝(なんぢ)の隣人(リンジン)を愛(アイ)せよ」
△震 シン六-一〇一 ふるふ六-一〇六〔用例〕震動
△養 ヨウ六-四一 やしなふ五-七二〔用例〕「一に養生(ヨウジヤウ)、二に藥(くすり)」
△餅 ヘイ もち五-七〔用例〕「餅(もち)は餅屋(もちや)」
×駐 チュウ とゞまる とゞむる〔用例〕駐在
△髮 ハツ かみ〔用例〕白髮 ∞ -25
△齒 シ は四-一三三 よはひ〔用例〕年齒 義齒

▲【糎】 センチメートル △五-一二二
▲嬉 キ うれし△七-一一七
▲錐 スイ きり△五-四七
▲澁 ジュウ しぶ△二-一一九
▲駒 ク こま△八-一三
▲麾 キ△八-七三 さしまねく
▲箸 チョ はし△四-四九
▲撲 ボク△八-九七 うつ
▲蔬 ソ△七-八三
▲蝶 チョウ△三-四二
▲幡 マン△六-六七 はた

十六畫

△劑 ザイ七-九二〔用例〕藥劑 下劑

劍（劍） ケン つるぎ五-五七
△勳 クン五-六七 いさを〔用例〕勳功
△勵 レイ八-六七 はげむ八-四七 はげます〔用例〕勉勵
器 キ六-九六 うつは〔用例〕器具
△壁 ヘキ△八-六二 かべ六-一〇四〔用例〕達磨(ダルマ)九年(クネン)の面壁(メンペキ)
△壇 ダン八-一六〔用例〕獨壇場
△奮 フン八-六六 ふるふ〔用例〕奮發
學 ガク三-一二 まなぶ八-一二〔用例〕「學問(ガクモン)に近道(ちかみち)無(な)し」
×導 ドウ みちびく〔用例〕指導
×憲 ケン のり〔用例〕憲法

× 憶 オク おもふ〔用例〕追憶
× 憾 カン うらむ〔用例〕遺憾
戰 セン六-九六 たたかふ六-一二 をののく〔用例〕戰況
× 擇 タク えらぶ〔用例〕選擇
× 操 ソウ あやつる みさを〔用例〕操縦 貞操
× 擔 タン になふ〔用例〕負擔
△ 據 キョ八-六〇 コ よる よんどころ〔用例〕根據 證據
× 曆 レキ リヤク こよみ
△ 曇 ドン くもり七-一二五
樹 ジュ八-一三〇 き たつ〔用例〕樹立
橋 キョウ七-一二〇 はし五-一〇〔用例〕「石橋(いしばし)をたたいて渡(わた)る」

機 キ五-八七 はた をり〔用例〕機會
横 オウ よこ五-四五 よこたはる五-四七〔用例〕縦横
歴 レキ七-七 へる(口語)〔用例〕「歴史(レキシ)は繰返(くりかへ)す」
△ 澤 タク七-二〇 さは〔用例〕澤山
濃 ノウ六-四二 こし こまやか〔用例〕「血(ち)は水よりも濃(こ)い」
△ 激 ゲキ八-七三 はげし八-一三八〔用例〕激烈
濁 ダク にごる にごす〔用例〕「清濁(セイダク)併(あは)せ呑(の)む」
△ 燃 ネン八-九 もゆ七-一〇〇 もやす〔用例〕燃料
燈 トウ五-八六 ともしび八-一三八〔用例〕燈火
燒 ショウ やく六-五三〔用例〕燒失

獨 ドク六-五五 ひとり〔用例〕獨立 獨逸
× 磨 マ みがく する〔用例〕練磨
× 禦 ギョ ふせぐ〔用例〕防禦
積 セキ八-五 つもる七-一〇九 つむ〔用例〕「積善(セキゼン)の家(いへ)に餘慶(ヨケイ)あり」
× 築 チク きづく〔用例〕建築 築港
△ 篤 トク八-九一 あつし〔用例〕危篤
× 糖 トウ〔用例〕砂糖
× 縛 バク しばる〔用例〕束縛
△ 縣 ケン七-七七 あがた
興 コウ七-五 キョウ八-六九 おこす おこる七-六〇〔用例〕復興 餘興

× 融 ユウ とかす〔用例〕融通 融和
× 衡 コウ〔用例〕均衡
△ 衛 エイ七-二七 エ まもる〔用例〕衛生
× 諮 シ はかる〔用例〕諮問
親 シン七-二四 したし五-七四 おや五-五二 みづから
× 諭 ユ さとす〔用例〕教諭
諸 ショ五-四四 もろもろ これ
× 諾 ダク うべなふ〔用例〕承諾
× 謀 ボウ はかる はかりごと〔用例〕謀計
× 謁 エツ〔用例〕拜謁 謁見
豫 ヨ△七-六九 あらかじめ八-六六 かねて〔用例〕豫定 豫備

× 賢 ケン かしこし さかし〔用例〕賢明
賴 ライ△四-七九 たよる たのむ八-九一 よる△七-一〇〔用例〕依賴「苦(くる)しい時(とき)の神(かみ)賴(たの)み」
× 輸 (ユ)八-五二〔用例〕運輸 輸血
× 輯 シュウ あつむ〔用例〕編輯
△ 辨 ベン八-三九 わきまふ〔用例〕辨別 辨償
× 遅 チ おそし おくる〔用例〕遅刻
× 遵 ジュン したがふ〔用例〕遵奉
× 遷 セン うつる うつす〔用例〕變遷
選 セン えらぶ八-九七 える〔用例〕選拔
× 遺 イ のこる のこす〔用例〕遺産

× 鋼 コウ はがね〔用例〕鋼鐵
× 錯 サク まじる〔用例〕交錯 錯雜 錯亂
△ 録 ロク五-一五〔用例〕記録
× 錢 セン ぜに
× 隨 ズイ したがふ したがつて〔用例〕隨行 隨意
險 ケン七-六一 けはし〔用例〕危險
靜 セイ八-一三五 ジョウ しづか七-一〇八 しづむ しづまる〔用例〕靜脈 動靜
頭 トウ七-六二 ヅ△五-五五 かしら四-五二 あたま四-九二 かうべ〔用例〕「正直(ショウヂキ)の頭(かうべ)に神(かみ)宿(やど)る」
× 頻 ヒン しきり〔用例〕頻繁
× 餓 ガ うゑ うう〔用例〕餓死

× 餐 サン〔用例〕晩餐 晝餐
餘 ヨ六-一一九 あまる六-一三二 あます〔用例〕餘裕
× 默 モク だまる〔用例〕沈默
△ 龍 リョウ リュウ三-一二七 たつ〔用例〕「龍頭蛇尾」
△ 龜 キ かめ七-五四〔用例〕「龜(かめ)の甲(コウ)より年(とし)の功(コウ)」
▲ 橘 キツ△七-八三 たちばな
▲ 蕉 ショウ△六-九〇
▲ 蕪 ブ△六-八九 かぶら
▲ 隷 レイ△八-一二七

十七畫

△ 償 ショウ八-三九 つぐなふ〔用例〕償却

△ 優 ユウ八-三六 すぐる まさる やさし〔用例〕優良 優美
× 壓 アツ おす おさふ〔用例〕壓迫 壓力
△ 懇 コン八-四二 ねんごろ〔用例〕懇篤
應 オウ七-三九 こたふ〔用例〕應接
× 戲 ギ たはむれ〔用例〕兒戲
擊 ゲキ八-四五 うつ八-六六〔用例〕擊劍
× 擬 ギ〔用例〕擬似 模擬
△ 檢 ケン六-八一 しらぶ〔用例〕檢査
× 濕 シツ うるほふ〔用例〕濕氣
× 濟 サイ すむ×八-七八 わたす なす すくふ〔用例〕返濟 救濟

濱 ヒン はま三-一三一〔用例〕海濱
△ 營 エイ八-七六 いとなむ七-九三〔用例〕營業
△ 獲 カク八-七二 とらふ う〔用例〕獲得
× 環 カン たまき わ〔用例〕環狀
△ 療 リョウ八-四五〔用例〕治療
△ 穗 スイ ほ五-六二
× 糞 フン くそ
△ 縫 ホウ ぬふ六-一一二
× 縮 シュク ちぢむ ちぢらす〔用例〕恐縮 緊縮
縱 ジュウ たて七-一四 ほしいまま〔用例〕縱覽
總 ソウ八-一七 すべて六-八三 ふさ〔用例〕總合

△ 績 セキ八-三六 つむぐ いさを〔用例〕成績
△ 繁 ハン七-二 しげる しげし〔用例〕繁多
△ 聯 レン八-七二 つらなる〔用例〕聯盟
聲 セイ△四-九二 こゑ五-三三〔用例〕聲明
× 膽 タン きも〔用例〕大膽
△ 臆 オク七-二一〔用例〕臆病
擧 キョ コ あぐ八-六六 こぞる〔用例〕擧國 選擧
薄 ハク うすし八-一九 せまる×八-七〇〔用例〕薄謝 肉薄
△ 講 コウ八-九八〔用例〕講義
謝 シャ八-二九〔用例〕感謝
× 謠 ヨウ うたひ〔用例〕歌謠 謠曲

× 購 コウ あがなふ〔用例〕購入
× 輿 ヨ こし〔用例〕輿論
△ 避 ヒ八-一三 さく〔用例〕回避 避難
× 還 カン かへる〔用例〕歸還
× 醜 シュウ みにくし〔用例〕醜惡
× 鍋 カ なべ
× 隱 イン オン かくる かくす〔用例〕隱居
× 霜 ソウ しも〔用例〕星霜
館 カン七-七五 やかた たち〔用例〕旅館
△ 鮮 セン八-六六 あざやか×八-六二 すくなし〔用例〕鮮魚 鮮少
點 テン七-三七 ともす〔用例〕點々

× 齋 サイ いみ〔用例〕書齋
▲ 磯 キ いそ△七-五九
▲ 鍬 シュウ くは△六-八九
▲ 艱 カン△七-八六
▲ 徽 キ△七-一
▲ 鵄 シ△五-六七 とび△六-一〇
▲ 駿 スン ス(ル)△六-一三三
▲ 薪 シン たきぎ△六-四二
▲ 鍮 (チ)(ユ)ウ△六-一一五
▲ 燕 エン つばめ△六-七〇
▲ 燭 ショク△八-一五 ソク△八-一一〇
▲ 氈 セン△八-六二
▲ 薙 テイ なぐ△六-一二〇
▲ 繃 ホウ△八-九二

▲鍵 ケン かぎ△八-一一七

十八畫

×戴 タイ いたゞく〔用例〕頂戴
×擴 カク ひろぐ ひろむ〔用例〕擴張
斷 ダン八-四〇 たつ ことわる きる〔用例〕「斷じて行へば鬼神もこれを避く」
曜 ヨウ五-一一二
歸 キ六-五八 かへる六-五二〔用例〕歸朝
△爵 シャク六-六三〔用例〕公侯伯子男爵
×獵 リョウ かり〔用例〕狩獵
△癖 ヘキ くせ八-一一七〔用例〕「無くて七癖」
△礎 ソ六-八二 いしずゑ〔用例〕基礎
禮(礼) レイ七-三一
簡 カン八-一〇〇 えらぶ〔用例〕簡易
織 ショク△七-七六 シキ八-四六 おる七-七七〔用例〕組織
×繕 ゼン つくろふ〔用例〕修繕
×翼 ヨク たすく つばさ〔用例〕左(右)翼
職 ショク七-一二〇〔用例〕職務 職業
臨 リン のぞむ八-一一八〔用例〕臨時 臨席
△舊 キュウ八-一一四 ふるし〔用例〕守舊
蟲 チュウ七-八八 むし五-一二七
×覆 フク フ くつがへる くつがへす おほふ〔用例〕反覆
△謹 キン△六-八七 つゝしむ〔用例〕謹愼
×謬 ビュウ あやまり〔用例〕謬見
△豐(豊) ホウ七-四四 ゆたか七-五六 とよ五-一〇九〔用例〕豐富
轉 テン七-七九 ころぶ ころがる うたゝ〔用例〕「轉ばぬ先のつゑ」
醫 イ八-四 △六-七九〔用例〕醫者
×鎖 サ くさり とざす〔用例〕閉鎖
×鎮 チン しづまる しづむ〔用例〕鎮靜
×雙(双) ソウ ならぶ〔用例〕双方 無双
雜 ザツ八-一三三 ゾウ まじる〔用例〕雜務 雜木

離 リ八-七 はなす七-一一四 はなる六-五〇〔用例〕離婚
△題 ダイ5-18〔用例〕題目 問題
×額 ガク ひたひ ぬか〔用例〕産額
顏 ガン かほ五-五〇〔用例〕汗顏
×騎 キ のる〔用例〕騎馬
△鯉 リ こひ八-五
▲鎌 ケン かま△七-一一五
▲蟬 セン せみ△六-九〇
▲藷 ショ△七-四一 いも
▲雛 スウ ひな△八-一一五
▲叢 ソウ くさむら むら△六-一三一
▲糧 リョウ ロウ△七-五五 かて
▲蹟 セキ△八-一二六 あと
▲癒 ユ△八-八八 いゆ

十九畫

△壞 カイ七-九三 こはす こはる やぶる〔用例〕破壞
×懲 チョウ こりる(口語) こらす〔用例〕懲戒
△懷 カイ五-五一 おもふ なつく なつかし ふところ いだく〔用例〕懷中
△瀧 ロウ たき五-一三八
×爆 バク〔用例〕爆發 爆擊
獸 ジュウ八-一〇 けもの五-八九 けだもの〔用例〕猛獸
×穩 オン おだやか〔用例〕穩和
×簿 ボ〔用例〕簿記
繪 カイ七-一三 ゑ五-一〇六〔用例〕繪畫
△繰 ソウ くる八-五八〔用例〕繰延 繰棉
△繭 ケン まゆ六-一三六
×羅 ラ うすもの〔用例〕羅列 羅馬 羅馬尼
×藏 ゾウ かくす をさむ〔用例〕祕藏 藏書
△藝 ゲイ八-一二九〔用例〕「藝は身をたすく」
△藤 トウ七-一〇二 ふぢ六-八四
藥 ヤク七-九二 くすり△八-一七八〔用例〕藥局
△證 ショウ六-八三 あかし しるし〔用例〕證明
識 シキ八-一三四 しる〔用例〕識者 博識
△贈 ゾウ ソウ おくる〔用例〕贈與 寄贈
△辭 ジ八-四七 ことば〔用例〕辭退

邊 ヘン六-五八 へ七-五一 ほとり
鏡 キョウ八-五 かゞみ△二-一七六 眼鏡△八-一一二
關 カン七-六七 せき かゝはる
難 ナン七-三七 かたし〔用例〕難儀 難件
△霧 ム きり七-一二五〔用例〕濃霧
願 ガン七-二九 ねがひ五-九三〔用例〕念願
×顚 テン ころぶ〔用例〕顚倒
類 ルイ七-六七 たぐひ〔用例〕類似
△鯛 チョウ たひ五-一〇一〔用例〕「腐つても鯛」
△麗 レイ八-一二九 うるはし うらゝか〔用例〕美麗
▲瀨 ライ せ△七-四九
▲藩 ハン△七-一二一
▲蟻 ギ あり△四-一二〇
▲藍 ラン あゐ△七-一
▲繩 ジョウ なは△八-五〇
▲鯨 ゲイ△八-五六 くぢら△八-五六
▲蠅 ヨウ はへ△七-八八

二十畫

×勸 カン すゝむ〔用例〕勸誘 勸業
嚴 ゲン八-一一三 ゴン きびし おごそか八-一二一 いつくし△五-一一〔用例〕嚴重 壯嚴
×壤 ジョウ〔用例〕土壤
△寶 ホウ たから八-一一四〔用例〕寶物 家寶
△懸 ケン七-四七 かゝる かく〔用例〕懸賞 懸念
△爐 ロ七-七二〔用例〕暖爐
△犧 ギ七-八六 いけにへ〔用例〕犧牲
△獻(献) ケン八-三二 さゝぐ〔用例〕獻上 獻立
×競 キョウ ケイ きそふ くらべ〔用例〕競馬 競爭
×籍 セキ〔用例〕國籍 書籍
×繼 ケイ つぐ〔用例〕繼續 後繼
△艦 カン七-二五〔用例〕觀艦式
△覺 カク八-七一 おぼゆ六-八二 さとる さむ さます八-一三八〔用例〕覺悟
△觸 ショク八-一三一 ふる八-一二一〔用例〕接觸
×譜 フ〔用例〕系譜
△警 ケイ八-一二九 いましむ〔用例〕警戒 警察
△譯 ヤク八-四六 わけ〔用例〕譯語 譯文
議 ギ八-一二〇 はかる〔用例〕議會 議論

×釋 シャク とく〔用例〕釋明 解釋
×鐘 ショウ つりがね〔用例〕鐘乳石
△露 ロ七-八四 つゆ あらはる〔用例〕露出 發露
×騰 トウ あがる のぼる〔用例〕騰貴
△鬪 トウ八-一三〇 たゝかふ
△騷 ソウ六-五七 さわぐ さわがし〔用例〕騷亂
×黨 トウ〔用例〕黨派 政黨
×齡 レイ よはひ〔用例〕高齡

二十一畫

屬 ゾク七-四三〔用例〕附屬
△攝 セツ六-一〇六 とる〔用例〕攝生 攝取
△櫻 オウ さくら六-一〇〇〔用例〕「花は櫻木人は武士」
×欄 ラン てすり〔用例〕欄干 欄外
續 ゾク八-六九 つゞく七-一五〔用例〕續々
△覽 ラン七-二七 みる〔用例〕展覽
△護 ゴ七-六一 まもる八-一一七〔用例〕護衛
△譽 ヨ七-八三 ほまれ〔用例〕名譽
×躍 ヤク をどる〔用例〕飛躍 躍進
×辯 ベン〔用例〕辯護 雄辯
鐵 テツ三-一〇七 くろがね〔用例〕鐵器時代
×顧 コ かへりみる〔用例〕回顧
△飜 ホン八-四六 ひるがへる〔用例〕飜然
△驅 ク七-九〇 かる かく〔用例〕驅除
×魔 マ〔用例〕「好事魔多し」
×鶴 カク つる〔用例〕「鶴の一聲」
△鷄(雞) ケイ にはとり七-八一 とり〔用例〕「鷄群の一鶴」
▲蘭 ラン△八-七六

二十二畫

×權 ケン〔用例〕權利
△歡 カン八-五八 よろこぶ〔用例〕歡喜
×疊 チョウ たゝみ〔用例〕「疊の上の水練」
△聽 チョウ きく八-一一三〔用例〕聽衆

△臟 ゾウ八―四二 臟

△襲 シユウ 襲 おそふ八―一三 かさぬ つぐ 〔用例〕世襲 襲撃

讀 ドク トク八―一三 讀 よむ四―一二

×鑄 チユウ 鑄 いる 〔用例〕鑄造

×鑑 カン 鑑 かんがみる かゞみ 〔用例〕鑑賞

△響 キヨウ 響 ひゞく 〔用例〕音響

▲籠 ロウ△三―一三 かご こもる

▲蠟 ロウ△八―一〇

▲鰻 マン うなぎ△八―八四

二十三畫

△戀 レン 戀 こひ七―二六 〔用例〕戀々

變 ヘン六―七七 變 かはる六―八〇 〔用例〕變化

△鑛 コウ六―七八 鑛 あらがね 〔用例〕鑛物

△顯 ケン八―八三 顯 あらはす あらはる 〔用例〕顯著

驗 ケン七―六六 驗 しるし 〔用例〕實驗

驚 キヨウ ケイ 驚 おどろく六―九八 〔用例〕驚歎

△驛 エキ二―一九 驛 うまや

×髓 ズイ 髓 〔用例〕骨髓

體 タイ六―一五 體 からだ六―三六 〔用例〕身體

二十四畫

×囑 シヨク 囑 〔用例〕囑託 委囑

△蠶 サン 蠶 かひこ六―三〇 〔用例〕養蠶

×讓 ジヨウ 讓 ゆづる 〔用例〕讓與 讓歩

△靈 レイ八―七三 靈 たま 〔用例〕「人は萬物の靈長」

▲罐 カン八―八六

二十五畫

△廳 チヨウ七―一八 廳 〔用例〕官廳

△灣 ワン八―六一 灣 〔用例〕灣入

△蠻 バン八―五〇 蠻 〔用例〕野蠻

△観 カン六―九九 観 みる 〔用例〕樂観 悲観

二十九畫

▲鬱 (欝)ウツ△八―七〇

漢字索引 終

昭和十二年七月十六日印刷
昭和十二年七月二十日發行

著作兼發行者 ブラジル日本人教育普及會

東京市芝區芝浦一丁目二十三番地
單式印刷株式會社
印刷者 和田助一

東京市芝區芝浦一丁目二十三番地
印刷所 單式印刷株式會社

Made in Japan